2023 年重庆师范大学自编教材建设项目资助出版

社会工作概论

刘斌志　编著

东南大学出版社
SOUTHEAST UNIVERSITY PRESS
·南京·

内容提要

本教材包括社会工作概述、社会工作发展、社会工作价值、社会工作理念、社会工作理论、社会工作过程、个案社会工作、小组社会工作、社区社会工作、社会工作行政、社会政策分析、社会工作研究等12章。每一章内容包括课前导读、核心概念、重点难点、内容精要、考研真题、职考真题、传统文化、原声再现、时代之声、榜样力量、延伸阅读、影音赏析、复习思考以及个人成长等14个教学单元。

本教材不仅适用于社会工作专业本科生"社会工作概论"的课程学习，也适用于全国社会工作者职业水平考试"社会工作综合能力"科目的备课辅导，还适用于全国社会工作专业硕士研究生入学考试初试"社会工作原理"科目的复习参考。同时，本教材也可作为广大一线社会工作者专业服务的手头参考资料，以更好地促进社会工作服务与中国优秀传统文化、国家战略部署以及社会热点问题有机结合起来，体现服务的中国风格与本土特色。

图书在版编目(CIP)数据

社会工作概论 / 刘斌志编著. — 南京：东南大学出版社，2024.12. — ISBN 978-7-5766-1722-1

I. C916

中国国家版本馆 CIP 数据核字第 2024S15K06 号

责任编辑：魏晓平　　责任校对：张万莹　　封面设计：毕　真　　责任印制：周荣虎

社会工作概论
Shehui Gongzuo Gailun

编　　著	刘斌志
出版发行	东南大学出版社
社　　址	南京市四牌楼2号　邮编：210096　电话：025-83793330
出 版 人	白云飞
网　　址	http://www.seupress.com
电子邮箱	press@seupress.com
经　　销	全国各地新华书店
印　　刷	广东虎彩云印刷有限公司
开　　本	700 mm×1 000 mm　1/16
印　　张	22.5
字　　数	410 千字
版　　次	2024 年 12 月第 1 版
印　　次	2024 年 12 月第 1 次印刷
书　　号	ISBN 978-7-5766-1722-1
定　　价	62.00 元

(本社图书若有印装质量问题，请直接与营销部联系。电话：025-83791830)

目 录
CONTENTS

第一章　社会工作概述 / 001
第一节　社会工作的内涵 / 003
第二节　社会工作的学科特征 / 008
第三节　社会工作的目标和功能 / 012

第二章　社会工作发展 / 031
第一节　西方社会工作的实践 / 033
第二节　专业社会工作的发展 / 038
第三节　中国社会工作的发展 / 041

第三章　社会工作价值 / 055
第一节　社会工作中价值的意义 / 057
第二节　西方社会工作价值体系 / 059
第三节　社会工作专业伦理守则 / 063

第四章　社会工作理念 / 077
第一节　人类行为及其生命周期 / 079
第二节　社会环境及其生态系统 / 084
第三节　人与社会环境关系理论 / 086

第五章　社会工作理论 / 103
第一节　社会工作理论功能、发展和结构 / 105
第二节　社会工作理论的主要取向 / 109
第三节　社会工作理论的本土建构 / 116

第六章　社会工作过程 / 131
第一节　社会工作服务的核心要素 / 133
第二节　社会工作过程的互为主体 / 135
第三节　社会工作实务的通用过程 / 140

第七章　个案社会工作 / 159
　第一节　个案社会工作的基本概念 / 161
　第二节　个案社会工作的主要模式 / 162
　第三节　个案工作技巧与个案管理 / 173

第八章　小组社会工作 / 191
　第一节　小组社会工作的主要模式 / 193
　第二节　小组社会工作的服务过程 / 201
　第三节　小组社会工作的原则技巧 / 206

第九章　社区社会工作 / 221
　第一节　社区社会工作的基本概念 / 223
　第二节　社区社会工作的主要模式 / 226
　第三节　社区社会工作的常用技巧 / 237

第十章　社会工作行政 / 253
　第一节　社会工作行政的基本概念 / 255
　第二节　社会工作行政的基本过程 / 258
　第三节　社会工作督导与咨询服务 / 278

第十一章　社会政策分析 / 293
　第一节　社会政策的含义与类型 / 295
　第二节　社会政策的过程与内容 / 297
　第三节　社会政策分析的道与术 / 303

第十二章　社会工作研究 / 323
　第一节　社会工作研究基本概念 / 325
　第二节　社会工作研究一般过程 / 328
　第三节　社会工作研究主要方法 / 333

参考文献 / 349
后　　记 / 353

第一章 社会工作概述

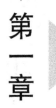

【课前导读】

"社会工作概论"是社会工作专业的第一门课,这门课提出了同学们进入大学首先要面对的一个重要议题——什么是社会工作?要想回答这个问题,就需要批判性学习和情境化理解"社会工作概论"。

在我国,社会工作是一个既传统又崭新的职业,更是一个既国际化又本土化的专业。作为新生,同学们可能首先想知道社会工作是什么?社会工作有哪些类型?同学们毕业后可以在哪些领域从事哪些工作?在对这些问题有了基本的了解之后,同学们肯定会想深入地了解社会工作作为一门专业属于什么学科?需要学好哪些科学知识并掌握哪些专业方法技术?学好社会工作对个人和社会有哪些益处和作用?

以上这些问题,既是同学们的疑惑,也是"社会工作概述"第一章需要回答的问题。下面,就请随"社会工作概论"课程一起走进社会工作学的世界。

【核心概念】

社会工作、社会服务、社会福利、社会功能、儿童社会工作、青少年社会工作、老年社会工作、妇女社会工作、残疾人社会工作、矫正社会工作、优抚安置社会工作、社会救助社会工作、家庭社会工作、学校社会工作、社区社会工作、医务社会工作、企业社会工作、信访社会工作、金融社会工作

【重点难点】

重点一:把握社会工作的本质及其学科性质。
重点二:理解社会工作对个体、社会的目标及其具体层次。
难点一:形成自己的社会工作观,找到自己喜欢的社会工作领域。
难点二:理解社会工作是一门实践性人文社会科学。

> 【内容精要】

第一节　社会工作的内涵

一、社会工作概念的内涵

何为社会工作，可谓仁者见仁，智者见智。

（一）国际上对社会工作的认识

国际上对社会工作的认识有三种：一是视为一种个人宗教慈善义务或者志工事业；二是视为由政府或民间社团举办的社会扶助与救济活动；三是视为一种由政府或民间社团开展的专业性、职业性助人服务[①]。

2014年7月，国际社会工作者联合会对社会工作有了全新的概括，定义社会工作是以实践为基础的职业，是促进社会改革和发展、提高社会凝聚力、赋权并解放人类的一门学科。社会工作的核心准则是追求社会正义、人权、集体责任和尊重多样性[②]。

（二）我国对社会工作的理解

我国对社会工作的三种理解：一是业余性社会工作，即在本职工作之外从事的、不计报酬的公益性或兼职工作；二是行政性社会工作，主要指作为民政部门、工青妇残等群团工作职能的社会福利和社会救助活动；三是专业社会工作，即由有相应资质的专业社会工作者开展的专业化服务和活动。

2007年12月，国务院学位委员办公室社会工作硕士专业学位设置专家论证会认为社会工作是遵循"以人为本、助人自助、平等公正"的专业价值观，在社会服务及社会管理等领域，综合运用专业知识、技能和方法，帮助有需要的个人、家庭、群体和社区，整合社会资源，协调社会关系，预防和解决

---

① 李增禄. 社会工作概论［M］. 台北：巨流图书公司，1986：12-13.
② 李晓慧. 社会工作专业的国际新定义［J］. 中国社会工作研究，2015（1）：231-235.

社会问题，促进社会稳定和谐的专业和职业[①]。

王思斌教授、李迎生教授、顾东辉教授等也先后在各自主编的《社会工作概论》中给出了对社会工作的定义。这些定义从不同角度揭示了社会工作的内涵外延与本质特征。

1. 社会工作是一种助人活动

这强调的是社会工作必须坚持助人的实践性，即不能纸上谈兵、坐而论道，而是要躬身服务于人的具体活动。社会工作强调"在做中学"，避免"光说不练假把式"。

2. 社会工作是一种助人价值

这强调的是社会工作侧重对人的尊重和关心、对人的全面发展的追求，以及对人与人之间关系的重视和维护，并在服务中实现人的解放、助人自助与利他主义。

3. 社会工作是一种助人过程

这强调的是社会工作帮助人讲究一个过程和阶段，强调的是"生命影响生命"的循序渐进过程，而不是"药到病除""立竿见影"。

4. 社会工作是一种助人方法

这强调的是社会工作帮助人要注重方法技巧，要有礼有节、有章有法、有理有据，绝不能随随便便、信口开河，社会工作不是业余爱好，谁都能做。

5. 社会工作是一种助人艺术

这强调的是作为一类助人活动，社会工作不仅具有其独特的专业教育所带来的规范性与科学性，更需要依托活生生的服务对象的身心灵多样性而促进社会工作与其他学科的融合。

6. 社会工作是一种助人专业

这强调的是社会工作有自己的专业理论、专业方法和专业伦理，只有接受专业教育的人才能提供专业的社会工作服务。这也是社工与义工的重要区别。

7. 社会工作是一种助人制度

这强调的是社会工作不仅仅是微观层面的助人活动和服务，还是中观层

---

① 李迎生. 社会工作概论［M］. 3版. 北京：中国人民大学出版社，2018：5.

面的群体互动与小组支持,更是宏观层面的政策支持与制度保障。换而言之,社会工作是应国家和社会的需要而设置的一种社会福利制度。

二、社会工作的主要领域

每一种专业都有其发挥作用的领域,社会工作也有其作用的领域,并据此有不同类型的社会工作。社会工作的领域十分宽泛,既可以按照服务人群的生理和社会特征分为面向儿童、青少年、妇女、老年、残疾人、贫困者、军人、病人、犯人等的社会工作,也可以按照服务的机构和场所分为家庭、社区、学校、企业、医务、军队、企业和监狱等社会工作。2011 年 11 月 8 日,中央组织部、中央政法委、民政部等 18 部门和组织联合发布《关于加强社会工作专业人才队伍建设的意见》,认为社会工作包括社会福利、社会救助、慈善事业、社区建设、婚姻家庭、精神卫生、残疾康复、教育辅导、就业援助、职工帮扶、犯罪预防、禁毒戒毒、矫治帮教、人口计生、纠纷调解、应急处置等领域。此处对社会工作的主要领域简要介绍如下[①]:

1. 儿童社会工作,是指在儿童权利价值理念指导下,以全体儿童为服务对象,聚焦困境儿童,通过对具体服务对象个体或群体服务需求的专业评估,有的放矢地运用适合儿童群体的方法和儿童发展的科学知识及社会工作实务理论,从服务对象个体、群体、家庭、社区和社会等不同层面,为服务对象提供服务,创造儿童友好环境,帮助其免遭权益侵害,促进其健康成长。

2. 青少年社会工作,是指以青少年为对象,整合运用社会工作专业价值、理论、方法和技巧,协助其提升解决问题的能力,恢复、改善及提高其社会功能,促进其健康成长和全面发展的社会服务活动。

3. 老年社会工作,是指运用老年学的相关知识,以老年人及其相关人员和系统为工作对象,帮助老年人,特别是处境困难的老年人,改善社会环境,提高其生活质量,使老年人有更好社会适应能力的专业服务活动。

4. 妇女社会工作,是指以妇女为主要服务对象,在社会性别视角指导下,运用社会工作的专业方法技术解决妇女面临的问题,满足妇女多元需求,维护妇女合法权益,促进妇女全面发展,推动性别平等的专业服务活动。

---

① 全国社会工作者职业水平考试教材编写组. 社会工作实务:初级[M]. 北京:中国社会出版社,2010.

5. 残疾人社会工作，专指在社会福利制度框架下，秉持利他主义的宗旨，运用专业知识和方法，帮助残疾人进行能力建设并克服自身缺陷的局限性，构建社会性支持系统并克服各种环境障碍，使得残疾人能够全面融入社会生活并提升整体生活质量的活动。

6. 矫正社会工作，是指将社会工作实施于司法矫正体系中，是专业人员在社会工作专业价值观指引下，运用社会工作的理论、知识、方法和技术，为犯罪者或具有犯罪倾向的违法人员（如吸毒者），在审判、监禁、社区矫正、刑释或强制戒毒期间，提供思想教育、心理辅导、行为纠正、信息咨询、就业培训、生活照顾以及社会环境改善等方面服务，使其消除违法犯罪心理结构，修正行为模式，适应社会生活的一种社会福利服务活动。

7. 优抚安置社会工作，是指在优抚安置领域，综合运用社会工作的专业知识、技能和方法，帮助和协助优抚安置服务对象及相关人员和系统，整合社会资源，协调社会关系，预防和解决问题，恢复和改善社会功能，改善优抚安置人员的生活，促进其更好地适应社会和增进其福祉的活动。

8. 社会救助社会工作，是指依据社会救助法规和政策，面向生活困难的个人、家庭和群体，展开以济贫、解困、扶危、增能为主要内容的社会工作专业活动。

9. 家庭社会工作，是指运用社会工作的专业理论和方法帮助家庭解决面临的困难，更好发挥家庭的社会功能，以满足所有家庭成员的发展和情感需要的专业服务活动。

10. 学校社会工作，是指遵循社会工作的价值理念，运用社会工作的专业理论知识和方法，整合政府及社会资源，为学校全体学生，特别是处境不利的学生提供的专业性服务活动。其目的在于协调学校、家庭及社区之间的关系并促进其教育功能，满足学生学业及成长需要，增强适应今日与面对未来生活的能力，以获得幸福人生。

11. 社区社会工作，是指针对某一个目标社区，运用各种专业方法，如个案工作、小组工作、社区工作、社会工作行政、社会工作研究等提供多元化服务，提高居民社会意识，协助居民运用社区资源，解决社区问题；协助社区居民建立友善的邻里关系，鼓励居民互相照顾和关怀，满足社区需求，实现社区和谐。

12. 医务社会工作，包括狭义和广义两个方面。狭义医务社会工作是指在医疗保健机构中围绕疾病的诊断、治疗与康复过程展开的社会工作专业服务，其内容主要包括协助病人及其家属解决与疾病相关的身心困扰、获取更多的社会资源以及适应医疗过程等。广义医务社会工作不仅协助病人及其家庭解决与疾病相关的社会、心理问题，而且也注重探索和发现影响健康的社会心理因素，并利用社区资源与社会的力量，推进医疗保健与社会福利的整合，促进疾病预防和维护公众健康。

13. 企业社会工作，是指专业社会工作者运用社会工作的专业理念与方法，在企业内外开展与职工的工作岗位适应、劳动环境协调、职业福利保障、职业生涯发展以及劳动关系协调等有关的服务工作与管理工作，其目的是通过促进职工发展和福利目标的实现，保障职工利益、提升劳动效率、促进企业和职工共同发展。

14. 信访社会工作，是指运用社会工作理念和方法，以信访人为主要服务对象，为其提供以合法、理性方式逐级表达诉求，协助其获得解决问题能力、改善社会功能、提升生活质量，预防和协助解决社会问题、促进社会和谐为目标的专业服务。社会工作者可以为信访对象提供法律、政策及相关知识的咨询，提供信息转介服务，及时疏导来访人的情绪，运用社工理念和方法引导来访群众依法信访，有效利用政府资源解决来访群众的困难[①]。

15. 金融社会工作，是指通过运用心理社会的介入方法和优势为本的视角，帮助服务对象掌握更多的金融知识，提高理财能力和改善财务状况，从而实现自我意识、自我感和自尊心的提升以及情绪的稳定，最终达成个人与社会的改变[②]。

---

① 张泽峰. 社会工作的主要服务领域（九）[J]. 中国社会工作，2009（31）：10-10.
② 巫正洪，吴世友，CHOWA G A. 社会工作实践的新方向：金融社会工作[J]. 中国劳动关系学院学报，2013，27（6）：98-100.

第二节　社会工作的学科特征

一、社会工作的学科性质

（一）社会工作是一门实践性人文社会科学

一方面，社会工作强调通过促进人类行为与社会环境的良性互动来提升人的能力和促进社会公平正义，既是助人实践，也是政治实践，更是道德实践。另一方面，社会工作既强调助人服务的科学性与规范性，更强调助人服务的人本性与艺术性。因此，本书认为社会工作学是一门实践性人文社会科学。

（二）社会工作的学科特征

1. 社会工作的实践性

社会工作始终要践行促进人的发展与解放、解决社会问题、促进社会和谐的基本宗旨与目标。

2. 社会工作的人文性

社会工作始终要高举人道主义的大旗，坚持人的主体性、文化性、多样性以及发展性，并强调从文化、艺术以及灵性的角度去理解人、关心人、解放人和实现人。

3. 社会工作的社会性

社会工作始终强调从社会关系、社会结构、社会功能以及社会支持的角度去看待人与环境的关系，去实现人与社会的良性互动与和谐发展。

4. 社会工作的科学性

社会工作始终坚持服务态度的客观性、工作方法的科学性、工作程序的规范性以及工作成效的可测性。

二、社会工作的专业特征

1. 投身社会改良，促进社会公平和正义

社会工作的最初起源来自对工业革命所引起的社会问题的关注，并从宗教慈善事业、社会改良运动以及马克思主义中吸收了不同的思想灵感。因此，社会工作自始至终都对社会结构、社会功能以及社会资源的分配有积极的关注和兴趣。在现代社会，医生所关注的主要是技术的进步和病人的康复，而社会工作所关注的不仅仅是服务对象身心灵以及社会功能的恢复，同时也关心服务对象所处的社会制度和社会生态，并尝试去改变不合理的社会政策和环境。社会工作服务的目的是通过社会改良促进社会公平正义的实现。社会工作一方面关怀那些在社会生活中易受挫折与已遭遇挫折的人们，为他们争取获取更多的社会资源和机会；另一方面更注重从政策和制度上改善社会资源的公平分配和机会均等，最终实现社会的和谐与稳定。

2. 树立整体观念，强调人与社会环境的统一性

一方面，社会工作强调将个体的问题放到宏观的社会环境中去分析，认为个体的生存和发展很大程度地受到其家庭、同辈、社区、职业、文化以及社会制度的影响，并从这些社会环境中找到问题产生的原因。另一方面，社会工作强调社会问题的解决不能仅仅局限于对个体进行改变，同时要进行社会环境的改善以及社会制度的改革。针对目前我国最低生活保障制度运行中存在的"养懒汉"现象，社会工作一方面针对不同的低保户开展个案工作，以增强他们自力更生的意识和能力，另一方面为他们组织适当的职业训练小组，以增强他们就业的技巧。更重要的是，社会工作强调对目前最低生活保障制度的改革，通过调查研究、政策倡导来改革低保金的发放形式、发放人员以及发放程序等。

3. 以人为本，恢复和增进服务对象的社会功能

在现实生活中，医学关心的是个体的生理功能的恢复，心理学关注个体的心理功能的恢复，法学关心的是个体和社会原有法律关系的恢复，而社会工作关注的则是个体社会功能的恢复。所谓社会功能，就是个体以适当的行为方式应对社会的需要。如果借鉴社会学中社会角色和角色扮演的含义，可以将社会功能表达为个体在适当的情境中顺利完成角色扮演的能力，也就是人类行为与社会环境达到一定的平衡。但是当个体能力或者社会环境发生变迁的时候，这种平衡会被打破，个体的社会功能将面临危机和挑战。社会工作的主要任务就是增强个体有效应对社会环境变迁和社会需要的能力。

一方面，社会工作通过改善个体意识、潜意识、情绪、认知、行为或者态度的方式来促进个体的成长，以有效应对社会环境的挑战。比如，针对刚

刚进入大学而难以适应新环境的新生而言，社会工作需要促进其认识大学生活的特征、掌握有效的学习方法、提升社会交往的技巧，协助其适应新的大学生活。

另一方面，社会工作需要考虑改变社会环境、改革社会制度，使社会环境能够具有更大的包容性。比如，以前对于进城农民工子女的就学问题，无论如何改善农民工及其子女的社会认知和行为，都难以改变其在城市难以获得就学机会的事实。对此，社会工作需要考虑如何促进城市教育制度的变革，促使城市中小学面向农民工子女开放，促进国家教育管理体制改革以允许更多的民间力量办学，并给予农民工子弟学校平等的待遇甚至更优惠的扶助政策。

4. 理论联系实践，明确的实务取向

从历史上看，社会工作是一门"做出来"的专业。在西方社会中，先有慈善组织会社的"友善访问员"以及睦邻组织运动的社区社会工作者的大量慈善活动，才慢慢发展出相应的课程以及实务理论，再发展出培训课程和专业学科。社会工作的实践和实务取向，要求社会工作者不但要有对社会实践的敏感性，还要有理论联系实际的能力，更要有根据实际情况的变化而促进自身专业不断发展的能力。

5. 尊重人的多样性，强调社会文化的多元性与发展性

正由于社会问题的多样性和复杂性，社会工作同样必须以多元化的服务来满足不同群体的差异性需求。因此，多样性成为社会工作区别于其他职业和专业的一个重要特征。具体来说，社会工作的多样性一方面表现为社会工作对人类多样性的尊重以及对于人的独特性的接纳，由此带来的直接表现即是对弱势群体与少数族群的关注与服务；另一方面表现为社会工作服务理念、服务方法、服务技巧、服务形式以及服务团队的多样性，由此带来的直接表现即是对其他学科专业理论与方法的借鉴，以及对本土文化与生活智慧的融合。

6. 重视社会关系，强调人本性和社会性的专业价值

伴随服务对象需求的日益多元化，社会工作服务的方式和方法日益丰富，但社会工作所秉持的基本价值观一直没有变，社会工作始终坚持"能力为本、助人自助"理念，以解决社会问题、增进人民福利为责任，以追求社会公正和社会进步为理想。

三、社会工作与其他学科的关系

1. 社会工作与社会学的关系

社会工作的开展常常建立在社会学的研究与分析基础之上。社会工作的主要任务是恢复和发展人的社会功能。因此，如何发现问题的具体状况，如何解释社会问题发生发展的机理，如何从社会层面寻找解决之道，都依赖社会学的分析视角与方法。可以说，社会学是社会工作者进行社会服务的最基本的知识基础。在许多国家和地区，社会工作往往脱胎于社会学并逐渐成长为与社会学并列的社会工作学。

2. 社会工作与心理学的关系

心理学尤其是社会心理学是研究个体以及社会心理现象的发生条件及其规律的科学。因此，社会工作在分析和促进个体心理及社会功能发展的过程中，必须依赖心理学，尤其是社会心理学的分析视角、理论模式以及方法技术，其中精神分析理论、认知行为理论、人本心理学、人的社会化理论、人类成长理论、人际关系理论、群体动力学、符号互动理论、认知理论、异常心理学理论等，对社会工作具有直接的指导作用。

3. 社会工作与政治学的关系

作为一门研究权力关系和政治运作的科学，政治学不但研究国家政治体制，也研究行政和权力运作过程，包括政策的制定、实施与变迁等议题。社会工作在开展社会政策倡导、福利制度完善以及促进社会公平正义的过程中，都有赖于政治学对政治体制与社会政策的分析。

4. 社会工作与管理学的关系

管理学是研究人类集体行为中的计划、组织、指挥、协调和控制的科学，即如何安排好人和事。管理学对于社会工作的项目管理、方案策划、资源链接、个案管理、组织运作、人力资源、协调沟通以及服务评估等都具有基础性的指导作用。

5. 社会工作与经济学的关系

经济学不仅研究资源稀缺性和价值问题，还研究如何实现资源配置问题，更研究如何以最小成本实现最大效益问题。在资源有限的环境下，绩效主义同样要求社会工作要有成本—效益观，要求社会工作开展资源的开发与利用。

具体而言，福利经济学所倡导的对贫困群体给予更多的物质支持和社会支持，正是社会工作需要的理论支撑。当前，金融社会工作的发展也有赖于经济学分析的视角。

6. 社会工作与人类学的关系

人类学强调对人的多样性的理解、发现、尊重与弘扬。而人的多样性正是社会工作实现人的发展和解放的基本前提。如何夯实这一前提和基础，并将人的多样性尊重、人的多样性发展、人的多样性实现付诸实践，依然有赖于人类学的理论视角与方法支撑。

7. 社会工作与伦理学的关系

伦理学是研究人类行为对错、善恶的科学。社会工作强调对真善美的追求，强调以人为本，强调博爱、平等和自由。一方面，社会工作者如何在不同的意识形态、不同的政治制度、不同的社会文化脉络以及不同的个体处境中去判断、取舍和追求具体的真善美，有赖于伦理学的知识素养与道德实践。另一方面，社会工作者如何在社会伦理、个人价值以及专业伦理等多维伦理交织困境中始终坚持利他主义、尊重接纳、知情同意以及合作共进等伦理守则，更有赖于专业的伦理学训练、熏陶与实践。

第三节 社会工作的目标和功能

一、社会工作的目标

社会工作的根本宗旨是助人自助，但也关注环境对人的影响，并强调人的解放与发展的文化氛围密切相关。因此，社会工作的目标不仅在于助人，也包括对社会的改造，更有营造守望相助、利他主义的文化。

（一）服务对象层面的目标

1. 救人于危难

救人于危难，即解救危难，应对的是当个体的身体受到严重损伤、个人的基本生活能力受到严重削弱，致使其自身生存受到严重影响以致生命遭遇危机的状态。社会工作的基本目标就是寻求资源（包括物质资源和社会资源），支持并帮助他们走出困境。当服务对象遭遇地震、泥石流等自然灾害的时候，社会工作者主要提供衣食住行的救助以及开展危机干预工作；当服务对象由于工伤事故而导致残疾时，社会工作者必须第一时间提供医疗救助和心理干预；当服务对象由于种种原因而流浪乞讨时，社会工作者最先想到的应该是提供流浪救助服务。除此之外，对于那些极度贫困者、精神崩溃者、有自杀倾向者、吸毒成瘾者，社会工作的首要目标是解救危难，体现的是危机干预[①]。

2. 解人于困境

解人于困境，即缓解困难，应对的是个体在生理、心理以及社会关系方面产生困惑，并难以独自应对困境的状态，也就是常说的雪中送炭。一方面，当个体遇到的是人生过程中都会遇到的困惑和困难的时候，社会工作往往通过协助的方式来转变个体对自我、对社会的认知、感受、态度以及情绪来加以化解。如面对大龄未婚的单身"剩男剩女"，社会工作的主要目标是改变个体对婚姻、家庭的恐惧，树立一种正确的婚姻和家庭观念；而面对那些由于离家过远而难以适应大学生活的新生而言，社会工作的目标则是帮助新生厘清亲子关系、同辈关系，并增强自我生活的能力。另一方面，当个体遇到较大的困难、力有不逮时，社会工作者会通过资源联结来获取政府、学校、非营利组织等机构的帮助。比如，社会工作者在帮助青少年走出网络成瘾、解决家庭纠纷和矛盾、帮助流浪失依儿童、帮助留守儿童、开展就业辅导等的时候，就必须联络其他资源。

3. 赋人予权能

能力建设是社会工作的一大特色，更为全面的表述应该是增能赋权。其中，增能有两个方面。一方面是增进服务对象内在的潜能。人的能力包括已充分发挥的能力、部分发挥的能力、被压抑的能力和尚未被发掘的潜能。社会工作者的工作就是要激发困难群体被压抑、被忽视的能力，调动其内在积极性，并配以外部条件，帮助其走出困境。内在的潜能更多表现出一种价值引导、动机激发、态度增强等，这是内因的作用。另一方面是增进服务对象外在的技能。外在的技能包括社交能力、听说读写能力、沟通能力、表达能力、数字能力、创业能力、理财能力等等。

赋权，是从外在提升服务对象环境友好度、包容度以及滋养性。一方面，

[①] 全国社会工作者职业水平考试教材编写组. 社会工作综合能力：中级[M]. 北京：中国社会出版社，2009：3.

通过教育、联结、小组等方式提升服务对象对自我权利的认可度，让服务对象认识到自身具有的成长与发展的权利和自我主宰的权力，进而提升自我权力感。另一方面，通过调查研究、建言献策、政策倡导等方式增进国家和社会对于弱势群体权利和权益的完善健全、维护保障以及具体落实，从而真正实现服务对象享有合法权益。

4. 领人予希望

领人予希望，即促进发展，应对的是当个体暂时没有问题，只是希望从不同的方面提高自己的社会适应能力，以预防将来可能出现的问题的状态，体现的是精益求精。尤其是在现代社会，社会工作如何帮助个体增加知识和技能、增强个体克服不利因素的能力、提高个人与社会协调的能力，都属于促进发展之列。比如，青少年素质拓展训练、大学生自我认知与人际沟通技巧训练、针对大中学生开展的艾滋病预防教育等。

（二）社会层面的目标

1. 解决社会问题

社会问题是由于社会原因引起、对社会群体有影响或造成社会性后果的问题。比如失地农民问题、留守儿童问题、空巢老人问题、农民工子女读书问题、青少年犯罪问题、艾滋病问题等等。社会工作的首要任务和目标就是要解决这些社会问题。

2. 促进社会公正

社会工作认为社会问题产生的原因是社会资源有限并且分配不公、社会制度不健全。归纳而言，就是社会的不公正性，这表现为个体获得社会资源的机会不公正、个体分配资源的过程不公正、个体得到资源的结果不公正，最终体现为社会腐败、投机取巧、诚信缺失以及贫富分化等。因此，追求和实现社会公正，就成了社会工作的基本目标，也是社会主义制度的发展目标。

3. 弘扬人道主义

社会工作竭诚为困难群体服务的行动和精神需要向社会宣传。倡导互助、助人精神，促进人们互相关爱、相互扶助，弘扬人道主义精神，这也是我国社会治理能力和治理体系建设的基础和前提。

4. 促进社会团结

在现实生活中，社会团结被视为人与人之间因为利益和价值相关而形成的相互亲和、相互包容、合作共事、共同发展的状态。良好的社会团结状态，不仅有利于减少社会交往的成本，更是社会良性运行的有力保障。

二、社会工作的功能

（一）社会工作对个人的功能

1. 未雨绸缪

所谓未雨绸缪，又称预防，就是社会工作根据对人及社会的相关科学知识及发展规律的认识，通过开展相关的工作，防止相应群体中的个别人士陷入困境。社会工作之所以能够预防问题的产生，依赖于对人的不同发展阶段和不同群体的了解和认识，依赖于对社会现象的敏感和关注，依赖于对社会发展规律的掌握。

比如，在社区开展针对孕妇的产前筛查、针对新生儿的疾病筛查、针对艾滋病高危人群的宣传教育、针对春节后可能出现的儿童青少年及老年人的节后抑郁症所做的宣传教育、针对老年人可能出现的安全问题所做的社区排查等工作，都体现了社会工作的预防功能。

2. 复旧如新

所谓复旧如新，又称恢复，就是社会工作促进服务对象能够正常生活。随着社会竞争的愈加激烈以及风险社会的到来，一个人在社会中或多或少会出现这样那样的问题，自己习以为常的生活被打乱，并由此影响个人的生产和生活。社会工作的一个重要功能就是帮助个体改善生理、情绪、认知、行为、家庭关系、社区环境以及社会资源的状况，让个体能够重新获得生活的平衡感、融入社会生活，并能够独立自主、自力更生。

比如，帮助因工伤而残疾的人士接受现实、安装假肢、获得自信、融入社会；帮助离婚后的单亲妈妈树立忘记过去、努力向前、开创一片新天地的信心；帮助退休后备感忧郁的老年人寻找到生活的乐趣；等等。

3. 破旧立新

所谓破旧立新，又称发展，就是通过协助个体解决目前的问题，深入挖掘个人的潜能，培养其应对未来可能出现问题的能力和信心，达到助人自助的目标。所谓"授人以鱼不如授人以渔"，与其不断地帮助个体解决问题，不如让个体有不断适应社会发展的自我行动能力。这也就是社会工作"助人自助"精神的高度体现①。

比如,在扶贫工作中,与其不断地给贫困地区拨款造房,不如通过地区发展的模式提高当地社区民众的自我组织能力,大力开展适宜的技能培训,通过示范带头作用促进地区发展。这就是"思想解放"的魅力所在。

(二) 社会工作对社会的功能

1. 解决社会问题

社会在不断发展,同时也在不断地产生新的社会问题,所以社会发展也是在解决社会问题中实现的。我们以经济建设为中心,搞改革开放,但实现经济增长并不是唯一目标,如果不注重化解发展和改革过程中的矛盾,妥善解决社会问题,不仅会直接危及经济发展,还会影响国家的长治久安。所以,以解决社会问题为根本宗旨的社会工作,是经济建设和社会发展必不可少的保障。近年来的社会实践充分证明,社会工作专业人才在提高社会服务水平、解决群众困难、化解社会矛盾、减少不和谐因素等方面发挥的作用日益显现。

2. 维持社会秩序

维持社会秩序的功能,是社会工作解决社会问题功能的自然延伸,但在实际操作过程中,仍然需要技巧和策略。如果方法不得当,可能会出现"越帮越贫、越扶越困"的现象,甚至由于社会服务的不均衡导致新的社会矛盾。以目前各地颇为严峻的拆迁纠纷和信访处理为例,社会工作一方面要尽量调适当事人的过激情绪,改变其认知、行为和思想,做好安抚和缓解的工作;另一方面又要维护社会弱势个体的权益,通过政策调整和沟通,尽量为他们争取最大的合理利益。其中,最关键的就是要站在一个相对中立的立场,促进个体利益追求和社会利益整合的平衡,对事物的两面性有充分的敏锐性,才能发挥好"减压阀"和"润滑剂"的功能。

3. 构建社会资本

所谓社会资本,即人们在社会结构中所处的位置给他们带来的关系性资源,具体是指个体或团体之间的社会网络、互惠性规范以由此产生的信任,是人们在社会结构中所处的位置给他们带来的资源。规范性社会资本包括明确的社会规范、社会信任、社会互惠、社会参与、社会包容、社会良善,以

---

① 王思斌. 社会工作概论[M]. 3版. 北京:高等教育出版社,2014:27.

及家庭、社区、朋辈、学校、职场、政府和各类专业机构所具有的正向积极的文化和价值观等。社会工作服务的开展，有利于促进社会成员之间的互动团结、守望相助以及彼此信任，并由此带来整个社会的黏性、韧性以及互助性。

4. 促进社会和谐

有人将和谐社会解释为"人人有饭吃、人人敢说话"，这显然不尽科学，但无论如何，物质和精神是和谐社会的两大重要方面。社会工作一方面通过开展各种社会救助和社会福利服务活动，切实解决了民众基本的生存问题，解决了"人人有饭吃"的问题；另一方面，社会工作可以通过心理辅导、纠纷调解、社区宣传教育、社会倡导等工作帮助弱势群体发出声音，伸张正当权益，维护社会公正，降低民众的相对剥夺感、提升民众参与度，最终实现了社会的和谐。

【考研真题】

一、名词解释题

1. 农村社会工作（中央民族大学，2024）
2. 社区矫正（北京师范大学，2024）
3. 价值中立（华东师范大学，2024）
4. 政务性社会工作（河海大学，2024）
5. 社会保障（东南大学，2024）
6. 工作过程说（东南大学，2024）
7. 医务社会工作（南京理工大学，2024）
8. 社会工作实务（西安交通大学，2024；厦门大学，2024；重庆工商大学，2024；西南石油大学，2022）
9. 本土性社会工作（福州大学，2024；华中农业大学，2024）
10. 司法社会工作（江汉大学，2023）
11. 助人自助（北京师范大学，2023）
12. 前社会工作状态（贵州大学，2023）
13. 老年社会工作、性别敏感的家庭工作（兰州大学，2023）
14. 宏观社会工作（北京大学，2023）
15. 社会工作系统、家庭治疗（华中师范大学，2023）

16. 社会工作（天津师范大学，2023）

17. 整合社会工作（上海财经大学，2023）

18. 使能者（中国政法大学，2023）

19. 社会服务（福州大学，2023）

二、简答题

1. 简述社会工作在维持社会秩序中的作用。（中国社会科学院大学，2024）

2. 简述社会工作与社会福利的关系。（中国人民大学，2024）

3. 简述校园欺凌的危害和干预思路。（复旦大学，2024）

4. 简述社会工作存在的三个基本前提。（上海师范大学，2024）

5. 简述儿童社会工作的内容。（重庆工商大学，2024）

6. 简述社会工作功能之间的冲突。（西南石油大学，2024）

7. 简述学校社会工作的定义和方式。（湖南师范大学，2024）

8. 简述社会工作预防的功能。（湖南师范大学，2024）

9. 简述社会工作的助人功能。（湘潭大学，2024）

10. 简述社会工作与社会学之间的关系。（湘潭大学，2024）

11. 简述精神分析理论对开展青少年社会工作中的意义。（云南大学，2024）

12. 简述儿童社会工作的内容。（西安交通大学，2024）

13. 简述社会功能。（郑州大学，2024）

14. 简述学校社会工作方法的类型。（辽宁大学，2024）

15. 简述社会工作的社会性。（大连海事大学，2024）

16. 简述社会工作与社会学的关系。（东北师范大学，2024）

17. 简述社会问题的构成要素。（华南理工大学，2024）

18. 分析信访工作中社工发挥的作用。（深圳大学，2024）

19. 简述社会工作和社会福利的区别。（广东工业大学，2024）

20. 简述农村社会工作的任务。（华中科技大学，2024）

21. 简述家庭社会工作的特点。（中南民族大学，2024）

22. 简述社会工作的社会功能。（华中师范大学，2024）

23. 简述家庭社会工作的任务。（华中师范大学，2024）

24. 简述社会工作者的一般特征。（贵州大学，2023）

25. 简述社会工作要素中的专业关系及其在中国情境中面临的挑战。（贵州大学，2023）

26. 简述社会金融化与社会工作的关系。（北京大学，2023）

27. 针对社会工作的工作对象，简述社会工作的功能。（苏州大学，2023）

28. 结合老龄化社会老年人的问题，简述社会工作的解决途径。（苏州大学，2023）

29. 简述社会工作在解决社会问题中的作用。（新疆大学，2023）

30. 简述当代中国社会工作的主要形态。（江西师范大学，2023）

31. 简述医务社会工作的发展困境和策略。（江西师范大学，2023）

32. 简述社会工作的领域。（大连海事大学，2023）

33. 简述社会工作的功能。（湖南师范大学，2023）

34. 简述社会工作者的一般特征。（东北石油大学，2023）

35. 简述社会工作参与公共服务均等化的重要性和必要性。（安徽大学，2023）

36. 简述格林伍德关于专业的界定。（华中农业大学，2023）

37. 简述医务社工的理论层次。（西安交通大学，2023）

38. 简述社会工作的功能。（山西医科大学，2023）

39. 简述专业社会工作与行政社会工作的区别。（福州大学，2023）

40. 简述社会工作维持社会秩序的方式。（福州大学，2023）

41. 简述助人自助的基本意涵，及其在社会工作中的作用。（华东理工大学，2023）

42. 简述社会工作与慈善事业的联系。（复旦大学，2023）

43. 简述社会工作的科学性和艺术性是如何体现的。（复旦大学，2023）

三、论述题

1. 谈谈社会工作在健康老龄化中发挥的作用。（北京师范大学，2024）

2. 论述社工如何促进家庭教育的开展。（华东政法大学，2024）

3. 论述社会工作专业和社会福利制度的关系。（浙江师范大学，2024）

4. 分析年轻人晚婚晚育，甚至不婚不孕的原因。针对晚婚晚育，甚至不婚不孕现象，社会工作可行的介入途径有哪些？（河海大学，2024）

5. 论述医务社会工作如何改善社区居民的心理健康状况。（东南大学，2024）

6. 论述共同富裕视角下，社会工作与第三次分配的契合性。（四川外国语大学，2024）

7. 论述社会工作推动共同富裕的作用和机制。（四川外国语大学，2024）

8. 论述在中央社会工作部的背景下，如何发挥社会工作的专业优势。（西南石油大学，2024）

9. 以青少年社会工作为例子，说明社会工作的服务领域和社会工作的角色。（湖南师范大学，2024）

10. 结合实际，论述社会工作与社会保障的关系。（安徽大学，2024）

11. 论述社会工作开展促进儿童早期发展服务的重要性，以及社会工作者能针对儿童开展的服务内容。（安徽大学，2024）

12. 论述高质量发展下社会工作的介入空间。（西北农林科技大学，2024）

13. 结合一段材料，论述大社会工作和专业社会工作的关系。（广西师范大学，2024）

14. 论述社会工作在实现共同富裕中的可能路径。（山东大学，2024）

15. 论述第三次分配对中国社会政策和社会工作的意义。（山东大学，2024）

16. 结合困境儿童服务，说明儿童社会工作的实施策略。（辽宁大学，2024）

17. 论述青少年阶段具有哪些特点以及社会工作实践的原则。（沈阳师范大学，2024）

18. 论述残疾人社会工作的基本内容。（广州大学，2024）

19. 论述矫正社会工作的理论基础、价值理念和介入途径。（广州大学，2024）

20. 说明社会工作介入青少年网瘾的理论和方法。（武汉大学，2024）

21. 结合实务经验或案例，论述老年个案工作的原则。（华中科技大学，2024）

22. 论述社会工作如何促进共同富裕。（中南财经政法大学，2024）

23. 结合我国实际情况，论述我国医务社会工作的发展方向。（华中师范大学，2024）

24. 论述我国农村社会工作的策略。（中南民族大学，2024）

25. 论述社会治理与社会管理的区别，并说明社会工作如何参与我国社会治理。（南昌大学，2023）

26. 给了一段材料，描述全球人口和中国人口情况，请用家庭功能改变分析人口变化下家庭社会工作的必要性和可开展的服务内容。（云南大学，2023）

27. 论述中国式现代化如何发挥专业优势。（中国人民大学，2023）

28. 论述社会工作促进共同富裕的介入对象和内容。（湖南师范大学，2023）

29. 结合实际谈社会工作方法在家庭中的应用。（华中科技大学，2023）

30. 结合实际论述社会工作实践领域为什么会不断扩大。（东北石油大学，2023）

31. 社会工作在"推进乡村振兴，实现共同富裕"上具有哪些优势？（东北石油大学，2023）

32. 结合材料分析，社会工作参与乡村振兴和共同富裕可提供哪些方面的服务。（东北石油大学，2023）

33. 如何理解助人自助？并结合疫情实例谈谈。（西南交通大学，2023）

34. 论述社会工作在基层社区治理中的作用。（山西医科大学，2023）

35. 论述中国社会工作本土化的发展与挑战。（北京师范大学，2023）

36. 论述在当前老龄化背景下，社会工作的目标。（常州大学，2023）

37. 论述社会工作与社会福利制度的关系。（安徽农业大学，2023）

38. 论述社会工作在第三次分配中的作用和角色。（华东师范大学，2023）

【职考真题】

1. 某社会工作服务机构立足社区需求，以"用大爱守护身心健康"为主题，联系医院为社区内的居民、社区社会工作者和志愿者做了一场健康宣讲，取得了良好效果。该社会工作服务机构与医院合作的服务内容属于（　　）。（2022-5）

    A. 社区社会工作领域　　　　B. 企业社会工作领域
    C. 家庭社会工作领域　　　　D. 学校社会工作领域

2. 社会工作者小孙为了促进邻里互助，举办了系列主题活动，向居民宣传互帮互助的意义，鼓励居民加入社区志愿服务，推动成立了社区助老服务

队，安排志愿者定期探访社区独居的高龄老人。小孙的上述工作体现了社会工作文化层面的目标是（　　）。(2023-1)

  A. 激发潜能　　　　　　　B. 促进社会公正
  C. 促进发展　　　　　　　D. 促进社会团结

3. 社会工作者小何上门探访时了解到，小娜的父亲因盗窃入狱，母亲离家出走。小娜日常生活由身体残疾的爷爷照顾，爷孙俩依靠社会救助金维持基本生活。小娜在学校总是沉默寡言，觉得同学看不起她，很少与人交往。小何为小娜提供的下列服务中，最能体现促进人与社会环境相互适应功能的是（　　）。(2023-2)

  A. 鼓励小娜参加学校开设的兴趣小组
  B. 帮助小娜定期联系正在服刑的父亲
  C. 协助小娜爷爷申请困难残疾人生活补贴
  D. 联系小娜亲戚商议其日常生活照顾事宜

4. 社会工作者小姜在社区走访中了解到社区新来的随迁老人与本地人较难交流，也较少有机会参加社区活动，于是小姜策划小组活动帮助随迁老人尽快融入社区生活。小姜的下列做法中，最能体现支持者角色的是（　　）。(2023-4)

  A. 负责小组活动组织与管理
  B. 邀请社区社会工作者观摩小组活动
  C. 评估随迁老人的正向改变
  D. 鼓励随迁老人了解当地的风俗

5. 某社会工作服务机构在对新入职社会工作者进行培训时，安排他们学习如何开展社区需求评估。上述做法是为了让新入职的社会工作者学习和补充（　　）。(2023-5)

  A. 心理知识　　B. 政策知识　　C. 技术知识　　D. 文化知识

6. 社会工作是综合性的专业服务，具有多重社会功能。下列服务中，体现社会工作"促进发展"目标的有（　　）。(2021-61)

  A. 向贫困地区儿童捐赠生活用品
  B. 为残障人士提供网络创业培训
  C. 为居家医学观察高龄老人提供心理支持
  D. 促进居民协商解决社区"停车难"问题

E. 协助单亲妈妈增强平衡工作生活的能力

7. 社会工作者通过线上平台为部分新冠肺炎患者及家属提供危机干预、心理疏导、情绪支持和资源链接等服务。下列说法中，体现社会工作者直接服务角色的有（　　）。(2022-62)

  A. 向居家医学观察人员普及疫情防控知识

  B. 向疫情中失去亲人的家属提供哀伤辅导

  C. 联络相关生产企业，筹集医疗防护物资

  D. 向街道办事处反映居民的意见，并提出工作建议

  E. 联系社区全科医生，指导居民自主进行健康管理

8. 某街道办事处向社会工作服务机构购买服务，内容是为辖区内的社区社会工作者提供社会工作专业培训。该机构设计了一系列课程，旨在帮助社区社会工作者内化专业价值，理解专业伦理和丰富专业知识。从提升社区社会工作者专业知识素养的角度来看，该课程内容包括（　　）。(2022-63)

  A. 社区管理等学科知识 B. 困难群体的思想观念

  C. 沟通交流的方法技术 D. 预估评估和服务能力

  E. 促进使能和协调能力

9. 近年来，一些城市在殡葬服务领域引入社会工作服务，为逝者家属开展哀伤辅导，对殡仪馆员工进行人文关怀和沟通技巧培训，综合多种理论建构了本土化的服务方式。从专业化发展的角度看，上述做法体现了社会工作的（　　）。(2023-61)

  A. 工作对象拓展 B. 目标模式变化

  C. 专业方法发展 D. 整合发展取向

  E. 服务模式形成

10. 社会工作者拟采用变迁型学校社会工作方式为流动儿童提供服务。下列服务中，属于变迁型学校社会工作方式的有（　　）。(2023-62)

  A. 促进家庭和学校间的联系并提供追踪服务

  B. 建立微信公众号并定期推送学生的学习动态

  C. 成立学习互助小组帮助学生熟悉当地教材

  D. 对初中厌学学生提供情绪支持和矫正服务

  E. 开展成长训练营以帮助学生融入城市生活

【参考答案】1. A　2. D　3. A　4. D　5. C　6. BE　7. AB

8. AB　9. AE　10. CE

【传统文化】

1. 大学之道，在明明德，在亲民，在止于至善。……古之欲明明德于天下者，先治其国。欲治其国者，先齐其家。欲齐其家者，先修其身。欲修其身者，先正其心。欲正其心者，先诚其意。欲诚其意者，先致其知。致知在格物。物格而后知至，知至而后意诚，意诚而后心正，心正而后身修，身修而后家齐，家齐而后国治，国治而后天下平。　——《礼记·大学》

2. 故天将降大任于是人也，必先苦其心志，劳其筋骨，饿其体肤，空乏其身，行拂乱其所为，所以动心忍性，曾益其所不能。　——《孟子·告子下》

3. 天行健，君子以自强不息。　——《周易·乾》

4. 吾日三省吾身：为人谋而不忠乎？　——《论语·学而》

5. 合抱之木，生于毫末；九层之台，起于累土；千里之行，始于足下。

——《道德经·第六十四章》

6. 玉不琢，不成器；人不学，不知道。是故古之王者建国君民，教学为先。　——《礼记·学记》

7. 少而不学，长无能也；老而不教，死无思也。　——《荀子·法行》

8. 盛年不重来，一日难再晨。及时当勉励，岁月不待人。

——陶潜：《陶渊明集》卷四《杂诗十二首》

9. 莫等闲，白了少年头，空悲切。　——岳飞：《岳忠武王集·满江红》

10. 一年之计在于春，一日之计在于晨，一家之计在于和，一生之计在于勤。　——《增广贤文》

【原声再现】

1. 如果我们选择了最能为人类福利而工作的职业，那么，重担就不能把我们压倒，因为这是为大家作出的牺牲；那时我们所感到的就不是可怜的、有限的、自私的乐趣，我们的幸福将属于千百万人。我们的事业将悄然无声地存在下去，但是它会永远发挥作用，而面对我们的骨灰，高尚的人们将洒下热泪。　——马克思

2. 多少事，从来急；天地转，光阴迫。一万年太久，只争朝夕。

——毛泽东：《满江红·和郭沫若同志》

3. 自信人生二百年，会当水击三千里。　　——毛泽东：《七古·残句》

4. 我们的人民热爱生活，期盼有更好的教育、更稳定的工作、更满意的收入、更可靠的社会保障、更高水平的医疗卫生服务、更舒适的居住条件、更优美的环境，期盼孩子们能成长得更好、工作得更好、生活得更好。人民对美好生活的向往，就是我们的奋斗目标。人世间的一切幸福都需要靠辛勤的劳动来创造。

——2012年11月15日，习近平在十八届中央政治局常委同中外记者见面时的讲话

5. 实现中国梦是一场历史接力赛，当代青年要在实现民族复兴的赛道上奋勇争先。时代总是把历史责任赋予青年。新时代的中国青年，生逢其时、重任在肩，施展才干的舞台无比广阔，实现梦想的前景无比光明。

——2022年5月10日，习近平在庆祝中国共产主义青年团成立100周年大会上的讲话

【时代之声】

1. 2006年10月，中国共产党十六届六中全会通过的《关于构建社会主义和谐社会若干重大问题的决定》明确提出"建设宏大的社会工作人才队伍"，这是我国社会工作发展的重要节点，也成为我国社会工作发展政策出台的基点，即将社会工作发展的首要关注点放在社会工作专业人才队伍建设上，这是一条主线。

2. 2006年7月20日，人事部、民政部发布《关于印发〈社会工作者职业水平评价暂行规定〉和〈助理社会工作师、社会工作师职业水平考试实施办法〉的通知》。其中，《社会工作者职业水平评价暂行规定》明确规定，"国家建立社会工作者职业水平评价制度，纳入全国专业技术人员职业资格证书制度统一规划""社会工作者职业水平评价分为助理社会工作师、社会工作师和高级社会工作师三个级别"。

3. 2008年12月26日，人力资源和社会保障部、民政部联合印发《关于民政事业单位岗位设置管理的指导意见》，强调："民政事业单位原则上以社会工作岗位为主体专业技术岗位。"

4. 2010年6月6日，中共中央、国务院联合印发《国家中长期人才发展规划纲要（2010—2020年）》，强调："统筹抓好党政人才、企业经营管理人

才、专业技术人才、高技能人才、农村实用人才以及社会工作人才等人才队伍建设。"社会工作人才队伍的发展目标是："适应构建社会主义和谐社会的需要，以人才培养和岗位开发为基础，以中高级社会工作人才为重点，培养造就一支职业化、专业化的社会工作人才队伍。到2015年，社会工作人才总量达到200万人。到2020年，社会工作人才总量达到300万人。"

【榜样力量】

在中国社会学史著作里，蒋旨昂被看作综合学派的代表人物之一。而在中国社会工作学界，蒋旨昂也被视为尝试建立中国社会工作理论体系第一人，因为他出版了中国第一本《社会工作导论》。

蒋旨昂（1911—1970年），又名蒋青立，是河北省丰润县（今河北省唐山市丰润区）人。曾在杭州上小学，后又在北平汇文中学完成初中和高中学业，1930年考入燕京大学社会学及社会服务学系学习社会学。1935年夏天，蒋旨昂从燕京大学毕业，赴美国西北大学留学，主修社会学，1937年获得文科硕士学位，在游历了加拿大、英国、法国、德国、丹麦、瑞典、苏联等国后，于当年冬天回到国内。此时，抗日战争的烽火已经燃遍华夏大地，蒋旨昂只好到大后方去从事教学与研究工作。1941年，蒋旨昂任华西协合大学社会学系副教授。在担任华西协合大学社会学讲席的近10年时间里，蒋旨昂努力进行社会工作学的理论探索，最大成果就是《社会工作导论》的问世。

1949年以后，蒋旨昂被迫离开了社会工作研究领域，做起了行政工作。1952年，高等院校院系大调整，华西大学社会学系被撤除，华西大学也由原先的综合性大学变更为高等医学院校，并更名为四川医学院。百般无奈的蒋旨昂只好改行教英语，做行政工作，职务是总务长。接下来的思想改造运动对蒋旨昂的冲击不是很大，因为他的社会地位并不曾下降。他曾任成都市第一届人民代表、全国第一次教育社会工作者代表大会代表、川西地区第一届特邀人民代表、成都市政协常委。1956年，蒋旨昂加入中国民主同盟，任民盟四川医学院支部委员。1957年，他列席了全国政协二届三次会议，亲耳聆听了毛泽东在最高国务会议上的讲话。蒋旨昂于1970年3月8日在四川医学院附属医院逝世，享年58岁。

转摘自：彭秀良.《社会工作导论》：建立中国社会工作理论体系的首次尝试［J］.中国社会工作，2021（34）：46-47.

【延伸阅读】

1. 王思斌．社会工作概论［M］．3版．北京：高等教育出版社，2014．
2. 顾东辉．社会工作概论［M］．2版．上海：复旦大学出版社，2020．
3. 李迎生．社会工作概论［M］．3版．北京：中国人民大学出版社，2018．
4. 全国社会工作者职业水平考试教材编写组．社会工作综合能力：中级［M］．北京：中国社会出版社，2009．
5. 李迎生．党的领导与新时代社会工作高质量发展［J］．中国特色社会主义研究，2021，12（5）：76-84．
6. 王思斌．我国社会工作从嵌入性发展到融合性发展之分析［J］．北京工业大学学报（社会科学版），2020，20（3）：29-38．
7. 何雪松．社会工作学：何以可能？何以可为？［J］．学海，2015（3）：41-46．
8. 李迎生．中国特色社会工作体系建设初探［J］．人文杂志，2019（9）：35-42．
9. 陈涛．社会工作专业使命的探讨［J］．社会学研究，2011，26（6）：211-237，246．
10. 王思斌．试论我国社会工作的本土化［J］．浙江学刊，2001（2）：56-61．

【影音赏析】

1. 电影《可爱的社工》

导演：卢芬

主演：钱嘉乐、钟淑慧、王书麟

剧情简介：想做社工？你可以忍受被人打不还手，被人骂不出声，朋友有难你为他出头的日子吗？太不可信吗？那你看过这片之后可能会有些认同。林伯乐本是一名大学社会工作系的毕业生，在小学教书。但由于生性自大，觉得自己非池中物，所以便放弃了工作，想出去找找理想。经过一番波折后他终于做到自己想做的社工，令他兴奋不已。

2. 电影《流浪汉世界杯》

导演：关信辉

主演：孙耀威、张晋、黎姿等

剧情简介：社工张健东多年来致力于服务流浪汉工作，近期他为了一件能令流浪汉们扬眉吐气的大赛事四处奔忙——这就是流浪汉世界杯！灯笼街，隐藏在繁华城市的一个角落，因其位置优越，成为众多流浪汉的栖身之所，这里的"居民"奉自称"黑魔"的老流浪汉为灯笼街之帮主。昔日的甲级队球员阿荣因滥赌打假球入狱，出狱后一无所有，万念俱灰投入灯笼街奄头、阿华等人的行列。张健东将灯笼街一众流浪汉组建为球队，晨光足球队就此诞生。一支由流浪汉组成的球队必然事事难以周全，张健东等人自食其力，将训练等问题解决，不久他们遭遇一支公子哥球队的挑战，由此正式拉开了一支球队四处征战的序幕……

【复习思考】

1. 如何理解不同国家对社会工作的不同定义及其建基于的社会文化脉络？
2. 中国特色的社会工作应该具有什么样的内涵和外延？
3. 新时代社会工作应该如何分类？
4. 社会工作与心理学、思想政治教育以及社会学有什么关系？
5. 结合现实谈谈社会工作在习近平新时代中国特色社会主义建设中的目标和功能。
6. 如何理解社会工作的实践性？
7. 如何理解社会工作的人文性？
8. 如何理解社会工作的社会性？
9. 如何理解社会工作的科学性？
10. 作为一位专业的社会工作者应该具有什么样的特质？
11. 社会发展催生了哪些社会工作新领域和新议题？

【个人成长】

1. "横看成岭侧成峰，远近高低各不同"，社会工作的内涵纷繁多样、众说纷纭。请结合你自己的经验和理解，谈谈你的社会工作定义？

2. 请问你的第一志愿是社会工作吗？为什么选择或不选择社会工作？

3. 在你近二十年的生命历程中，你了解过社会工作吗？如果了解，是通过什么途径了解的呢？

4. 就目前你对社会工作的理解，你觉得社会工作对你自身的发展有什么益处？

5. 2023年，组建了中央社会工作部。请问这给社会工作专业的发展带来哪些契机？

5. 作为一名社会工作初学者，你觉得应该如何从社会工作专业中汲取个人成长的力量？未来如何学习社会工作？

6. 作为一名社会工作专业老师，我个人坚持"大学之道，在明明德，在亲民，在止于至善；社工之道，在修己身，在创新，在服务社会"。那么请问你在大学期间如何做到服务社会？

| PPT课件 | 考研真题 | 职考真题 | 法律法规 |

第二章 社会工作发展

【课前导读】

在了解了社会工作的内涵、学科特征以及目标功能之后,我们明白了社会工作作为一个专业和学科,只有100多年的历史。但作为一种助人的实践,社会服务已经有几千年的历史,无论在西方还是在东方都一直存在。那么,为什么作为专业和职业的社会工作,是在西方社会诞生并得以发展的呢?我国丰富多样的助人实践为何没有催生出专业社会工作?当前,我国和谐社会建设与社会治理为什么又急需建设一支庞大的社会工作人才队伍?

为了解答以上疑惑,我们就需要学习社会工作的渊源与发展,了解西方社会工作得以产生的思想背景、时代背景以及制度背景,并了解工业革命以来西方社会工作的实践发展过程。在此基础上,了解专业社会工作发展的必要条件、专业发展的历史进程、专业方法的不断丰富和拓展以及未来社会工作发展走向何处等专业议题。

作为新时代的社会工作专业大学生,我们所面对的是中国的国情,服务的是中国的人与社会,自然需要承担起社会工作中国化的时代使命和责任。因此,也需要通过本章的学习,了解中国古代的社会福利思想与实践,学习近代中国社会工作的开端与发展,珍惜社会工作恢复重建的时代机遇,并最终投身于本土社会工作的理论学习、实践拓展以及科学研究,致力于中国特色社会工作的学术体系、学科体系以及话语体系的建构。

【核心概念】

人道主义、新教伦理、工业革命、济贫法、汉堡制、爱尔伯福制、慈善组织会社、睦邻组织运动、社会保障制度、福利国家、社会工作专业属性、社会福利思想、大同社会、保息六政、荒政十二、九惠之教、和谐社会、社会建设、社会治理、中国特色社会工作体系

【重点难点】

重点一:了解西方社会工作发展的历史与社会文化脉络。
重点二:社会工作之所以成为一门专业的必要条件与充分条件。
难点一:中国社会工作的历史传统与实践智慧。
难点二:社会工作本土化的科学性与策略性。

> 【内容精要】

第一节　西方社会工作的实践

一、西方社会工作产生的背景

（一）思想背景

1. 古希腊古罗马时期的助人思想，基督教的博爱思想等，是西方社会工作产生的早期思想来源之一。古罗马时期，幸福是一种责任观，即幸福是通过与别人分享财富得来的。富人帮助穷人解除痛苦是一种重要的道德责任，帮助穷人不失去尊严，更能显出富人的尊贵。而基督教具有强烈的博爱思想，坚持"信望爱"，不仅要"爱你的邻居"，还要"爱你的仇敌"，强调"施比受更为有福"。新教教义进一步突出了"上帝面前人人平等"的思想。

2. 欧洲文艺复兴运动高举的人道主义，为专业社会工作的萌芽和发展提供了强大的精神动力。人道主义把人从天国带到人间，重新将人作为世俗社会的主体来加以认识。这促使了无论是宗教慈善家还是政治家，都强调对人的尊严、价值和平等权利的尊重，强调个体作为人这一群体的一分子，应该享有基本生存权利和尊严。

3. 空想社会主义思想及其多元实践，推动了社会工作服务以及社会福利制度的诞生。作为空想社会主义思想的代表人物——欧文，设计了理想的社会主义方案，并在自己担任经理的纱厂开展了社会主义的试验，通过缩短劳动时间、禁用童工、提供福利设施、改善工人居住条件、建立互助制度等改革措施，不仅改善了穷人和工人的工作生活条件，提高了工人的劳动积极性，更提高了整个工厂的效率和股东们的利润。

（二）经济背景

随着工业革命的推进，大量人口聚集在城市，恶劣的居住环境、难以保障的工作待遇以及休闲娱乐的缺乏，导致工人的收入和生活质量均得不到保障,社会消费力远远落后于社会生产力,工人的劳动技能和人力资本也难以得到提升。长此以往,劳动效率下降、工人失业、劳资冲突不断涌现,甚至导致了较为严重的经济危机和阶级矛盾。无论是慈善家、政治家、社会学家还是马克思主义者,都在寻找解决社会问题、化解劳资冲突、克服经济危机的方法。社会工作服务就成为当时关心社会问题并志在改造社会的资产阶级改良派的社会实践方案。

(三)社会背景

1. 阶级矛盾日益尖锐。19世纪中叶以后,资本主义深入发展,产业工人迅速增加,整个社会越来越依据对生产资料的不同占有关系而被划分成有产者和无产者两大对立的阶级。

2. 社会矛盾不断加剧。随着无产阶级的阶级意识逐渐觉醒,工人们开始有意识地组织起来,工会组织也被称为工人斗争有机体。最初,这些组织都是秘密的,渐渐地发展壮大成为工人中有影响力的组织。工人运动越来越成为资产阶级不能忽视的一股强大力量,已经对资本主义既有的社会制度、社会秩序构成了巨大的威胁。

3. 社会关系深度异化。资本主义不仅改变了城乡结构和阶级结构,更制造了严重的社会对立,人际关系庸俗化、人的尊严金钱化、人的价值虚无化,贫穷、饥饿、失业、冲突、堕落充斥着整个社会。社会中的困难群体陷入持续性弱势的境地,急需社会救助以及社会支持才能渡过难关。

(四)政治背景

在以上社会剧变情形下,工人运动此起彼伏并日益壮大,统治阶级不得不重视这股力量,在不妨碍其统治的前提下,统治者做出了一些让步。在工人阶级的劳动条件得到逐步改善的同时,政治的民主化方面也有很大的改观。在社会问题的改革中,统治阶级的思想开始由完全信奉优胜劣汰、弱肉强食等社会达尔文主义的思想向某些改良主义的思想转变,政治力量的格局也在发生变化。在英国,1884年,社会民主联盟成立;1893年,独立工党组建。在德国,1863年,建立全德工人联合会;1875年,全德工人联合会和社会民主工党实现组织上的合并。这些都为社会工作实践与理论的发展提供了时代契机。

二、工业革命以来的西方社会工作实践

(一) 英国的伊丽莎白济贫法

英国的产业革命开始最早,社会对贫穷问题威胁的感受亦最深,其济贫事业也最发达。伊丽莎白女王登基执政后,针对贫穷问题,曾颁布各种济贫法案,其中以1601年的法案(又称旧济贫法)最为完备,也最为有名。该法案正式承认政府对济贫负有责任和义务,并建立了初步的救济行政制度与救济工作方法,开辟了现代社会救济事业的先河。该济贫法的基本内容及其特点包括:(1)规定每一教区每周应向地主征收济贫税。(2)规定贫民救济应由地方教区举办,每一教区设立监察员若干人,中央政府派驻监督人员。(3)规定凡有工作能力的贫民必须参加劳动,不得行乞游荡,以工作换取救济(后来发展成为以工代赈)。教区设贫民习艺所,配给原料及工具,强迫有劳动能力者从事生产。(4)对不能工作的贫民,如患病者、老人、残疾人等,实行救济。救济工作分院外与院内两种。对有家庭者给予家庭补助,使其回家从事生产(院外救济);对无家可归者实行院内救济。(5)规定人们对贫穷亲属负有救济的义务。教区即公共救济机构仅在贫民无法从其家人或亲属处获得帮助时,才给予救济。

(二) 德国的汉堡制与爱尔伯福制

为应对日益严重的贫民问题,1788年,有一位名叫布什的教授起草了一份济贫方案,即社会工作界所称的"汉堡制"。该制度规定汉堡市设一中央办事处,综合管理全市救济业务,全市分若干区,每区设监察员一人和赈济员若干人。救济方法为:助人自助;为失业者介绍工作;将贫苦儿童送往职业学校习艺;将患病者送往医院诊治;对沿街乞食者不准施舍,以取缔无业游民并使贫民不养成依赖习惯。该制度实施了13年,取得了一定成效。

1852年,德国的另一个市爱尔伯福提出了"爱尔伯福制"。该制度将全市分564段,每段约有居民300人,其中贫民不得超过4人;每段设赈济员一人,综合管理济贫工作。求助者必须与赈济员接洽,赈济员要先到求助者家中做家境调查,查明确有需要才给予补助;补助后仍需每两个星期前往调查一次;发给的赈济款必须是法定的最低标准,不许养成贫民的依赖心理。此外,赈济员还负责办理段内有关贫穷的预防工作。赈济员为荣誉职务,由政府

委派地方热心人士担任。全市每 14 段为一赈济区,每区设检察员一人,领导区内各段赈济员,并由区内 14 段联合组成一个赈济委员会,每两个星期开一次会,由区监察员任会议主席,讨论有关全区赈济工作并形成报告或提案,提交给由全市各区联合组成的中央委员会。中央委员会为全市最高救济机关,总体支配管理全市济贫所、医院及院外救济事项,两个星期开会一次①。

汉堡制和爱尔伯福制都遵循着助人自助、不养懒汉等原则,并设计了相对规范的组织管理架构和程序,对后来的社会工作制度与方法产生了深远影响。

(三) 英国的慈善组织会社

由于工业化的迅速推进,贫民、失业者人数大增,而当时实施的济贫法实际效果并不尽如人意。在这种情况下,各种具有不同目标的慈善组织纷纷出现,征募捐款,救济贫民。而由于这些组织互不搭界,各自为政,造成了不少混乱与浪费。为纠正这种现象,1868 年成立一个组织的建议被提出,以协调政府与民间组织的各种慈善活动。故针对当时贫民和失业者不断增多给济贫法带来的挑战和困境,索里牧师参考汉堡制及爱尔伯福制的做法,于 1869 年在伦敦成立了第一个慈善组织会社。该会社认为接受公共救济将损害贫民的自尊心、进取心与道德观念,致使他们依赖救济为生,因此个人应对其贫穷负责。基于此,该会社主张贫民应尽其所能维持本人的生活,外部力量只在必要时才介入救济,并设计了具体的救助办法:(1) 成立一个中央管理与联系机构,安排、协调、统筹全市救助工作;(2) 将伦敦全市划分为若干区,每区成立一个分支机构,主持救济分配工作;(3) 各区办理区内所有救济机构受理申请救济案件的总登记,另特设咨询部,供济贫法执行人员、各慈善组织及个别慈善家搜集有关申请救济者的材料,揭露了不少重复领取救助的职业乞丐;(4) 各区派人对所有申请案件进行个别化的详细调查,其涉及的项目包括申请人的各种社会信息,如住房、健康、教育及工资等;(5) 提高救济款物配额,使之能够满足申请人的生活需要。

慈善组织会社一方面派驻友善访问员对受助者进行探访、调查和评估,针对具体情况具体处理;另一方面对不同救助机构、慈善组织以及社区救助

---

① 李迎生. 社会工作概论 [M]. 3 版. 北京:中国人民大学出版社,2018:35.

活动进行沟通、协调与统筹。这些措施和方法不仅直接催生了专业的个案社会工作，更推动了社会工作行政的发展，对社会工作发展贡献巨大。

（四）英美的睦邻组织运动

19世纪末叶，牛津大学经济学讲师汤恩比，出于自身的宗教情怀，与贫民同吃同住，帮助贫民改善生活，促进社区公平发展，但最终英年早逝。在汤恩比精神的激励下，另一位牛津大学毕业生巴涅特发动当时就读于牛津大学、剑桥大学的学生前往该教区为贫民服务，与贫民同处，实地调研了解贫民生活状况并提供相应的对策。1884年，巴涅特在该教区建立了一个大学社区睦邻服务中心——汤恩比馆，并坚持以下工作原则：（1）相亲相爱，设立贫民区，建立宿舍，所有工作人员与贫民共同生活，共同成长；（2）因地制宜，根据居民的实际需要而设计和开展相应服务；（3）助人自助，尽量发动当地人力资源，培养他们自动自发的合作精神，为所在社区服务；（4）以文化人，社区睦邻中心不仅成为当地的服务中心，更成为当地的文化中心，通过文化建设引领社区发展①。

睦邻组织运动不仅强调对社区贫民个人的改变，也强调对社区的总体改变；不仅注重挖掘社区居民的力量，也注重发现社区文化的魅力；不仅注重社区个别化的需要，更注重社会力量的配合；不仅强调个案工作方法，更注重发展团体与社区组织；最终以社区的全面福利为目标。因此，该运动在社会工作发展历史中具有十分重要的地位。

（五）现代社会保障制度的建立

1. 英国的新济贫法

1834年，英国政府颁布并实施新济贫法。和17世纪初颁布的旧济贫法相比，新济贫法突出的特点是：认定要求社会救济属于公民的合法权利，国家依法实施救济则是义不容辞的义务；认定救济不是单纯的消极行动，而是一项积极的福利举措。这显然与旧济贫法将救济视为一种施舍等特性不同。

2. 基尔特与友爱社

基尔特统指西欧封建社会城市间手工业者或商人在商品经济相当发展的条件下，为限制竞争、规定生产或业务范围、解决业务困难和保护同行利益

---

① 顾东辉. 社会工作概论［M］. 2版. 上海：复旦大学出版社，2020：69-70.

等，联合同业或相关行业组成的同业组织。英国的友爱社是一个人们自愿参加的组织，英国友爱社的成员在入社前缴纳一定数额的互助金，在遭遇疾病、死亡时，可以获得一笔保险补助。这些互助性质的组织奠基了现代社会保险和福利制度的雏形。

3. 现代社会保险制度

面对日益高涨的工人运动，德国首相俾斯麦部分地采取了柔性斗争策略，改善工人的工作和生活条件，并分别于1883年、1884年和1889年相继颁布了疾病、工伤、老年及伤残三项社会保险法。与传统社会救济制度相比，现代社会保险制度具有问题的预防性、关系的平等性、对象的包容性、综合的成效性以及制度的持续性等特征，并最终得到欧洲资本主义国家的认可和推广，尤以美国1935年颁布的《社会保障法》为典型。

(六)"福利国家"的兴起和发展

1942年11月，贝弗里奇向英国内阁提交了《社会保障及有关服务》的报告，建议通过全面实施社会保障措施以重建家园，又称《贝弗里奇报告》。该报告提出战后重建英帝国，必须在铲除疾病、贫穷、愚昧、怠惰和匮乏等"五害"的同时，建立"从摇篮到坟墓"的一整套社会福利措施，具体包括失业、老年、职业伤害、遗属等保险项目和家庭津贴等。该报告不仅架构了第二次世界大战后的社会保障理论，更描绘出了福利国家的初步模型。在1948年英国首相艾德礼宣布英国已经成为"福利国家"之后，其他欧洲国家以及美国、澳大利亚、日本、新西兰等资本主义国家也仿效"福利国家"来建构本国的社会保障体系，并体现出项目齐全、标准较高、国际化、全民化等特征。

第二节　专业社会工作的发展

一、专业社会工作发展的必要条件

对于社会工作专业的标准，众说纷纭。最先明确质疑社会工作专业地位的是弗莱克斯纳。根据其观点，衡量某个职业是否专业有六条标准，即伴随个人责任的智慧操作、素材来自科学和学习、这些素材逐渐变得实用且轮廓分明、拥有可传授的与人沟通技术、朝向自我组织、逐渐在动机上成为利他性的。按此标准，弗莱克斯纳认为社会工作尚非一个专业，但他呼吁要把社会工作建成一个专业。可以说，这是人们自觉地要把社会工作建成专业的开端。

1957年，格林伍德发表《专业的属性》一文，提出任何专业都必须具备以下五个方面的条件：（1）一套系统化的理论体系；（2）专业权威；（3）社区的认可；（4）一套规定的伦理守则；（5）一种专业的文化。这给当时的社会工作者指明了方向，指引他们更加努力地去实现使社会工作成为一门专业的理想。

加文和特罗普曼则提出专业七条标准，即知识体系、理论基础、大学训练、产生收入、对实践者的专业控制、对专业活动的内在道德或伦理控制、可测量或观察的结果。他认为，社会工作既是专业也非专业，它正在走向完全的专业地位，但某些领域还未符合标准，因而面临挑战和批评。整合诸多"专业标准"，专业应该拥有理论体系，经过大学训练，体现专业权威，具有伦理守则，拥有组织文化，得到社会认可，产生经济收入。

虽然人们对社会工作是不是专业争论不休，但是相当数量学者倾向认为社会工作已是一个专业。除格林伍德外，莫拉莱斯和谢弗也认为社会工作已成专业。因为社会工作已创办了指导专业成长与发展的独立协会，制定了专业行为的伦理守则，兴办了以大学为基础的研究生层次的专业学院，并使这些教育方案获得认可，成功地在一些国家中取得了社会工作实践的执照，引导着公共教育运动把社会工作传播给公众，实现了社会工作在助人专业中的地位，并通过与日俱增的专门化和限制加入专业的机会而走上了专业轨道[①]。

二、专业社会工作的起源及其发展

19世纪中后期，起源于英国并活跃于欧美的慈善组织会社运用"友好访问员"开展工作，可以被视为专业社会工作的起源。美国最早开始这方面训练的机构是纽约慈善学院，1898年该院开办了一个为期六周的暑期训练班，训练

---

① MORALES A, SHEAFOR B W. Social work: A profession of many faces [M]. Boston: Allyn and Bacon, 1989: 49.

带薪的友好访问员。

（一）个案工作方法的形成

1917年，里士满《社会诊断》一书的出版，不仅使社会工作服务技术变得可以传递，也促成了社会工作成为一个专业，更奠定了社会工作的个案工作方法的基础。通过此书，可以发现里士满摆脱了过去仅凭慈悲之心开展慈善救济工作的传统，更关注个人问题（贫穷）的社会方面，使社会工作成为一种"科学的慈善"。20世纪20—40年代，个案工作都是社会工作的主要方法。随着弗洛伊德精神分析心理学的发展及其向社会工作领域的渗透，个案社会工作逐渐开始关注服务对象个人经验的意义和价值。

（二）小组工作方法的形成

在个案工作方法得到不断发展的同时，另一重要的社会工作专业方法在20世纪30年代开始形成并受到重视。柯义尔于1930年出版的《组织群体的社会过程》一书，奠定了小组工作的学理基础。1939年，在美国社会工作会议上，"小组社会工作成为其中一个独立的小组"。1946年，小组工作方法开始被视为与个案工作方法具有同样的地位。1955年，美国小组社会工作者协会并入美国社会工作者协会。

（三）社区工作方法的形成

社区工作方法的形成及获得社会工作专业方法的地位相对要晚一些。虽然在1939年召开的美国社会工作会议上，有关社区组织的方法已被提出并讨论，1944年所列出的社会工作专业课程中，也列有社区组织，在1946年召开的美国社会工作会议上，还成立了一个"社区组织研究协会"，但直到1950年召开的美国社会工作会议上，社区组织才被正式列为社会工作的专业方法之一。

三、21世纪的社会工作

1996年，美国出台的《个人责任与工作机会调和法案》强调个人责任、工作取向、最少的社会福利、最大的工作期待，为社会工作的发展提出一个严峻的挑战。在新世纪，信息技术、微电子技术、电信技术、网络科技、生物工程等的迅猛发展，使得利用电脑、网络进行间接的沟通，以及全国乃至跨国界的治疗成为可能。与此同时，国际社会工作、绿色社会工作、金融社会工作、数字社会工作以及社会工作循证实践等方向，均成为21世纪社会工作发展的重要面向[1]。

第三节 中国社会工作的发展

一、中国古代的社会福利思想与实践

（一）中国古代的社会福利思想

1. 中国儒家典籍之一《礼记》载有孔子关于"大同"社会的理想，对我国早期的福利措施的提出与实施有着深远的影响，同时也是现代社会主要的福利措施，如老人福利、就业服务、儿童福利、社会救助及残疾人福利等的重要思想基础之一。

2. 孟子主张统治者应广施"仁政"，含有丰富的社会互助、社会福利、社会政策、社会行政的思想内容。

3. 墨子主张"兼爱"，提倡的爱人如己的"兼爱"思想，以及吃苦耐劳、自我牺牲的实干精神，对我国古代乃至当今社会工作、社会福利的发展，都有着重要的思想启示。

（二）中国古代的社会福利实践

1. 保息与救荒之政。《周礼》记载大司徒分别提出"保息六政"与"荒政十二"，作为救济贫民的基本措施。保息六政的基本内容包括慈幼、养老、赈穷、恤贫、宽疾、安富等六种措施，类似于现代的儿童福利、老年福利、社会救助、医疗服务、住宅与就业服务等福利服务工作。保息六政实际上是正常年份特别是升平时期的社会福利措施。而遇荒年，则有一些救荒应急的措施[2]。

2. 九惠之教。管子所讲的"九惠之教"实际上就是九种社会福利措施，包括老老、慈幼、恤孤、养疾、合独、问病、通穷、赈困和接绝。

---

[1] 李迎生. 社会工作概论 [M]. 3版. 北京：中国人民大学出版社，2018：47.
[2] 李迎生. 社会工作概论 [M]. 3版. 北京：中国人民大学出版社，2018：48.

3. 仓储救济。古代中国通过仓储实施救济有常平仓、义仓、社仓三种。

二、近代中国的社会工作

（一）民间组织的社会工作

20世纪30年代左右，具有现代意义的社会工作在中国出现了。首先产生了一些与社会工作有关的专业团体。1912年，北京社会实进会成立；1922年，中国社会学会成立；1921年，北京协和医院设立社会服务部，开展医疗社会工作，并逐步将个案等社会工作方法向上海、广州、重庆等地的医疗机构和福利机构传播；1926年，中华教育文化基金董事会社会调查部成立等。社会工作的实践同时推动了社会工作教育在中国的发展。1946年，在联合国善后救济总署社会工作组的支持下，南京金陵大学培养了十余名社会工作研究生，1948年又成立了社会福利行政系，招收本科生，成为中国当时唯一独立的社会工作系。

（二）国民政府的社会工作

1912年，孙中山先生就任中华民国临时大总统时，设立了内务部主管民政和社会福利事务。1938年，边区政府成立赈济委员会。同年，国民党中央委员会内设立社会组织部，1940年，该部改为社会部并隶属于行政院，负责社会福利、社会救济、社团组织、社会运动、社会服务、劳工以及合作行政等。国民政府先后颁布了《社会部组织法》《省社会处组织大纲》《市政府掌管社会行政暂行办法》《各省市县社会救济事业协会组织规则》，建立了比较完整的社会行政体系。

（三）中国共产党开展的社会工作

中国共产党早在建立和巩固革命根据地时期，就非常注意关心人民群众的疾苦，进行生产自救和社会救济等。在中国共产党领导下的革命根据地和解放区，开展了拥军优属、拥政爱民、民工动员、支援前线、社会教育、社会改造、社会救济、社会福利、社会服务等方面的工作。抗日战争时期，中国共产党和国民党合作，进行了大量战地服务、救济难民、救亡宣传、慰问将士等方面的工作。一些进步组织如"保卫中国同盟""中国福利会"的社会工作十分活跃。

三、中华人民共和国成立后至今的社会工作

（一）改革开放前的社会工作

在计划经济下，政府是社会工作的唯一主体，政府通过企业（单位、集体）、民政系统，以及人民团体、福利性事业单位等三大部门履行社会服务职责，具体体现的特点包括：政府包揽——单位承办、以职业身份为基准的差序格局以及非专业性。计划经济下的社会工作模式在快速转型时期遭遇严峻挑战，转型势在必行。

（二）中国社会工作的恢复与重建

1987年，原国家教育委员会批准中国人民大学、北京大学、吉林大学、厦门大学等四所高校设置社会工作专业。20世纪90年代，上海市首先尝试在浦东新区的教育、卫生、民政系统内设置社会工作岗位，先后成立了5个社会工作站。进入新世纪，党的十六届六中全会明确提出了"建设宏大的社会工作人才队伍"的战略决策。近年来，社会工作职业化的试点工作在上海、深圳、万载等地取得了新的进展。上海和深圳等地首先探索创建的政府"委托—购买"服务的机制，是中国社会工作模式转型过程中在运作机制上的有益尝试和创新，已在全国全面推广。这一时期，我国社会工作的发展存在两类社会工作并存、过渡性、不平衡性、民间组织发育不足等特点。

（三）新时代社会工作发展的新机遇

1. 社会结构的新变化对社会工作产生巨大需求，具体表现为：（1）社会快速老龄化要求加快社会工作发展；（2）人口流动加速要求加快社会工作发展；（3）贫富差距拉大要求加快社会工作发展。

2. 全面深化改革的新要求对社会工作产生巨大需求，具体表现为：（1）新型城镇化推进要求加快社会工作发展；（2）社会治理创新要求加快社会工作发展；（3）实现基本公共服务均等化要求加快社会工作发展。

3. 人民诉求的新特点对社会工作产生巨大需求，具体表现为：（1）风险社会来临，社会公共安全要求强化，要求加快社会工作发展；（2）快速社会转型导致人民精神压力加剧，要求加快社会工作发展；（3）调解转型期人民群众多元化的利益诉求要求加快社会工作发展。

(四) 新时代社会工作发展面临的挑战

李迎生等认为,新时代社会工作发展面临以下挑战:(1) 社工人才数量、质量远未达到要求;(2) 社会工作体制机制尚不完善;(3) 社会工作服务效能有待增强;(4) 社会工作发展环境有待优化;(5) 社会服务资源的整合有待加强;(6) 社会工作发展不平衡问题比较突出[①]。

文军认为当前中国社会工作发展不得不面对并需加以认真应对十个方面的挑战:(1) 一是社会工作理论研究严重滞后于实务活动的开展;(2) 社会工作专业教育与实务能力培养之间的脱节;(3) 社会工作发展中政府主导有余而民间参与相对不足;(4) 国家整体性推进战略与地区差别化发展现实之间存在矛盾;(5) 社会工作的专业认同与公众认同之间存在较大差异;(6) 职业社工培养中价值理念与实务技巧的错位;(7) 在全球化共识中培育本土化的社工模式还面临许多困难;(8) 城市社会工作与农村社会工作发展严重不平衡;(9) 大量社会工作服务缺乏有效的督导与评估;(10) 社会工作者机构本位与案主本位的关系一时还难以理清[②]。

(五) 新时代中国特色社会工作的发展

社会工作的专业方法与技术等皆起源于西方国家,中国也面临着社会工作本土化的问题。这要求社会工作者在从发达国家引进知识和实务的过程中,要重新定义西方的概念,需要修订和发展出植根于本土的社会经济环境的概念框架和方法论;考虑本民族的历史和文化经验,重视本地区社区专业经验的重要性和提供社会服务的资源。

本土化策略有两种不同的前提:一种是尽可能地全盘西化,即把那些与来自西方社会工作体系不相适应的部分相应进行改造,最后使西方模式扎根中国;另一种是"中国特色社会工作"模式,即依托当前中国已经具备的社会工作体系,在此基础上引入西方发达国家行之有效的理念、制度和机构,使人类社会先进的社会工作模式在中国得以建立起来。前一种本土化策略指

[①] 李迎生,袁小平. 经济新常态时期的社会工作发展:需求、挑战与应对 [J]. 教学与研究,2015 (11):5-13.
[②] 文军. 当代中国社会工作发展面临的十大挑战 [J]. 社会科学,2009 (7):66-70,189.

的是某个特定制度的引入，而后一种本土化策略指的是某种特定功能的引入。所以说，要想加快中国特色社会工作学术体系、学科体系，以及话语体系建设，使本土化的理念确立起来，后一种本土化策略是有实际应用价值的。

▶【考研真题】

一、名词解释题

1. 玛丽·芮奇蒙德（中国社会科学院大学，2024）
2. 循证社会工作（华东师范大学，2024）
3. 玛丽·埃伦·里士满（四川外国语大学，2024；山西医科大学，2024）
4. 社会工作专业本土化（湘潭大学，2024）
5. 社会工作职业认同（南开大学，2024）

二、简答题

1. 简述数字社会工作的内涵与应用。（中国人民大学，2024）
2. 简述慈善组织会社的内容和贡献。（中央民族大学，2024）
3. 谈谈你对结构化社会工作的理解。（南京大学，2024）
4. 简述20世纪后期新自由主义的代表人物和思想。（南京大学，2024）
5. 简述西方社会工作发展史及其对新中国社会工作的启示。（重庆大学，2024）
6. 简述我国语境下社会工作的内涵。（安徽大学，2024）
7. 简述我国社会工作的发展特点。（福州大学，2024）
8. 简述伊丽莎白济贫法对社会工作发展的意义。（山西医科大学，2024）
9. 简述社会工作专业教育在社会工作本土化中发挥的作用。（吉林大学，2024）
10. 简述睦邻组织运动对社会工作发展的意义。（华中农业大学，2024）
11. 简述睦邻组织运动、睦邻组织中心的特点。（武汉科技大学，2024）

三、论述题

1. 论述社会工作在中国式现代化的进程中发挥的作用。（北京师范大学，2024）
2. 结合中国现代化的本质要求，谈谈社会工作如何推动高质量发展。（华东理工大学，2024）

3. 简述共同富裕下的社工站应该如何开展服务。（华东政法大学，2024）

4. 基于你对我国社会工作本土化的理解，谈谈在中国式现代化进程中，如何看待新本土化。（南京理工大学，2024）

5. "发源于欧美的个人社会工作不适用于家庭和社会"，你对这句话有什么看法？并说明社会工作理论中的文化差异。（南京大学，2024）

6. 论述乡镇社工站建设与社会工作专业化高质量发展之间的关系。（湖南师范大学，2024）

7. 谈谈你对乡镇（街道）社工站专业化与高质量发展的认识。（安徽大学，2024）

8. 论述我国社会工作站点制（乡镇社工站）推进方式与项目制度推进方式的异同，以及对我国社会工作高质量发展的影响。（厦门大学，2024）

9. 社会工作一直以来面临博而不专的问题，请你评价一下这个观点，并说明为什么还要继续发展专业社会工作。（吉林大学，2024）

10. 详细论述社会工作专业化的标准，以及社会工作专业化面临哪些问题，造成这些问题的原因是什么。（华南师范大学，2024）

11. 分析中央社会工作部的成立对社会工作发展体制的影响。（深圳大学，2024）

12. 论述为什么要推进中国社会工作未来发展本土化与创新，结合中国社会发展的现状，谈谈你的理解和认识。（广东外语外贸大学，2024）

13. 论述新时代我国社会工作制度和建设的内容。（天津理工大学，2024）

【职考真题】

1. 在社会工作形成的过程中，下列社会工作方法中最晚被正式接受的是（　　）。(2010-1)

A. 个案工作　　B. 小组工作　　C. 社区工作　　D. 社会行政

2. 下列关于我国社会工作发展的说法中，正确的是（　　）。(2011-1)

A. 我国历史上有靠家庭、家族和亲朋好友解决问题的传统

B. 改革开放以来社会工作实务获得率先发展

C. 我国丰富的社会福利思想指导着专业社会工作的发展

D. 计划经济时期的单位福利制度是专业社会工作的基础

3. 近年来，随着我国社会问题的变化、民众认识的提高与和谐社会建设的推进，社会工作服务对象在扩大，服务内容在拓展。下列内容中，属于我国社会工作崭新议题的是（　　）。(2011-4)

　　A. 贫困家庭的生活保障　　　　B. 孤残儿童的社会救助

　　C. 失业人士的求职协助　　　　D. 企业员工的压力舒缓

4. 近年来，一些城市的殡葬服务领域引入专业社会工作者，针对逝者家属开展辅导服务，给予精神慰藉；同时通过个案工作、小组工作等方法对殡仪馆员工进行人文关怀和心理辅导，减轻工作压力。从专业化发展的角度看，上述做法体现了社会工作的（　　）。(2012-2)

　　A. 专业方法发展　　　　　　　B. 目标模式变化

　　C. 工作对象拓展　　　　　　　D. 整合发展取向

5. 随着中国社会的不断发展，社会工作实务的服务对象从弱势群体扩展到其他有需要的人士。根据服务对象拓展的趋势，社会工作可以将其纳入服务范畴的是（　　）。(2013-2)

　　A. 吸食新型毒品的成瘾者　　　B. 下岗失业者

　　C. 新进城的务工人员　　　　　D. 需舒缓压力的企业高管

6. 关于社会工作专业发展的说法，正确的是（　　）。(2014-3)

A. 社会工作特别强调科学方法，从整合到细分是基本发展趋势

B. 社会工作目标模式不断变化，从预防到救助是基本发展思路

C. 社会工作领域不断拓展，环境保护也成为社会工作介入范围

D. 自社会工作专业建立起，社区工作就是社会工作专业的专业方法

7. 下列说法中，最能反映中国专业社会工作发展特点的是（　　）。(2015-3)

A. 职业化发展先于专业化发展

B. 专业社会工作与行政性社会工作并存

C. 儒家思想对专业社会工作的产生具有决定性作用

D. 慈善组织对专业社会工作形成具有实质推动作用

8. 专业社会工作已有一百多年的发展历史。关于西方社会工作发展特点的说法，正确的是（　　）。(2021-2)

　　A. 社会工作教育领先实务发展　　B. 多种社会工作理论模式并存

　　C. 行政性社会工作占主导地位　　D. 企业积极支持社会工作发展

9. 关于西方社会工作发展特征的说法，正确的有（   ）。(2016-61)

A. 社会问题的不断变化和社会结构的多元化扩展了社会工作服务对象

B. 治疗—预防、救助—发展和权利—服务等成为新的社会工作目标模式

C. 在社会工作实践中以问题为本的整合社会工作已经成为发展的新趋势

D. 在政府部门主导推动下，民办社会工作机构得以迅速发展

E. 西方宗教改革与发展过程就是西方社会工作的发展过程

10. 社会工作是改善民生、创新社会治理、促进和谐社会建设的重要手段。我国社会工作发展的基本原则包括：坚持中国共产党的领导、坚持社会主义核心价值观的引领与（   ）。(2019-61)

A. 坚持"三社联动"的合作机制

B. 坚持以人民为中心的理念

C. 坚持政府购买服务的机制创新

D. 坚持大力发展社会企业

E. 坚持职业化、专业化、本土化的发展路径

【参考答案】1. D 2. A 3. D 4. C 5. D 6. C 7. B 8. B 9. AC 10. BE

【传统文化】

1. 苟日新，日日新，又日新。　　　　　　　　　　　　——《礼记·大学》

2. 士不可以不弘毅，任重而道远。仁以为己任，不亦重乎？死而后已，不亦远乎？　　　　　　　　　　　　　　　　　　　　——《论语·泰伯章》

3. 老吾老，以及人之老；幼吾幼，以及人之幼。

——《孟子·梁惠王上》

4. 古之人，得志，泽加于民；不得志，修身见于世。穷则独善其身，达则兼善天下。　　　　　　　　　　　　　　　　　　——《孟子·尽心上》

5. 以铜为镜，可以正衣冠；以古为镜，可以知兴替；以人为镜，可以明得失。　　　　　　　　　　　　　　　　——《贞观政要·卷二·论任贤》

6. 人生自古谁无死，留取丹心照汗青。

——《文天祥全集·指南后录·过零丁洋》

7. 人惟患无志，有志无有不成者。

——《陆九渊集》卷三十五《语录下》

8. 千里始足下，高山起微尘。吾道亦如此，行之贵日新。

——白居易：《白氏长庆集》卷二十二《续座右铭》

9. 为天地立心，为生民立命，为往圣继绝学，为万世开太平。

——张载：《横渠语录》

10. 天下为公，是谓大同。　　　　　　　——康有为：《大同书》

【原声再现】

1. 历史承认那些为共同目标劳动而使自己变得高尚的人是伟大的人；经常赞美那些为大多数人带来幸福的人是幸福的人。　　　　——马克思

2. 每个人的自由发展是一切人自由发展的条件。　　　——马克思

3. 世界是你们的，也是我们的，但是归根结底还是你们的。你们青年人朝气蓬勃，好像早晨八九点钟的太阳。希望寄托在你们身上。　　——毛泽东

4. 历史记述了前人的成功和失败，重视、研究、借鉴历史，了解历史上治乱兴衰规律，可以给我们带来很多了解昨天、把握今天、开创明天的启示。重视吸取历史经验是我们党的一个好传统。

——2018年11月26日，习近平在十九届中央政治局第十次集体学习时的讲话

5. 要着力推进社会治理系统化、科学化、智能化、法治化，深化对社会运行规律和治理规律的认识，善于运用先进的理念、科学的态度、专业的方法、精细的标准提升社会治理效能，增强社会治理整体性和协同性，提高预测预警预防各类风险能力，增强社会治理预见性、精准性、高效性，同时要树立法治思维、发挥德治作用，更好引领和规范社会生活，努力实现法安天下、德润人心。

——2017年9月19日，习近平在会见全国社会治安综合治理表彰大会代表时的讲话

【时代之声】

1. 2011年11月8日，中央组织部、中央政法委、民政部等18部门和组织联合印发《关于加强社会工作专业人才队伍建设的意见》提出"当前和今后一个时期，要大规模开展专业培训，大幅度提升现有从事社会服务人员的专业素质和职业能力，逐步扩大社会工作专业人才队伍规模；深化社会工作专业教育改革，完善社会工作专业培训体系，初步形成适合我国国情的社会

工作专业人才培养模式;逐步建立社会工作专业人才培养、选拔、使用、流动、评价、激励等方面的政策法规体系;着力加强中国特色社会工作专业人才理论研究和宣传普及,提升社会工作专业人才的认知度和认可度;加大社会工作专业人才使用力度,形成各地各部门共同推进社会工作专业人才队伍建设的总体态势"。这是中央第一个关于社会工作专业人才的专门文件。

2. 2012年2月,中央组织部、中央政法委、中央编办、国家发改委、教育部、公安部、民政部、司法部、财政部、人力资源和社会保障部、文化部、卫生部、国家人口计生委、国家信访局、国务院扶贫办、全国总工会、共青团中央、全国妇联和中国残联等19个部委和群团组织联合发布了《社会工作专业人才队伍建设中长期规划(2011—2020年)》,提出"到2020年,我国社会工作专业人才队伍建设的总体目标是:建立健全社会工作专业人才法规、政策和制度体系,造就一支结构合理、素质优良的社会工作专业人才队伍,使之适应构建社会主义和谐社会的要求,满足人民群众日益增长的社会服务需求"。这是我国首个关于社会工作专业人才队伍建设的中长期规划。

3. 2012年11月,民政部、财政部联合印发《关于政府购买社会工作服务的指导意见》,强调"建立健全政府购买社会工作服务政策制度,建立完善的社会工作服务标准体系,形成协调有力的政府购买社会工作服务管理体制以及规范高效的工作机制;加大财政投入力度,逐步拓宽政府购买社会工作服务范围、扩大政府购买社会工作服务规模、提升政府购买社会工作服务质量;加快培养一支高素质的社会工作专业人才队伍,发展一批数量充足、治理科学、服务专业、作用明显的社会工作服务机构,提高其承接政府购买社会工作服务的能力,使社会工作服务的范围、数量、规模和质量适应经济社会发展要求,有效满足人民群众个性化、多样化、专业化服务需求"。

【榜样力量】

言心哲,别名荣彰,1898年7月出生于湖南湘潭县。1913年,言心哲考入长沙甲种商业学校(即中等职业学校)。1928年,言心哲获得硕士学位后,迅速回国任教,在燕京大学执教一年,讲授"社会学概论"和"社会领袖"两门课程。1929年夏,言心哲到南京中央军校高级军官训练班讲授"社会调查"课程,内容主要是关于社会调查的原理和方法。课程前半部分总述社会调查的通用方法、社会调查的组织形式和技巧,包括社会调查的步骤、社会调查的组织、实地调查的方法以及调查谈话的方法技巧；后半部分详细展开在面对不同类型调查时所需方法的介绍，主要从教育调查、犯罪调查、卫生调查、失业调查等几个方面展开。这一时期的课程讲义后来被整理成《社会调查大纲》一书，于1933年由上海中华书局出版，这也是言心哲的第一本专著。

实践层面，言心哲十分注重社会调查工作的开展。1932年，言心哲带领南京中央政治学校的学生们访问当地的人力车夫，调查了普通状况、工作状况、经济状况、家庭状况、卫生状况、教育状况和娱乐状况七个方面。其中，普通状况包括年龄、出生地、来南京的缘由、在南京生活的年数、每月休息天数以及拉车之外的兼职等；经济状况包括家中产业、家庭收入、各项开支情况和负债等；家庭状况包括家庭成员人数、结婚年龄、子女情况；卫生状况包括居住状况、饮水来源、污水处理等；教育状况包括上学年数、能否看报纸和算术等；娱乐状况包括娱乐项目、场所和全年节假日休假日数等；此外，还加入了调查者的观察这一部分。调查报告编成《南京人力车夫生活的分析》一书，于1935年由南京中央大学出版部印行。

1931年到1936年，言心哲任中央大学社会学系讲师、教授，先后讲授"社会调查""社会问题"和"社会行政"等课程。1933年，他带领社会学系调查班的同学，以南京第一贫儿教养院220名学生为调研对象，做了南京贫困儿童的调查，目的在于了解贫困儿童产生的原因与农民贫困现象的关系，涉及贫困儿童的普通状况、家庭及其经济状况、教育状况、生理及卫生状况、社会心理状况、社会接触、适应及冲突状况、婚姻状况、特别兴趣、信仰与嗜好、将来的志愿等共计11个方面。此次调研结果也经过详细整理，著成《南京贫儿调查》一书，于1934年出版。

1937年抗日战争全面爆发之前，言心哲转到上海复旦大学担任社会学系主任兼教授。后随复旦西迁，在重庆北碚复旦大学担任社会学系主任兼教授，直到1945年抗日战争胜利后复旦大学迁回上海江湾。抗战期间，言心哲深切地体会到，在当时国民党统治下的旧中国与旧社会，要发挥所长、推行真正有利于国家和人民的社会工作与社会行政，是完全不可能的事。于是，言心哲专心于教学和研究，写作了《现代社会事业》一书，1944年由商务印书馆出版。同时，因为在南加利福尼亚大学社会学系出版的《社会学与社会研究》杂志上发表《中国农村人口问题》（英文）一文，获得好评，从1938年起，言心哲成为该刊物的合作编辑。

1957 年春，费孝通明确提出恢复社会学的主张，以《关于社会学，说几句话》为题在《文汇报》发表文章。与之相呼应，言心哲也在 1957 年 5 月 30 日的《文汇报》上发表题为《也为社会学说几句话》的文章，谈恢复社会学的问题。直到 1977 年春节，中国社会学研究会终于成立，已经于 1973 年从华东师范大学退休的言心哲被聘请为顾问。1979 年秋季，上海市社会学学会成立，言心哲担任顾问，同年 10 月，被聘为上海社会科学院社会学研究所特约研究员。在言心哲的努力和支持下，华东师范大学在全国范围内率先建立了专门的社会学研究小组，不久后便在原政教系下增设了社会学教研室，展开社会学、人口学、民俗学等领域的研究。

转摘改编自：任思蕴. 言心哲：为社会工作建立科学的基础 [N]. 文汇报，2021-08-17（10）.

【延伸阅读】

1. 周晓虹. 重建中国社会学：40 位社会学家口述实录 [M]. 北京：商务印书馆，2021.

2. 彭秀良，林顺利，王春霞. 中国社会工作史简明教程 [M]. 北京：北京大学出版社，2019.

3. 彭秀良. 中国社会工作名家小传 [M]. 北京：中国社会出版社，2020.

4. 齐钊. 燕京大学社会学系社会工作本土化的特色与经验 [J]. 社会建设，2022，9（2）：29-41.

5. 徐选国，田雪珍，孙洁开. 从外部移植迈向本土自觉：中国社会工作发展的理论逻辑 [J]. 学习与实践，2021（10）：119-129.

6. 张威. 简·亚当斯的古典社会工作理论 [J]. 社会工作，2019（5）：12-25，107-108.

7. 孙志丽. 新中国 70 年来社会工作体系的建构性发展 [J]. 社会工作，2019（6）：27-38，108-109.

8. 刘振，徐永祥. 历史分期与理想类型：中国社会工作百年兴衰的历史考察 [J]. 学术界，2019（5）：171-177.

9. 彭华民. 中国社会工作学科：百年论争、百年成长与自主性研究 [J]. 社会科学，2017（7）：66-73.

10. 文军. 当代中国社会工作发展面临的十大挑战 [J]. 社会科学, 2009 (7): 66-70, 189.

【影音赏析】

1. 纪录片《晏阳初 1930 年》

导演：刘继忠

主演：周昕毅、薄冰

剧情介绍：晏阳初毕业于美国耶鲁大学，在五四运动前后回到中国。受到五四运动科学与民主思想的影响，他倡导在全国范围进行平民教育的运动，用科学文化知识改造落后的乡村。本片选取他在 1929 年，带领数十位各大学校的教授、博士举家迁往贫困地区河北定县进行的平教运动。当时的一家报纸指出：这是迄今为止中国历史上最宏大的一次知识分子迁往乡村的运动。清朝时的科举出身者、中国大学的教授、学院的院长和国家科研机构的退休人员，以及许多留洋的博士和硕士们，纷纷离开城里的职位和舒适的家，来到偏僻的农村，寻找复兴古老落后的中国人民生活方式的途径。

2. 纪录片《苏东坡》

导演：杨光照、张晓敏

剧情介绍：本片以苏轼贬谪黄州四年的生活为线，观照其一生的心路历程，从文学、艺术、美食、情感等多维度，解读苏东坡生命感悟、精神嬗变和艺术升华的过程。同时，辅之以当今最新的苏东坡研究成果，再现一个最丰富、最接近本真的苏东坡形象。全片共分为：《雪泥鸿爪》《一蓑烟雨》《大江东去》《成竹在胸》《千古遗爱》《南渡北归》等六集。

【复习思考】

1. 工业革命催生了社会工作，那么网络革命对社会工作提出了什么新的挑战？

2. 西方新教伦理、人道主义与福利思想作为社会工作思想基础，是否与中国传统文化相兼容？

3. 英国伊丽莎白济贫法的经验有哪些？对当前我国"应保尽保"的低保制度建设有何借鉴和启示？

4. 慈善组织会社的发展对于当前我国如火如荼的社会工作机构建设有何

借鉴和启示?

5. "福利国家"对我国社会福利体系建设有何借鉴和启示?

6. 根据格林伍德的专业五个特质论,当前我国社会工作是不是一个专业?

7. 中国古代哪些社会福利思想有益于我国当前社会工作的发展?

8. 近代中国的乡村建设运动对于社会工作发展有何贡献?

9. 当前我国社会转型对社会工作提出了哪些新的挑战?

10. 新时代我国社会工作发展有哪些新机遇?

11. 中国特色社会工作体系应该包括哪些内容?

【个人成长】

1. 在学习了西方社会工作实践发展催生的社会工作专业化进程之后,你认为我国当前社会工作发展处于什么阶段?

2. 在了解了中西方社会工作发展的历史进程之后,你认为我国社会工作未来发展有哪些任务和趋势?

3. 你了解其他发展中国家社会工作发展的历史进展吗?

4. 你认为社会工作是否需要一个本土化或者中国化的过程,为什么?

5. 作为一名社会工作专业的大学生,在学习了里士满发展社会工作的事迹以后,你觉得自己在中国社会工作发展历史进程中的使命和责任是什么?

6. 作为一名社会工作专业老师,我个人坚持"大学之道,在明明德,在亲民,在止于至善;社工之道,在修己身,在创新,在服务社会"。那么请问你在大学期间如何做到创新?

PPT 课件	考研真题	职考真题	法律法规

第三章 社会工作价值

【课前导读】

作为一个经济学、哲学和伦理学都非常强调的核心概念，价值给予我们做一件事情的重要性和意义。换而言之，价值决定了我们愿意去学习一门专业、从事一个职业、奉献一份事业。而社会工作专业是一个以价值为本的专业，社会工作者也是一个"价值满溢"的人。因此，价值不仅会给予我们从事社会工作的信心、爱心和盼望，也会给予我们社会工作实践以灵魂、指引和规则，更会给予我们从事社会工作的快乐、收获和成长。因此，对于社会工作而言，价值就是旗帜和方向。

那么社会工作价值到底有哪些具体内容？社会工作价值是基于什么哲学原理？社会工作如何看待人及其成长？社会工作如何看待社会及其发展？社会工作价值如何规定社会工作者对服务对象、对同事、对机构、对专业以及对社会的伦理规范与道德操守？在实践中，社会工作者又会遇到哪些伦理难题？社会工作者如何有效应对遇到的伦理难题？这些问题，都是本章需要讨论和解答的。

除此之外，作为新时代大学生，我们更要做有态度的人，在学习社会工作的过程中，增强文化自觉与文化自信，妥善处理个人价值、专业价值以及社会价值之间的关系，并在此基础上探索和形成中国特色社会工作价值体系。

【核心概念】

价值、实用价值、专业使命、新教伦理、人道主义、乌托邦思想、人的解放、个人主义、整体主义、个人价值、专业价值、社会价值、社会公正、个人尊严、尊重、接纳、非评判、个别化、保密、专业伦理、职业道德、差别平等原则、最小伤害原则、真诚原则

【重点难点】

重点一：西方社会工作的核心价值观及其具体含义。
重点二：西方社会工作伦理守则及其具体内容。
难点一：社会工作伦理冲突如何化解。
难点二：如何建构中国特色社会工作价值体系。

第三章 社会工作价值

> 【内容精要】

第一节 社会工作中价值的意义

一、社会工作价值的含义

在现代汉语中，所谓价值，泛指客体对于主体表现出来的积极意义和有用性。但在不同的学科中，价值有其各不相同的含义。[①]

1. 在哲学意义上，价值属于关系范畴。从认识论上来说，价值是指客体能够满足主体需要的效益关系，是表示客体的属性和功能与主体需要间的一种效用、效益或效应关系的哲学范畴。价值可以区分为工具价值和固有价值、工具价值和技术价值、贡献价值和终极价值等。

2. 在经济学意义上，价值是商品的一个重要性质，它代表该商品在交换中能够交换得到其他商品的多少，通常通过货币来衡量，成为价格。这种观点中的价值，其实是交换价值的表现。按照马克思主义政治经济学的观点，价值就是凝结在商品中无差别的人类劳动，即商品价值。马克思还将价值分为使用价值（给予商品购买者用的价值）和交换价值（给予商品提供者的价值）。

3. 在社会学意义上，价值通常是指抽象而一般化的行为准则，可以表现为一种客观群体规范、象征文化理想、行为评价标准、强烈的信念、目标、取向或者态度等。价值能够通过社会化的机制为社会成员所接受，使之不仅是每个群体成员所同意的外在成熟，还是每个成员的个别承认。

4. 在人类学意义上，价值是指对一定目的的欲望与态度，是影响人的思想及行为的动因。很多时候，价值也表现为蕴含于某种文化中的根本性的倾向与偏好，或者说一种文化的基本风格。

5. 在心理学意义上，价值是指个体赖以生存的最深层的欲望、意愿、品质

---

① 李迎生. 社会工作概论 [M]. 3 版. 北京：中国人民大学出版社，2018：64-66.

和生活原则,即是那些对个体心理及行为影响的程度和方向,具体来说包括:(1)操作价值,即人们在选择行为上的偏好;(2)认知价值,即注意到或联想到后果的选择行为;(3)客体价值,即根据客观条件,什么是最值得选择的。

6. 在社会工作意义上,价值属于伦理学的范畴,是对社会中是非、善恶、真伪和美丑的一种判断、偏好和评价。换而言之,价值是被认为好的或应当追求的东西,是一种主观判断和行为偏好。因此,社会工作价值是指社会工作服务过程中所要坚持和追求的一种判断、偏好和评价。

二、社会工作价值的地位和作用

1. 价值是社会工作的灵魂,决定了社会工作专业使命

作为一种解困救难的现代化手段,社会工作是为了解决工业革命所造成的社会问题而诞生的,是作为应对现代社会问题的策略之一而诞生的。自诞生之日起,维护弱势群体的利益和实现社会公平正义,就成了社会工作的本色和一直追求的使命。因此,以人为本和公平正义就成了社会工作一百多年来所坚持的使命和方向,也是社会工作区别于其他助人专业的标志。

2. 价值是社会工作的动力,决定了社会工作专业角色

一百多年来,社会工作不是"经世显学",更没有"专业霸权",有的只是默默地服务与奉献,带来的也是弱势群体力量的恢复与发展。尤其是在许多发展中国家,社会工作专业的专业地位、职业待遇以及社会认同都不高,相应的服务资源往往难以得到保障。而支撑一代又一代社会工作者为之而献身的,正是社会工作追求人的解放与发展、追求社会公平正义的价值理念。正是因为有了这些价值理念,社会工作者才充满了力量和斗志,甘当服务者,追求理想国。

3. 价值是社会工作的生命,决定了社会工作专业关系

在社会工作服务过程中,有成功也有挫折,有成长也有失败,有支持也有孤单,有成效也有阻力。其中,社会工作以利他主义原则,坚持"我为人人",实现"人人为我";坚持"助人为乐",实现"助人自助";坚持"美人之美",实现"各美其美"。如此成就了信任合作的社会工作专业关系,实现着"生命影响生命"的专业实践。

4. 价值是社会工作的尺度,决定了社会工作寻解之道

面对纷繁复杂的社会问题,面向多元生态的服务对象,面临取向各异的理

论模式，社会工作者有成百上千种的服务选择，也会带来截然不同的服务结果。而"尊重接纳""生命第一""最小伤害""知情同意"等价值伦理，就决定了社会工作的方法策略最终将会实现"以人为本"和"公平正义"。哪怕在遇到价值冲突和伦理两难的时候，社会工作者依然能走过人性的迷雾，找到社会工作的方向。

三、社会工作价值的结构维度

1. 个人的价值观，指个体作为独立主体对自己、他人、社会以及相关事务的价值观念。

2. 群体的价值观，指社会中不同类型的群体所持有的价值观。

3. 专业的价值观，指专业群体所信奉和秉持的价值观，具体又可分为一般价值、核心价值以及专业伦理。

4. 社会的价值观，指整个社会大部分民众或至少是主流民众所秉持的价值观。

第二节 西方社会工作价值体系

一、西方社会工作价值的基础

（一）新教伦理

新教主张，个人要为自己的成功或失败负责，通过意志行动战胜人性的罪恶，人的主要目的是通过艰苦的工作实现物质繁荣，社会的主要目的是维持使物质繁荣成为可能的法律和秩序，社会应通过有限的努力以恢复、激发不成功者或越轨者为了自己而更加努力工作，通过物质或经济上的奖赏和惩罚促进社会变迁，等等。这明显地包含着自我负责、社会责任、社会秩序、助人自助等价值观念，这些都成为后来社会工作主要的价值观念或工作准则。

（二）人道主义

人道主义起源于欧洲的文艺复兴运动，强调把人的权利、价值和尊严放在首位来考虑。人道主义有广义和狭义之分。广义的人道主义包括哲学上的人本主义、经济上的自由主义、政治上的民主主义以及伦理上的人道主义等非常丰富的内容；而狭义的人道主义即伦理意义上的人道主义，它承认人的一切权利与生俱来，包括人的生存权和发展权等。

（三）乌托邦思想

"乌托邦"一词含有"理想社会"的意思，人们对理想社会的追求从来没有停止过，它是推动人类不懈奋斗的动力源泉之一。另外，柏拉图的"理想国"、基督教的"天堂"、佛教的"极乐世界"、儒教的"大同世界"，以及和莫尔大致同时或其后出现的康帕内拉的"太阳城"等，都是关于理想社会的生动描述，尽管其中有不少空想乃至神秘的成分。人类关于理想社会的追求和探索虽然存在这样那样的缺陷，经历了种种挫折、失败，但其中含有丰富的合理成分，而这些合理成分就是社会工作基本理念的来源之一。[1]

（四）社会福利观念

社会福利观念从"个人责任观"向"社会责任观"的转变，促使政府重新考虑自己在社会福利提供中的角色，推动了现代社会福利制度的产生，也对作为现代社会福利制度重要组成部分的社会工作的发展产生了直接的影响。这种影响首先体现在价值层面，进而推动了社会工作的制度化、专业化、职业化。[2]

二、西方社会工作价值表述

（一）国际社会工作界认同的专业价值观[3]

1. 服务大众。社会工作者应当将服务社会中有需要的困难人群作为自己的首要任务，要超越个人利益为社会大众提供专业的社会服务。

2. 践行社会公正。社会工作者从改革和发展的角度努力推动社会变革。

3. 强调服务对象个人的尊严和价值。社会工作者要尊重关心每一位服务对象，充分认识和理解服务对象的文化差异。

---

[1] 李迎生. 社会工作概论 [M]. 3 版. 北京：中国人民大学出版社，2018：69.
[2] 全国社会工作者职业水平考试教材编写组. 社会工作综合能力：中级 [M]. 北京：中国社会出版社，2009：46.
[3] 全国社会工作者职业水平考试教材编写组. 社会工作综合能力：中级 [M]. 北京：中国社会出版社，2009：39.

4. 注重服务中人与人之间关系的重要性。社会工作者要设身处地地为他人着想，与之建立积极和良性的沟通交流关系，帮助服务对象树立积极的人生观，彼此分享和相互帮助。

5. 待人真诚和守信。社会工作者应该坦诚地对待服务对象，并敢于认识自身的不足，能真诚地分析自我的问题和需要，坚持专业使命。

6. 注重能力培养和再学习。社会工作者要保持一种开放的心态和好学的精神，不断增进新观念、学习新知识、掌握新技能，进而提高服务成效。

（二）社会工作价值观的操作原则

1. 基本信念，具体包括：（1）尊重。尊重主要体现为社会工作者在接触并与服务对象沟通过程中保持尊重的态度与方式，尊重服务对象在服务过程中表达的观点、意见或决定，不把自身的意见或建议强加给服务对象。尊重的底层逻辑即是对人类群体的多样性的认可。具体来说，社会工作者需要对服务对象的性别、心理、年龄、肤色、种族、国籍、性取向等保持足够的开放性，并在心理及言行举止方面给予尊重。（2）独特性。独特性乃基于对个体多样性及多变性的认可。社会工作者相信每个服务对象都是独特的，在服务过程中，社会工作强调针对每个服务对象的特点和个性，有针对性地提供专业服务，真正落实"个别关怀，全面服务"的原则。（3）相信人能改变。社会工作者相信服务对象可以改变，相信服务对象有能力去面对并解决自己的问题；在社会工作实践中，社会工作者始终相信服务对象的潜能和能动性。

2. 实践原则，具体包括：（1）接纳。社会工作者对服务对象的价值偏好、习惯、信仰等都保持宽容与尊重的态度，但接纳不等于认同。（2）非评判。社会工作者不应指责和评判服务对象的言行与价值观，在社会工作实践过程中，"非评判"原则具体体现为社会工作者对服务对象的性格、性取向、生活方式、宗教、政治倾向等不做倾向性的批评和判断。（3）个别化。社会工作者应当尊重服务对象的个体差异，不应当使用统一的服务方法回应他们的独特需要。（4）保密。社会工作者应当保护服务对象的隐私，未经服务对象同意或允许，社会工作者不得向第三方透露涉及服务对象个人身份资料和其他可能危害服务对象权益的隐私信息。当然，在触及生命安全以及公共安全面前，保密的原则有可能被打破。（5）服务对象的自我决定。服务对象有权利在充分知情的前提下选择服务的内容、方式，并在事关服务对象利益的决策中起主导作用。如果服务对象没有能力进行选择和决策，社会工作者应根据法律或有关规定由他人代行选择和决策的权利。

三、西方社会工作价值体系中的矛盾①

1. 社会意识形态与社会工作专业价值的矛盾

在西方，作为社会工作一般价值的核心内容的资本主义意识形态，对社会工作的发展造成了严重的束缚和钳制。社会工作的专业价值以实现社会公正、普遍福利为目的，很容易被人扣上"社会主义"的帽子而受到攻击和防范。

2. 不同学派关于社会工作价值的争论

个案社会工作领域，起源于宾夕法尼亚大学社会工作学院的功能学派与起源于哥伦比亚大学社会工作学院的治疗学派，在对个案工作价值目标的认识问题上持有不同的见解。前者认为，个案社会工作的技巧是基于帮助（而不是治疗）这一特殊过程概念之上的一项完全独立的技术；后者则主要关注治疗本身。在社会群体工作领域，不同学派对社会目标模式、治疗模式及交互模式等的关注点也各不相同。

3. 不同主体在社会工作价值问题上的摩擦

社会价值与社会工作机构、社会工作者奉行的社会工作专业价值常常处于尖锐的矛盾对立之中。社会价值强调社会控制，与社会工作强调人的权利、自由、自决和参与之间有一致的一面，但有时也会发生矛盾、冲突。社会工作机构是社会设置的维持社会稳定的特定部门，它必须体现其福利、服务的性质；而在实际中，有些机构却可能打着"福利"的旗号为自己谋利。一个实际的社会工作者的个人目标往往会和社会、机构的要求存在距离，如果二者不能实现磨合，也会发生矛盾、冲突。

4. 社会工作实施过程中的价值冲突

（1）个人价值与社会价值之间的冲突；

（2）个人自由与社会控制之间的冲突；

（3）群体责任与个人责任之间的冲突；

（4）安全、满足与奋斗、刻苦之间的冲突；

---

① 王思斌. 社会工作概论 [M]. 3 版. 北京：高等教育出版社，2014：48-50.

(5) 相对论与绝对论之间的冲突；

(6) 变革创新与传统主义之间的冲突；

(7) 异质性与同质性之间的冲突；

(8) 文化决定论与自然遗传论（个人本能论）之间的冲突；

(9) 相互依赖与个人独立之间的冲突；

(10) 个别化与类型化之间的冲突。

第三节　社会工作专业伦理守则

一、社会工作专业伦理的含义

1. 社会工作专业伦理的含义

专业伦理一般也被称为职业道德，是从事一定职业的人们在其特定的工作中的行为规范或准则。法国社会学家涂尔干将伦理分为两类：第一类伦理适用于所有人，使每个人都能界定自己的言行，并适当地维持个人与他人的相互关系；第二类伦理则仅仅适用于特定团体，对其成员的行为起规范作用。前一类伦理被称为一般伦理，后一类伦理则被称为专业伦理。社会工作的专业伦理即属于第二类。

2. 社会工作专业伦理的作用

具体包括：（1）评判专业服务是否适当；（2）保障服务对象的权利；（3）减轻社会工作者伦理抉择上的压力及两难；（4）帮助社会工作者自我反思及价值澄清；（5）奠定社会对社会工作信任的基础。

3. 社会工作专业伦理的特点

具体包括：（1）优先考虑服务对象的利益；（2）专业价值高于个人价值；（3）约束和鼓励并重；（4）系统性和权威性。

二、社会工作专业伦理的内容

1. 美国社会工作伦理守则[①]

(1) 社会工作者对服务对象的伦理责任，包括：①对服务对象的承诺/负

[①] 李迎生. 社会工作概论 [M]. 3版. 北京：中国人民大学出版社，2018：85.

责;②自我决定;③知情同意;④能力;⑤文化敏感性与多样性;⑥隐私和保密性。

(2) 社会工作者对同事的伦理责任,包括:①尊重;②保密性;③合作;④利益冲突与争议的处置;⑤咨询;⑥教育与培训;⑦服务转介。

(3) 社会工作者对专业的伦理责任,包括:①注重专业的品行;②加强专业评估与研究。

(4) 社会工作者对机构的伦理责任,包括:①社会工作者有责任维护机构的政策与立场;②社会工作者应对机构的相关资料和信息进行保管;③社会工作者应妥善使用和保存机构的文件信息和其他相关资料;④社会工作者有责任促进机构与政府及其他机构的合作关系;⑤社会工作者有责任协调服务对象与机构的关系。

(5) 社会工作者对社会的伦理责任,包括:①促进社会福利的发展;②促进公共参与;③在公共危机情形下提供介入与救助措施;④通过社会与政治行动减少不平等、反对歧视和促进社会正义。

2. 我国社会工作专业伦理制定原则

具体包括:(1) 现实需要和未来发展相结合;(2) 本土社会工作的伦理实践与国际社会工作专业伦理规则相结合;(3) 专业实践与政治实践互不冲突。

3. 我国社会工作者职业道德主要方面

具体包括:(1) 尊重服务对象,全心全意服务;(2) 信任支持同事,促进共同成长;(3) 践行专业使命,促进机构发展;(4) 提升专业能力,维护专业形象;(5) 勇担社会责任,增进社会福祉。

三、社会工作中的伦理难题及其处理原则

1. 社会工作中的伦理难题

(1) 保密问题。社会工作者有责任和义务保护服务对象的隐私不受侵害。

(2) 人情与法制及规定的冲突问题。

(3) 价值介入与客观性的矛盾。

(4) 社会工作者的个人利益满足与职业的社会责任之间的冲突。

(5) 自我决定问题。社会工作者应鼓励服务对象自我决定,以发挥服务

对象的潜能。

2. 伦理难题处理的基本原则

（1）保护生命原则。在社会工作实践中，保护生命原则高于其他所有伦理原则，社会工作者不仅有义务保护服务对象的生命，也有义务保护其他所有人的生命。

（2）差别平等原则。社会工作者在实践中既要以平等的方式对待服务对象，同时又要注重服务对象的差异，在助人过程中充分把握好平等待人和个性化服务的理念。

（3）自由自主原则。充分调动服务对象在服务参与中的积极性和能动性；充分尊重服务对象的意见；鼓励服务对象表达不同意见；注重倾听服务对象的意见和声音；尊重服务对象在服务过程中的选择和决定。

（4）最小伤害原则。尽力保护服务对象的利益不受到侵害，最大可能地减少甚至预防可能的伤害，尽可能实现其利益的最大化。

（5）生命质量原则。社会工作者要本着通过专业服务来不断提升服务对象生活质量的目标精神。

（6）隐私保密原则。社会工作者要在提供服务的各个环节，始终遵守保护服务对象个人隐私和有关信息的承诺，绝不能轻易泄露服务对象的私人信息以及同服务相关的隐秘信息，以保护服务对象的个人权益。

（7）真诚原则。在服务过程中社会工作者要坦诚对待服务对象，适当地做到向服务对象呈现自我，以建立相互信任的工作关系。

3. 社会工作的伦理决定

主要包括以下八个步骤：（1）确认问题或困境；（2）厘清相关的潜在议题；（3）检阅相关伦理守则；（4）了解可运用的法律规章；（5）寻求专业咨询；（6）思考各种可能采取的行动；（7）列举和思考不同决定可能产生的结果；（8）选择最恰当的方式行动。

【考研真题】

一、名词解释题

1. 自决（中国社会科学院大学，2024；西安交通大学，2024）
2. 双重关系（华东师范大学，2024）
3. 差别平等（华东师范大学，2024）

4. 利他主义（浙江师范大学，2024；重庆工商大学，2024）

5. 接纳（云南大学，2024）

6. 无条件关怀（厦门大学，2024）

7. 个别化（福州大学，2024）

8. 当事人自决（山东大学，2024）

9. 同感（山西医科大学，2024）

10. 非评判（沈阳师范大学，2024）

11. 社会工作价值观（沈阳师范大学，2024）

12. 同理心（吉林大学，2024；中南财经政法大学，2024；华中师范大学，2024）

13. 自主性（吉林大学，2024）

14. 个体化（南开大学，2024）

15. 人的权利（华中农业大学，2024）

二、简答题

1. 简述 AI 时代迅猛发展，会出现哪些伦理决策困境和结构困境。（复旦大学，2024）

2. 简述处理伦理困境的原则。（华东理工大学，2024）

3. 简述关键情况下的接纳。（华东师范大学，2024）

4. 简述我国社会工作的价值基础。（河海大学，2024）

5. 简述中国社会工作的专业价值。（东南大学，2024）

6. 简述结果平等与机会平等。（南京大学，2024）

7. 简述西方社会工作价值体系的矛盾与争论。（西南大学，2024）

8. 简述西方社会工作专业价值和中国文化相融合的具体表现。（西南石油大学，2024）

9. 简述社会工作在专业服务中面临的常见伦理困境，至少三点。（厦门大学，2024）

10. 简述个别化原则对社会工作实务的启示。（西北农林科技大学，2024）

11. 简述社会工作的价值观。（广西师范大学，2024）

12. 简述社会工作的专业价值。（郑州大学，2024）

13. 简述社会工作专业伦理的主要内容。（沈阳师范大学，2024；大连海

事大学，2024）

14. 简述社会工作专业伦理的基本内容。（大连海事大学，2024）

15. 简述社会工作的伦理守则。（东北师范大学，2024）

16. 简述社会工作伦理守则有哪些层面。（南开大学，2024）

17. 简述比斯台克的价值体系的内容。（天津理工大学，2024）

18. 简述社会工作的价值抱负。（天津理工大学，2024）

19. 简述社会工作伦理、社会工作价值观和道德的关系。（江汉大学，2024）

20. 简述社会工作者对当事人的伦理责任。（中南民族大学，2024）

21. 论述中国社会工作价值体系的构建。（重庆工商大学，2024）

22. 运用自己的理解，谈谈案主自决原则在实际运用中的困难。（中山大学，2024）

三、论述题

1. 论述如何构建我国社会工作价值体系，谈谈未来的发展。（中国社会科学院大学，2024）

2. 案主王大爷，独居在家晕倒，被送到医院后坚决要出院，外地的女儿不放心给他找了社区照顾服务。女儿找社工求助，社工调查后发现王大爷生活质量非常差。王大爷非常生气，不希望别人干涉自己的事情。根据案例信息，请你说明社工在做出伦理决定时，应该遵循的原则和优先顺序。（安徽大学，2024）

3. 结合实际情况，说明价值观对社会工作及社会工作者的意义。（西安交通大学，2024）

4. 论述社会工作实践过程中的伦理难题及其处理原则。（山西医科大学，2024）

【职考真题】

1. 当社会工作者与服务对象超越专业关系时，便会陷入双重关系的困境。关于社会工作伦理中双重关系的说法，正确的是（　　）。（2022-9）

A. 服务对象与社会工作者之间的双重关系受到专业伦理保护

B. 服务对象与社会工作者之间的双重关系是完全可以避免的

C. 服务对象与社会工作者的关系是一种具有清晰界限的工作关系

D. 服务对象把社会工作者看成协助者以外的角色有利于专业关系建立

2. 社会工作者在服务过程中不把自己的价值观强加于服务对象，不指责和批判服务对象的言行与价值观，并且不将自己的负面情绪宣泄在服务对象身上。上述做法体现的社会工作基本信念和实践原则是（　　）。（2023-7）

　　A. 尊重与接纳　　　　　　　　B. 尊重与服务对象自我决定
　　C. 独特性与接纳　　　　　　　D. 尊重与对服务对象非评判

3. 社会工作者老王计划通过筹款平台为4岁患有先天性心脏病的小明筹集医疗费用。根据社会工作伦理守则，老王的下列做法最适宜的是（　　）。（2023-8）

　　A. 为增强筹款真实性，在平台配发小明卧病在床的照片
　　B. 征得小明父母同意后，隐去小明可识别的信息后筹款
　　C. 征得小明同意后，发动小明所在幼儿园老师捐款
　　D. 根据小明的意愿，隐去小明可识别的信息后筹款

4. 初中生小梁性格内向，最近因琐事与母亲发生口角，父亲因其未完成寒假作业，对他进行严厉训斥。小梁负气离家出走，后在一废旧仓库里被民警发现，将其转介给社会工作者小秦。小梁表示自己不想活了，但又担心父母知道后伤心，并请小秦为自己保密。在此情形下，小秦首先要遵循的伦理原则是（　　）。（2023-9）

　　A. 保护生命原则　　　　　　　B. 差别平等原则
　　C. 自由自主原则　　　　　　　D. 最小伤害原则

5. 社会工作者小黄在暑期为社区流动儿童开设了"友乐童行"小组。组员小军的父母得知小黄和他们是同乡，特地送来水果，希望小黄多关照小军，多给他表现的机会。此时，社会工作者面临的伦理难题是（　　）。（2023-10）

　　A. 双重关系　　B. 知情同意　　C. 多元文化　　D. 专业能力

6. 小刘是社会工作者老李的帮教对象。当老李和小刘谈找工作的事情时，小刘说："你不要整天盯着我，我不想工作，也不用你帮我找工作，我就喜欢吃低保。"根据社会工作伦理难题处理的自由自主原则，老李适宜采取的做法有（　　）。（2021-64）

　　A. 尊重并接受小刘意见，停止为他提供个案服务
　　B. 与小刘沟通，说明非自愿服务对象应服从安排

C. 倾听小刘的叙述和表达，清楚说明帮教的意图

D. 尊重小刘的意见，探寻他不想工作的深层原因

E. 邀请小刘一起讨论帮扶方案，调动他的积极性

7. 社会工作者小吴在社区开展服务时，发现很多居民不了解社会工作服务，他们虽有困难但很少向社会工作者求助。为此，小吴向社区负责人和居民骨干请教与居民打交道的方法；他与同事共同讨论，总结以往实践经验，提炼出一套"居民沟通五步工作法"。小吴的做法体现社会工作专业价值观的实践原则有（　　）。(2022-64)

　　A. 差别平等原则　　　　　　　　B. 自由自主原则

　　C. 注重和谐，促进社会共融　　　D. 平等待人，注重民主参与

　　E. 以人民为中心，回应社会需求

8. 12岁的玲玲因父母被强制戒毒，由外婆照顾，生活比较困难，玲玲在学校常被个别同学欺负，表现出抑郁症状，目前已辍学在家。根据社会工作实践伦理决定中的生命质量原则，社会工作者适宜的做法有（　　）。(2022-65)

　　A. 与玲玲讨论吸毒的危害性　　　B. 为玲玲申请心理辅导服务

　　C. 劝玲玲立即回到学校复课　　　D. 申请临时救助保障其生活

　　E. 为玲玲组建同伴支持小组

9. 社会工作者伦理守则是对社会工作者在实践中的一般规定，指导社会工作者"应该做什么和不应该做什么"，其主要作用有（　　）。(2023-63)

　　A. 维护社会正义

　　B. 帮助社会工作者规避风险

　　C. 保护服务对象的权益

　　D. 推动社会工作服务机构的能力建设

　　E. 促进社会工作专业的健康发展

10. 社会工作者小周在一次个案面谈中得知，服务对象小李已成功戒毒，但在吸毒期间染上了艾滋病。小李因为害怕失去妻子，要求小周一定为他保密。妻子则经常向小周抱怨小李行为怪异，对自己感情冷淡，怀疑他对婚姻不忠，并希望通过受孕来保全自己的婚姻和家庭。根据社会工作专业伦理，小周宜采取的做法有（　　）。(2023-64)

　　A. 将小李的病情直接告知其妻子，请她多加关注

B. 为小李疏导情绪，减轻精神压力，使其积极面对问题

C. 征得小李同意后，为他介绍病友自助互助小组

D. 将小李的全部情况在机构个案报告会议上讨论

E. 与小李的妻子探讨该如何维系他们的婚姻关系

【参考答案】1．C 2．D 3．B 4．A 5．A 6．CDE 7．CDE 8．BDE 9．ACDE 10．BC

【传统文化】

1. 且夫圣人者，不耻身之贱，而愧道之不行；不忧命之短，而忧百姓之穷。 ——《淮南子·修务训》

2. 大道之行也，天下为公，选贤与能，讲信修睦。 ——《礼记·礼运》

3. 水火有气而无生，草木有生而无知，禽兽有知而无义；人有气、有生、有知，亦且有义，故最为天下贵也。 ——《荀子·王制》

4. 利人乎，即为；不利人乎，即止。 ——《墨子·非乐上》

5. 是以圣人绥之以道，理之以义，动之以礼，抚之以仁。此四德者，修之则兴，废之则衰。 ——《吴子·图国》

6. 天无私，四时行；地无私，万物生；人无私，大亨贞。
——《忠经·天地神明章》

7. 圣人非不好利也，利在于利万人；非不好富也，富在于富天下。
——白居易：《白氏长庆集·策林》

8. 仁者，不忍也，施生爱人也。 ——《白虎通义·情性》

9. 以信接人，天下信之；不以信接人，妻子疑之。 ——杨泉：《物理论》

10. 先天下之忧而忧，后天下之乐而乐。
——范仲淹：《范文正公集》卷七《岳阳楼记》

【原声再现】

1. 一个人就其自身来说，他的价值不比别人大，也不比别人小。
——马克思

2. 全心全意地为人民服务，一刻也不脱离群众；一切从人民的利益出发，而不是从个人或小集团的利益出发；向人民负责和向党的领导机关负责的一致性；这些就是我们的出发点。 ——毛泽东：《论联合政府》

3. 热爱人民，真诚地为人民服务，鞠躬尽瘁，死而后已。

——毛泽东：《为人民服务》

4. 我们要随时随刻倾听人民呼声、回应人民期待，保证人民平等参与、平等发展权利，维护社会公平正义，在学有所教、劳有所得、病有所医、老有所养、住有所居上持续取得新进展，不断实现好、维护好、发展好最广大人民根本利益，使发展成果更多更公平惠及全体人民，在经济社会不断发展的基础上，朝着共同富裕方向稳步前进。

——2013年3月17日，习近平在第十二届全国人民代表大会第一次会议上的讲话

5. 人民性是马克思主义的本质属性，党的理论是来自人民、为了人民、造福人民的理论，人民的创造性实践是理论创新的不竭源泉。一切脱离人民的理论都是苍白无力的，一切不为人民造福的理论都是没有生命力的。我们要站稳人民立场、把握人民愿望、尊重人民创造、集中人民智慧，形成为人民所喜爱、所认同、所拥有的理论，使之成为指导人民认识世界和改造世界的强大思想武器。

——2022年10月16日，习近平在中国共产党第二十次全国代表大会上的报告

【时代之声】

1. 2013年3月，民政部印发《关于做好首批边远贫困地区、边疆民族地区和革命老区社会工作专业人才支持计划实施工作的通知》，启动社会工作专业人才服务"三区"计划。

2. 2013年11月，民政部、财政部联合印发《关于加快推进社区社会工作服务的意见》，提出"当前和今后一个时期，要建立健全社区社会工作服务政策制度，建立完善的社区社会工作服务标准体系，形成协调有力的社区社会工作服务体制机制；加快培养一支高素质的社区社会工作专业人才队伍，发展一批数量充足、服务专业的社区社会工作服务组织，科学设置社区社会工作专业岗位；争取到2020年广大城乡社区自治组织成员、基层党组织成员、社区专职社会工作者、社区服务人员能够普遍掌握应用社会工作专业理念、知识与方法参与社区管理与服务，有效满足社区居民服务需求，促进社区和谐发展"。

3. 2014年1月，共青团中央、中央综治办、民政部等6部门印发《关于加强青少年事务社会工作专业人才队伍建设的意见》，强调"梳理青少年事务领域的社会服务工作，以政府购买服务等方式交由社会力量承担，逐步实现政府从对社会事务的直接管理向间接管理转变。承揽和办理好青少年事务，服务青少年成长发展，维护青少年合法权益，做好青少年特别是重点青少年群体的服务管理和预防犯罪工作。探索完善青少年事务社会工作专业人才队伍建设机制、管理机制、运行机制、政策措施，总结提炼符合我国国情和发展需要的青少年事务社会工作专业人才队伍建设经验和模式。到2020年，全国重点扶持发展10家培养青少年事务社会工作专业人才的高等教育机构，建立30家具有青少年事务社会工作继续教育资质的培训机构，建立50家青少年事务社会工作重点实训基地，建立100个青少年事务社会工作服务标准化示范单位，初步建立20万人的青少年事务社会工作专业人才队伍，并形成运行管理机制和配套政策制度框架"。

【榜样力量】

张鸿钧，字秉衡，1901年9月24日出生于直隶宛平县（今属北京市丰台区）的一个普通农民家庭，幼年入私塾发蒙，后又到北平汇文书院学习。1925年，张鸿钧从燕京大学社会学系毕业，被选为斐陶斐荣誉学会会员，之后开始担任社会调查专家甘博的助手，进行了为期两年的社会调查工作。1927年冬，张鸿钧赴美国西北大学社会学系研习社会工作，随即转入芝加哥大学社会行政研究院进修两年，以论文《英国老年恤金制度》获硕士学位。1929年，张鸿钧学成归国，担任燕京大学社会学及社会服务学系教授。

1930年6月，燕京大学社会学及社会服务学系在北平市以北9公里处的清河镇设立"清河社会实验区"，目的是把教学训练与科学研究融合在一起，为社会服务专业学生提供实习场地，同时也是为了改进农村社会工作技术方法，组建地方社会组织，力争把清河镇建成一个模范示范镇。"清河社会实验区"成立之初实行委员会制，由燕京大学社会学及社会服务系派执行委员会进行管理，1931年改为主任制，选派一名主任负责实验区的全部管理工作，第一任主任即由张鸿钧担任，这也是张鸿钧接触社会行政工作的开端。

在担任"清河社会实验区"主任的几年时间里，张鸿钧逐渐完善了实验区的组织安排。按照实验工作类型，实验区设立了各负其责又互相联系的四个股，分别是社会服务股、农村经济股、农村卫生股和农村调查股。其中，社会服务股负责儿童工作（儿童教育、儿童健康）、妇女工作（妇女教育、妇女手工、家事改良）和社会教育工作（壁报、旬报、图书馆及平民学校）；农村经济股负责小本借贷、农村合作、农村工业和农业推广；农村卫生股负责防疫统计、环境卫生、保健、助产、卫生教育、医务等项工作；农村调查股负责实验区各村人口、组织调查等。这种根据工作内容类别对组织内部进行细化分工的做法，具有较强的科学性和较大的实用性。

1937年，燕京大学、南开大学、清华大学、金陵大学、北京协和医学院与山东省政府、中华平民教育促进会共同建立华北农村建设协进会，预期实行3年计划，加强农业、经济、工程、教育、卫生、民政、社会行政等7项大学教育，促进政教建合一，使大学教育与农村需要相融合。华北农村建设协进会创设乡村建设研究院，由张鸿钧担任研究院院长及社会行政学系主任。可惜不久后，"七七事变"爆发，研究院辗转迁移至贵州，张鸿钧受命代理院长职务。经与贵州省政府合作，于1938年以定番县（今贵州省惠水县）为实验县，张鸿钧担任县长。后因环境所限，发展困难，张鸿钧离职赴渝。

1940年10月11日，国民政府社会部成立，为全国最高社会行政机关。张鸿钧受聘为社会行政计划委员会委员，后又被任命为研究室主任，襄助部务。在张鸿钧的主持下，社会部研究室编译出版了多达数十余种的社会工作丛书，该丛书成为当时国内最优良的社会研究资料之一。1944年，张鸿钧擢升为社会部社会福利司司长，主政期间致力于扩展社会福利事业，在社会保险、社会救济、社会服务、职业介绍、劳工福利和儿童福利的制度建设以及工作方法上，有许多新的建树。他在1947年第5期《社会工作通讯月刊》上发表的题为《七年来的社会福利工作》一文中，全面总结了社会部成立以来社会福利事业的进展情况。

抗日战争胜利后，张鸿钧与联合国儿童急救基金会等国际机构展开合作，积极推动了战后国内儿童福利及伤残重建等善后救济工作，并在中央大学兼任教授，讲授社会工作课程，培育社会工作专业人才。1949年初国民政府改组，社会部归并于内政部，张鸿钧卸任司长，移居上海。1949年6月，张鸿钧应联合国之聘，由上海赴香港转往纽约，就任社会司研究组主任之职。在此期间，张鸿钧对于以社区发展方式来促进社会的发展与进步深具信心，认为这是创建一个富强、安和、乐利社会的最佳途径。1957年，张鸿钧被委派担任联合国中东社会发展办事处主任,协助中东地区的发展中国家促进社区建设工作,成就颇多。两年后完成任务,返回纽约住所。1962 年,张鸿钧从联合国退休,改任联合国亚洲和远东经济委员会社区发展顾问,居住在泰国首都曼谷,前后达 4 年之久。这期间,他致力于推进社区发展教育工作,训练人才,并协助各发展中国家拟订社区发展计划,促请联合国批准实施,使各国家普沾实惠。1968 年 10 月,张鸿钧携夫人吴榆珍返回中国台湾定居,并在台湾大学、东海大学等高校任教。1973 年 4 月 16 日,张鸿钧逝世于中国台湾。

转摘改编自:彭秀良,陈熹. 张鸿钧:民国时期的社会行政专家 [J]. 中国社会工作,2017(34):57-58.

【延伸阅读】

1. 陈钟林,黄晓燕. 社会工作价值与伦理 [M]. 北京:高等教育出版社,2011.

2. 罗肖泉. 践行社会正义:社会工作价值与伦理研究 [M]. 北京:社会科学文献出版社,2005.

3. 多戈夫,哈林顿,洛温伯格. 社会工作伦理:实务工作指南 [M]. 9 版. 隋玉杰,译. 北京:中国人民大学出版社,2021.

4. 张会平. 社会工作伦理案例分析 [M]. 北京:中国人民大学出版社,2019.

5. 赵芳. 社会工作伦理:理论与实务 [M]. 北京:社会科学文献出版社,2016.

6. 李红飞,曾守锤. 社会工作情怀再讨论:社会工作者的社会价值感知与离职倾向的关系 [J]. 华东理工大学学报(社会科学版),2022,37(3):14-25.

7. 卫小将. 社会工作理论的"三重性"及爱的实践艺术 [J]. 社会科学,2020(6):93-100.

8. 沈黎,吕静淑. 华人社会工作伦理守则的比较研究 [J]. 华东理工大学学报(社会科学版),2014,29(3):7-14,22.

9. 潘绥铭,侯荣庭,高培英. 社会工作伦理准则的本土化探讨 [J]. 中州学刊,2012(1):98-102.

10. 文军. 个体主义还是整体主义：社会工作核心价值观及其反思 [J]. 社会科学，2008（5）：69-73.

【影音赏析】

1. 电影《少年收容所》

导演：德斯汀·克里顿

主演：布丽·拉尔森、小约翰·加拉赫等

剧情简介：年轻的格蕾丝和男朋友梅森在一家少年收容所工作，他们每天和其他同事都要应对"问题少年"们各种各样的突发状况，平息他们之间的纷争，帮助他们缓和内心的躁动和愤怒，还要引导他们说出自己曾经历过的痛苦。这听起来容易，做起来辛苦，他们却又乐此不疲。在这个过程中，格蕾丝和伙伴们带领脆弱的马库斯、毒舌的路易斯、孤独的贾登和内向的萨米一步步走出痛苦，走出阴影，迎接迎面而来的温煦阳光，迎接美好而可怕的"外面的世界"。而格蕾丝自己也打败了心魔，从徘徊中走出，准备与梅森勇敢地迎接新生命的到来。

2. 电影《生命因爱动听》

导演：关信辉

主演：陈松伶、郭耀明、小金子等

剧情简介：崔西来到了专门进行临终关怀的西门山医院，成为那里的社工，崔西希望献出自己绵薄的力量，来改变医院里压抑又悲怆的气氛。对于妻子的奉献，万豪展现出了绝对的支持和赞同。然而，现实要比崔西想象中残酷得多，工作上，屡受挫折的她渐渐感到灰心丧气。祸不单行，崔西被查出患上了骨癌，病情已经发展到了晚期阶段。就这样，崔西以一名病患的身份住进了西门山医院。角色的转变给崔西带来了全新的视角，她从一开始的心灰意冷到逐渐燃起勇气和希望，一直到临终前，崔西都散发着光和热，给病友们带来快乐和希望。

【复习思考】

1. 新教伦理如何孕育出社会工作专业价值？
2. 人道主义在社会工作专业价值中如何体现？
3. 中国的乌托邦思想是什么？有哪些具体体现和实践？

4. 中国有价值的社会福利思想有哪些？

5. 如何实现个人价值与专业价值、社会价值之间的和谐统一？

6. 社会工作者对服务对象有哪些伦理责任？

7. 社会工作者对同事有哪些伦理责任？

8. 社会工作者对专业机构有哪些伦理责任？

9. 社会工作者对社会工作专业有哪些伦理责任？

10. 西方社会工作价值与中国文化契合的可能性有多大？

【个人成长】

1. 你认为对你最重要的东西是什么？

2. 你希望未来成为什么样的人，具备的最重要的品质是什么？

3. 你认为社会工作专业对你的人生而言，是实现梦想的手段，还是作为梦想本身？

4. 你目前是否形成了自己的三观？具体内容是什么？还是人云亦云、随波逐流、今是昨非？

5. 你认为当前中国的社会价值是什么？你认为这些价值能够为专业价值提供支撑和保障吗？

6. 你认为你能够实现个人价值、专业价值和社会价值之间的平衡和统一吗？

7. 作为一名社会工作专业老师，我个人坚持"大学之道，在明明德，在亲民，在止于至善；社工之道，在修己身，在创新，在服务社会"。那么请问你在大学期间如何修好己身？

PPT 课件	考研真题	职考真题	法律法规

第四章 社会工作理念

【课前导读】

医学作为一个专业，在治疗人类疾病的过程形成了自身学科独特的视角与方法，无论是西医的组织学说还是中医的经脉学说。那么，作为一门专业的社会工作，同样也面临着如何看待人、看待人的问题的视角与方法问题。因此，在认识了社会工作的含义、历史以及基本价值后，你肯定会好奇："到底社会工作是如何思考和看待问题的？"

要回答这个问题，就需要学习和掌握社会工作理念，可以称之为"社会工作分析框架"，也可以称之为"人类行为与社会环境"。归根到底，社会工作理念就是描述清楚人类行为、社会环境以及人类行为如何与社会环境互动的分析框架与方法。一方面，要分析清楚人类行为的结构内容、发展机制和异常特征，并从不同的生命周期去分析和判断其行为的正常与异常；另一方面，要深入考察不同社会环境的特征、结构及其影响过程，并在此基础上探讨人类行为与社会环境互动的多维关系。最终，基于"人在情境"这一视角去综合分析和评估人的社会功能及其改进策略。

【核心概念】

人类行为、需求、动机、情绪、态度、思维、认知、道德、社会环境、家庭、核心家庭、主干家庭、联合家庭、单亲家庭、丁克家庭、家庭教养模式、学校、同辈群体、社区、大众传媒、安全型依恋、回避型依恋、反抗型依恋、微观系统、内共生系统、外共生系统、宏观系统、人在情境中、生命周期

【重点难点】

重点一：理解人类行为的多样性及其具体表现。
重点二：理解社会环境的复杂性及其具体表现。
难点一：如何理解和分析现时代人类行为的多样性。
难点二：人类行为与社会环境互动框架的多维维度。

【内容精要】

第一节　人类行为及其生命周期

一、人类需要的含义和层次[①]

人的需要是人脑对生理和社会刺激的反映，是个体感受到的生理和心理上对客观事物的某种要求，通常表现为动机、愿望、意向和要求。作为人的基本特性，需要是人类一切行为和活动的源泉。

（一）马斯洛的需要层次论

马斯洛认为人的需要包括：（1）生理需要；（2）安全需要；（3）归属与爱的需要；（4）尊重的需要，内部尊重和外部尊重；（5）自我实现的需要，这是最高层次的需要。

需要层次论的基本观点是：（1）五种基本需要，依次构成需要的层次；（2）只有基本满足了低级需要后才会产生高级需要；（3）最占优势的需要将支配一个人的意识和行为；（4）高级需要出现之后，低级需要仍然存在，但对行为的影响会减弱。

（二）阿尔德弗尔的 ERG 理论

阿尔德弗尔认为人的需要包括：（1）生存（existence）的需要，即个体生存的衣食住行以及工作等的基本需要；（2）关系（relatedness）的需要，这是指发展人际关系的需要；（3）成长（growth）的需要，这是个人自我发展、自我完善以及自我实现的需要。

ERG 理论的基本观点包括：（1）它并不强调需要层次的顺序，认为某种需要在一定时间内对行为起作用，而当这种需要得到满足后，可能去追求更高层次的需要，也可能没有这种上升趋势；（2）当较高级需要受到挫折时，可能会降而求其次；（3）某种需要在得到基本满足后，其强烈程度不仅不会

[①] 全国社会工作者职业水平考试教材编写组. 社会工作综合能力：中级 [M]. 北京：中国社会出版社，2009：58.

减弱,还可能会增强。

二、人类行为的类型和特点

(一)人类行为的含义

广义的人类行为是指由客观刺激通过人的心理活动而引起的内部与外部的反应,狭义的人类行为仅指个体表现在外看得见的行为。行为主义学派认为人类行为是机械式的,是刺激直接作用而引起的,否认了人的内在心理因素。其行为公式是 $S \rightarrow R$,S 指外界刺激,R 指反应行为。新行为主义者提出的行为公式是 $B=f(S \cdot A)$,B 为行为变因,S 是情境变因,A 为前提变因(包括遗传、年龄和经验等)。而勒温认为,人类行为是个体与其生活环境相互作用的结果,其行为公式是 $B=f(P \cdot E)$,B 代表行为,P 代表个体,E 代表环境。

(二)人类行为的类型

(1)按照行为的起源,人类行为可以分为本能行为和习得行为。本能行为即个体与生俱来的行为,包括爬行、进食等;而习得行为即个体在后天与环境互动中学习的结果,比如工作、交往、学习等。

(2)根据行为对社会的作用,人类行为可以分为亲社会行为和反社会行为。亲社会行为即个体被社会规范所接受的具有积极作用的行为,比如友善互动和社会交往等;而反社会行为即不被社会规范所认可和接受的具有消极作用的行为,比如暴力、侵犯、攻击以及破坏等行为。

(3)按照行为是否符合正常模式和社会规范,人类行为可以分为正常行为和偏差行为。划分正常行为和偏差行为的常用标准包括:①统计学标准;②社会规范与价值标准;③行为适应性标准;④个体主观体验。

(三)人类行为的特点

人类行为的特点包括:(1)适应性,人类行为的根本目的是适应环境;(2)多样性,人类行为是一个复杂系统;(3)发展性,现在行为是过去行为的继续,而现在的行为又将成为未来行为的基础;(4)可控性,人类能有意识地控制和调节自身的行为,使其向着目标前进;(5)整合性,人类行为是各种特征协调一致的结果。

三、人类行为评估基本框架

研究人类行为与社会环境之间关系的最终目的是准确地评估个体行为的动力机制,为制定社会工作方案提供理论依据。阿希福特等人提出的人类行为分析框架,主要采取两个维度:一个是横向的生物心理社会维度,分析人类行为的生理、心理和社会层面;另一个是纵向的生命周期维度,分析人类行为在整个生命过程(从胎儿期直到老年期)中的演化。运用这两条轴线交叉而成的坐标系,可以较为充分完整地分析人类行为与社会环境之间的关系。

(一)人类行为的四个层面

1. 生理层面

人类个体作为一个生物有机体,其行为发展必然受到生物和生理因素的制约。这主要表现在:(1)人的基本生物性状受遗传信息的控制,这是不以人的意志为转移的;(2)体质状况构成个人社会发展的基础;(3)人作为一个生物体,其内在的"生物钟"规定着每个人基本的生活节奏和生命周期。当然,伴随着人类对环境的不断改造,环境的改变在造福人类的同时,也造成了大量潜在而又难以预见的生物和生理危险因素。这就要求社会工作者掌握有关的生物、生理和医学的知识,以便更好地识别个体的生物影响因素,并提供应对之策[①]。

2. 心理层面

人的潜意识、感觉、认知、情绪、需要、态度、意志等心理过程,是人类行为的重要动力。其中,心理认知帮助人们正确认识自己、他人和社会,从而正确处理自我、人我以及人社关系;而对情绪的感知、认识、掌握以及处理,更是个体健康发展的保障;同样,动机的激发、态度的转变、意志的坚持,都会影响人类行为发展方向[②]。

3. 社会层面

人是社会的人,总是生活在各种社会系统之中,而社会系统体现为横向和纵向的时空结构。个体在这个时空结构中去做出行为并进行互动,最终表现为各种社会角色和社会关系。关注人类行为的社会时空结构,不仅有利于

---

① 李迎生. 社会工作概论[M]. 3版. 北京:中国人民大学出版社,2018:126.
② 李迎生. 社会工作概论[M]. 3版. 北京:中国人民大学出版社,2018:127.

全面地分析、评估和理解个人，更能够从宏观整体性视角去解决各种行为问题。

4. 灵性层面

从临床意义上讲，我们关于自己和世界的信仰即为灵性，具体表现为个体对更深层次的疑问和追求，寻求某种超越世俗生活的真理，探寻生命的终极意义。例如会对佛、道、灵修、艺术等更容易产生兴趣。灵性不仅能唤起感受并指引行为，更可能超越思维惯性和理性逻辑，直接与存在本身、与万物之源连接，从而最大限度地发现和挖掘个体的深层潜能。

（二）人类行为与生命周期

1. 婴幼儿阶段的主要特征和问题

（1）生理发展。表现为动作发展最为迅速，并学会独立行走和用手操作物体。

（2）心理发展。主要以无意识记忆为主。1岁左右时孩子可能出现害羞、骄傲和负罪感等情绪；早期出现有意识记忆的萌芽，2周岁左右形成符号思维能力，母婴依恋的形成是儿童情绪社会化的重要标志；2岁左右孩子的口语词句迅速增加。

（3）社会性发展。一方面，自我意识经历游戏伙伴、退缩以及自我意识出现三个阶段。另一方面，社会化也包括三个阶段：0—6个月的单纯社会化反应阶段、7个月—2岁的社会性感情连接建立阶段、2—3岁的伙伴关系发展阶段。

（4）面临的主要问题。包括哺乳问题、母爱剥夺和弃婴问题等。

2. 学龄前阶段的主要特征和问题

（1）生理发展。3—6岁时，儿童的大肌肉发展逐渐成熟；6—7岁儿童的脑重量已经接近于成年人的水平。

（2）心理发展。语言发展主要体现在从以表达机能为中心向以思维机能为中心的转换。

（3）社会性发展。主要表现为：已经逐渐从以自我为中心，发展到学会区分他人与自我；自我意识主要由自我评价、自我体验和自我控制三方面因素构成；已经能从人的外表来认识性别，开始了性别认同的发展过程；开始了道德的发展；社会交往的范围从以家庭为主扩大到整个社会生活。

(4) 面临的主要问题。包括挑食偏食、攻击行为、电视依赖和孤独症等。

3. 学龄阶段的主要特征和问题

(1) 生理发展。学龄期儿童掌握了完整的动作,并且动作的熟练程度和协调程度日益提高。

(2) 心理发展。注意力的稳定性逐渐增强、范围逐渐扩大、分配能力逐渐提高、转移能力逐渐增强。

(3) 社会性发展。逐步形成了自己的道德意识,能够以他人的立场来考虑问题,实事求是地评价他人。

(4) 面临的主要问题。包括儿童意外伤害、校园欺凌、儿童性伤害等。

4. 青少年阶段的主要特征和问题

(1) 生理发展。生殖系统和第二性征已经基本发育成熟。

(2) 心理发展。青少年的逻辑思维处于由经验型向理论型过渡的阶段;情绪发展比较丰富和强烈,出现两极发展特征。

(3) 社会性发展。核心任务是自我意识、道德观和社会交往的进一步发展。

(4) 面临的主要问题。包括网络成瘾、青少年犯罪、青少年性行为等。

5. 青年阶段的主要特征和问题

(1) 生理发展。个体的生理发展已经成熟并呈现出稳定的"黄金时期"状态。

(2) 心理发展。感知、记忆、想象能力均达到成熟水平,并进入人生最佳时期;心理机能处于相对稳定的高水平阶段;心智活动效率达到最高水平;各方面能力发展迅速。

(3) 社会性发展。社会性发展更为成熟,人生观、友谊和爱情、心理适应更为理性。

(4) 面临的主要问题。包括婚恋问题、性别歧视、就业问题等。

6. 中年阶段的主要特征和问题

(1) 生理发展。个体各种生理机能发生不断变化的时期。

(2) 心理发展。固定智力继续上升,流动智力缓慢下降;智力技巧保持相对稳定,实用智力不断增长。

(3) 社会性发展。情感趋于深沉稳定,性格也完全定型,意志成熟坚毅,情感控制能力加强,道德感和理智感上升;婚姻中责任感超越情感,婚姻更加务实;处于事业成败的关键期。

(4) 面临的主要问题。包括早衰综合征、更年期综合征、婚外恋、家庭暴力等。

7. 老年阶段的主要特征和问题

(1) 生理发展。个体的各项生理功能都发生较大退化。

(2) 心理发展。认知既表现出成熟性和稳定性的一面，也表现出衰退性的一面。

(3) 社会性发展。角色的变化会使老年人产生失落感，从而导致社会地位下降。

(4) 面临的主要问题。包括失能和失智、精神健康问题、死亡问题、老年歧视、虐待和被忽视以及临终关怀问题等。

第二节　社会环境及其生态系统

一、社会环境的含义

社会环境是指人类生存及活动范围内的社会物质、精神和文化条件的总和，具体包括社会政治环境、经济环境、军事环境、文化环境、生活环境和心理环境等范畴。社会环境具有亲密性和层次性、复杂性和多样性、稳定性和变动性，对人类行为的发展具有个别化和持续性影响。

虽然社会环境有不同的内涵与外延，但社会工作更倾向于将社会环境划分为以下四个层次：（1）微观系统，是个体在日常生活中与之有长期和直接的接触的环境，包括个体所处的家庭、学校、社区、朋辈、邻里等。该系统既是个体最亲密、最直接的系统，也是个人生活中最核心和最重要的系统，对个人行为及其发展有着直接而重要的影响。（2）中介系统，是在个人所处的多个微观系统之间发挥联结和中介作用的系统，比如家校联合会、家校社联合会等。（3）外生系统，是个人不直接接触和互动，但又受其重要影响的系统，包括个体所处的亚文化群体、所归属的组织或所联系的机构等。（4）宏观系统，是指个人所处的更大范围内能够对外生系统造成影响的系统，主要包括制度、文化、意识形态或社会结构等。

二、社会环境的要素

1. 家庭

家庭是社会的基本细胞,更是个体生活接触的第一个和最亲密的单元,对个体的身心社灵发展均有重要的影响。一般来讲,家庭的类型包括:(1)核心家庭,一对夫妇及其未婚子女组成;(2)主干家庭,父母与一对已婚的子女共同居住生活;(3)联合家庭,父母与多对已婚子女共同居住生活;(4)单亲家庭,父母一方与未婚子女共同居住生活;(5)丁克家庭,夫妇双方都有收入而没有孩子。

家庭教养模式:(1)娇纵型,父母盲目地溺爱和疏于管束;(2)支配型,家长溺爱与严加管束结合;(3)专制型,家长缺少爱心或耐心,管理方式粗暴;(4)放任型,家长既缺少爱心、耐心,也缺乏责任感;(5)冲突型,家庭成员间人际关系紧张、不和谐,家庭气氛失调,价值导向不一致;(6)民主型,家庭成员间互相尊重、平等交流,对子女既有约束,又有鼓励。

家庭对人类行为具有重要影响。纵向影响主要来自家庭背景和家庭中过去的事件对当今家庭成员行为的影响,考察的是家庭的历史维度;横向影响主要是家庭成员间的互动对个体行为的影响,考察的是家庭的结构维度。

2. 同辈群体

同辈群体又称同龄群体,是由一些年龄、兴趣、爱好、态度、价值观、社会地位等方面较为接近的人所组成的一种非正式初级群体。同辈群体在青少年中普遍存在,他们交往频繁,时常聚集,彼此间有着很大的影响。同辈群体是一个人成长发展的一个重要的环境因素,不仅对个体有直接影响,其价值标准若与社会主流的价值标准一致,则有利于群体成员形成积极的行为,反之则发挥消极影响。尤其是在青少年时期,同辈群体的影响日趋重要,甚至有可能超过父母和教师的影响。

3. 学校

学校是指教育者有计划、有组织地对受教育者进行系统的教育活动的组织机构,是个体社会化的重要场所。个体从出生开始,可能会接受来自幼儿园、小学、初中、高中以及大学等学校系统提供的知识能力、道德规范以及文化习性的教育与熏陶,而学校一般通过校园文化、班级规模、教学模式、师生关系等对个体产生重要影响。

4. 工作单位

工作单位是个体在生活中从事一定职业时所归属的社会组织，这可能是正式的政府组织、企事业单位组织、商业组织等，也可能是非正式的工作组、临时团队、虚拟平台、临时雇佣者等。在其中，个人不仅学习和实践专门的职业知识、技能和道德规范，而且通过建立各种社会关系、维持各种社会互动或者调适自我行为，以适应职业需求与社会期待。

5. 社区

社区是指以一定地域为基础的社会生活共同体，不仅包括地域性社区和功能（精神）性社区，也包括农村社区和城市社区，还包括传统社区和现代社区。社区在保障个体生活、维持经济纽带、促进社会交往、形成文化认同以及实现政治参与等方面都发挥重要作用。

6. 文化

文化是社会发展过程中人类创造物的总称，包括物质技术、社会规范和精神体系，是所有物质产品和非物质产品的总和。文化对人类的行为的影响主要通过确立行为标准，从而达到规范、控制人类行为的目的。

7. 大众传媒

大众传媒是指在信息传播过程中处于传播者和大众之间的媒介体，包括复制、传递信息的设备、传播组织、团体及其出版物和影视、广播节目等。大众传媒具有宣传、新闻传播、舆论监督、实用和文化积累等功能。大众传媒促进了个体价值观念、行为模式以及文化认同的形成、发展与变化。

第三节　人与社会环境关系理论

一、人类行为与社会环境的关系

从基本性质上看，人类行为与社会环境之间不是单向的因果关系，而是双向的交流和互惠关系，具体表现为：（1）人类行为必须适应社会环境。人首先是社会性动物，有能力改变自己的行为，并学习社会环境中所赞许的行为和规范。个体有做自己想做的事情的权利，但也有做我们应该做的事情的义务。（2）社会环境持续而全面地影响人类行为。人类行为或多或少受到社会环境的影响。年龄越小、人格未充分定型、社会化未完成者受到的影响越大，反之越小。（3）人类行为也会反作用于并改造社会环境。个人的主观潜能越大、行动力越强，就越能顺应社会发展的总体方向，个人反作用于社会环境的效果越明显。（4）人类行为与社会环境相互影响的力度并不对等。总体而言，社会环境的力量要大得多，对人类行为的影响也要大得多。

二、人类行为与社会环境互动关系理论

（一）生物学理论

1. 生物进化理论

达尔文自然选择学说认为，生物的繁殖能力很强，能够产生大量的后代，但环境条件是有限的，通过生存斗争，一部分个体被淘汰，就形成了适者生存的自然选择机制。

2. 进化心理学

进化心理学认为，心理就是一系列的适应器，心理机制具有模块性，功能分解是探究心理机制的重要途径，而过去是理解心理机制的钥匙。人的行为表现是心理机制和环境相互作用的结果。

3. 基因理论

基因理论认为不同的人的基因既有共性又有个性，个性之处决定了人与人的区别，形成了人的多样性。人类行为存在着单一基因遗传、多重因素遗传、染色体错乱和环境引起的遗传异常等四种遗传异常。

（二）心理学理论

1. 弗洛伊德的精神分析理论

精神分析学是弗洛伊德有关人格发展、人格结构及心理治疗方法的整套理论体系。人格结构理论认为人格由本我、自我和超我构成，各自遵从不同原则并担任不同角色。本我是与生俱来的，追求快乐，欲望满足时也是快乐得到时；自我在婴儿开始把自己从环境中分离出来时形成，追求理性或共识，遵从现实原则，婴儿开始知道哪些在现实中是可行的而哪些是不可行的；超我在儿童中期开始发展，代表良心以及社会对特定行为的期望和标准，并渐

渐内化外在标准。个体在开始时会产生很多罚责感,但是随着个体成长,自我和超我都会变得有弹性和互相合作。本我、自我和超我有天然的矛盾,而个体发展的目标是发展出人格结构的弹性和三者之间的合作精神。这就要经历生理本能欲望、现实限制和社会期望之间的冲突,并在不断解决冲突中成长。

精神分析学认为个体发展过程中把能量集中到身体的不同部位以实现不同的发展目标和愿望,并形成了以下五个心理发展阶段:(1)口唇期(出生到12—18个月),个体愿望的主要满足来自与口唇相关的活动,如吮吸和进食等;(2)肛门期(12—18个月到3岁),个体从排泄过程中获得满足;(3)性器期(3—6岁),个体开始与异性父母建立亲密关系,然后与同性父母建立认同,主要的满足部位在生殖器地带;(4)潜伏期(6岁到青春期),个体处于相对平静的时期,把能量投入学习不同知识上,直到青春期躁动出现为止;(5)生殖器期(青春期到成年),个体发展出成熟的性特征。当然,每个时期的满足都要适当,太多或太少的满足会使人格发展停滞不前并可能埋下童年阴影,成为成年期人格变异或精神困扰的潜在因素。

2. 埃里克森的人类发展阶段论

埃里克森指出,人生有八大发展阶段,每个阶段都面临一组心理冲突,并在冲突后发展出一种美德,具体如下:

(1)婴儿期(0—1岁),面临的主要冲突是基本信任还是基本不信任,主要任务是对周围世界的信任,要形成的美德是希望。

(2)幼儿期(1—3岁),面临的主要冲突是自主还是羞怯与疑虑,主要任务是在怀疑和羞怯中发展独立性,要形成的美德是意志力。

(3)儿童早期(3—6岁),面临的主要冲突是主动还是内疚,主要任务是不断尝试新的事物、克服内疚、建立自信心,要形成的美德是目的。

(4)儿童中期(6—12岁),面临的主要冲突是勤奋还是自卑,主要任务是学习重要的知识、技能和生存技巧、勤奋感超越自卑感,要形成的美德是能力。

(5)青少年期(12—20岁),面临的主要冲突是同一性还是角色混乱,主要任务是发展自我同一性,要形成的美德是忠贞。

(6)成年早期(20—40岁),面临的主要冲突是亲密还是孤独,主要任务是对他人作出承诺、建立亲密联系而非与社会疏离和专注自我,要形成的美德是爱。

(7) 成年中期（40—65岁），面临的主要冲突是繁殖还是停滞，主要任务是培养和指导下一代、生产与创造，要形成的美德是关怀。

(8) 老年期（65岁以后），面临的主要冲突是自我整合还是绝望，主要任务是回顾一生，坦然面对死亡，而非失望沮丧或对死亡充满恐惧，要形成的美德是智慧。

3. 皮亚杰的认知发展理论

皮亚杰将儿童认知发展分为四个阶段：(1) 感知运动期（从出生到2岁），儿童主要是靠感觉和动作来认识周围世界；(2) 前运算期（2—7岁），儿童能凭借语言和各种示意手段来表征事物；(3) 具体运算期（7—12岁），儿童在一定程度上可做出推论；(4) 形式运算期（12岁以上），儿童能对抽象的和表征性的材料进行逻辑运算。在各个发展阶段，个体主要运用图式、同化和顺应三种原则来认识世界。图式是其中最基本的一环，而适应包括了同化与顺应这两个相辅相成的过程。

4. 科尔伯格的道德发展阶段论

科尔伯格认为人的道德发展具体包括以下三个水平、六个阶段：

(1) 前习俗水平（0—9岁）。第一阶段：惩罚与服从定向阶段。儿童根据行为的后果来判断行为对错以及严重程度，他们服从权威或规则只是为了避免惩罚，认为受赞扬的行为就是好的，受惩罚的行为就是坏的。第二阶段：相对功利取向阶段。儿童道德价值来自对自己需要的满足，他们不再把规则看成是绝对的、固定不变的，评定行为的好坏主要看是否符合自己的利益。

(2) 习俗水平（9—15岁）。第三阶段：寻求认可定向阶段，也称"好孩子"定向阶段。儿童的道德价值以人际关系的和谐为导向，顺从传统的要求，符合大家的意见，谋求大家的赞赏和认可。第四阶段：遵守法规和秩序定向阶段。个体道德价值以服从权威为导向，服从社会规范，遵守公共秩序，尊重法律的权威，以法治观念判断是非，知法懂法，认为准则和法律是维护社会秩序的。

(3) 后习俗水平（15岁以后）。第五阶段：社会契约定向阶段。个体认为法律和规范是大家商定的，是一种社会契约，认为法律可以帮助人维持公正。第六阶段：普遍性伦理准则阶段。表现为能以公正、平等、尊严等最一般的原则为标准进行思考。

5. 依恋理论

美国心理学家艾恩斯沃斯把婴儿的依恋行为分为：（1）安全型依恋（secure attachment）。该类型的婴儿当最初和母亲在一起时很愉快地玩。当陌生人进入时，他们有点警惕，但继续玩，无烦躁不安表现。当把他们留给陌生人时，他们会停止玩乐，并去探索，试图找到母亲，有时甚至会哭泣。当母亲返回时，他们显得比以前同母亲更亲热。当再次把他们留给陌生人，婴儿很容易被安慰。（2）回避型依恋（avoidant attachment）。该类型的婴儿容易与陌生人相处，容易适应陌生环境，在与母亲刚分离时并不难过。但独自在陌生环境中待一段时间后会感到焦虑，不过很容易从陌生人那里获得安慰。当分离后再见到母亲时，对母亲采取回避态度。（3）反抗型依恋（resistant attachment）。该类型的婴儿表现出很高的分离焦虑。由于同母亲分离，他们感到强烈不安。当再次同母亲团聚时，他们一方面试图主动接近母亲，另一方面又对来自母亲的安慰进行反抗。

（三）社会学理论

1. 米德的自我理论

作为符号互动论的奠基人，米德认为自我分为主我和客我，是人们在与他人的互动过程中逐渐获得的。米德将自我的发展划分为模仿、游戏、概化他人三个阶段。

2. 托马斯的情境定义

托马斯认为，一个人对情境的主观解释（或定义）会直接影响他的行为，强调个人主观的情境定义在社会互动中的作用。他认为人类行为依据对彼此行动所作的主观解释而进行反应。

3. 标签理论

标签是人们对自我形象的界定与产生，自我形象是通过与他人互动产生的，而他人的标签则是一个重要的因素。标签理论认为，越轨行为是社会互动的产物。

4. 生态学理论

作为生态学理论的代表人物，布朗芬布伦纳认为，个体发展及其个性形成是其与周围系统互动的结果，具体包括：（1）微观系统，这是与个体最接近的系统，也是个体日常生活的活动场所，家庭、朋友、学校、社区邻里都属于这个子系统；（2）内共生系统，指在微观子系统中不同组成成分之间的联系和互助，如家庭和学校共同组成的某些家校合作组织等；（3）与个体没有直接联系的外共生系统，如父母的朋友、教育局的领导、社区街道委员会的成员等，他们虽然和个体没有直接接触，但是他们的行为和决定会间接影响个体的成长；（4）宏观系统，是在组织层面影响个体成长的社会制度、文化和价值观等。

【考研真题】

一、名词解释题

1. 个体生命周期理论（中央民族大学，2024）
2. 人类行为（华东政法大学，2024）
3. 个体精神层面的特性（上海师范大学，2024）
4. 人在情境中（浙江大学，2024）
5. 人的行为（浙江大学，2024）
6. 抗逆力（浙江师范大学，2024；山西医科大学，2024）
7. 社会撤离理论（东南大学，2024）
8. 临终关怀（中央民族大学，2024）
9. 认知发展理论（南京理工大学，2024）
10. 成员资格（重庆大学，2024）
11. 人格结构（重庆大学，2024）
12. 动机（厦门大学，2024）
13. 标签理论（西安交通大学，2024；广西师范大学，2024；山西医科大学，2024）
14. 社会撤离理论（西安交通大学，2024）
15. 活动理论（北京师范大学，2024；重庆工商大学，2024）
16. 全人发展观念（西北农林科技大学，2024）
17. ERG 理论（山西医科大学，2024）
18. 操作增强理论（广州大学，2024）
19. 社会工作中的人类需要（广东外语外贸大学，2024）
20. 脉络化（南开大学，2024）
21. 社会性需求（天津理工大学，2024）

22. 人的权利（华中农业大学，2024）

二、简答题

1. 简述中国老龄化过程和其他国家的异同。（中央民族大学，2024）

2. 简述人在情境中理论的主要观点。（中国农业大学，2024）

3. 简述个体的不同发展阶段（婴幼儿、儿童、青年、成年和老年），从安全感和身心发展特点说明阶段性普遍需要的差异。（复旦大学，2024）

4. 结合实务谈谈对人在情境中理论的理解。（华东理工大学，2024）

5. 简述皮亚杰认知发展理论中儿童不同发展阶段认知世界的原则有哪些。（上海师范大学，2024）

6. 简述社会小生境。（浙江大学，2024）

7. 简述宏观社会工作视角下的"社会自我"。（浙江大学，2024）

8. 简述个人和社会的基本关系为什么是社会学的基本问题。（西南石油大学，2024）

9. 简述社会环境的功能。（湖南师范大学，2024）

10. 简述社会性别主流化的内涵。（安徽大学，2024）

11. 简述马斯洛有关缺失性需要与成长性需要的理论内涵。（厦门大学，2024）

12. 简述"生物—心理社会"健康观和医学模式的转型以及社会工作的介入空间。（西北农林科技大学，2024）

13. 简述人的主体性发展阶段。（郑州大学，2024）

14. 简述人在情境中的含义。（山东大学，2024）

15. 简述皮亚杰认知发展阶段论。（沈阳师范大学，2024）

16. 简述个人社会化及可能的条件。（华南师范大学，2024）

17. 简述米德的自我发展阶段理论。（华南农业大学，2024）

18. 简述依恋经验的类型有哪些。（南开大学，2024）

19. 简述人类行为的特点。（天津理工大学，2024）

20. 简述社会环境与人类行为的关系。（华中农业大学，2024）

21. 简述人类行为和社会环境的关系。（江汉大学，2024）

22. 简述社会化的过程及其内容。（中南民族大学，2024）

23. 简述皮亚杰认知发展理论的三大原则。（南京理工大学，2024）

24. 论述社会学习理论的基本观点和启示。（苏州大学，2024）

三、论述题

1. 运用优势视角理论说明社会工作者在进入大学生就业教育中发挥的作用。（北京师范大学，2024）

2. 论述人本主义罗杰斯自我实现在社会工作领域的运用。（西北大学，2024）

3. 论述自我实现预言对刻板印象的影响机制。（华南理工大学，2024）

4. 论述符号互动论对老年社会工作的启示。（武汉大学，2024）

5. 论述家庭结构、婚姻方式、家庭生活方式的变化，以及家庭社会工作能在其中发挥说明作用。（东南大学，2024）

【职考真题】

1. 关于人类行为与社会环境基本关系的说法，正确的是（　　）。（2022-16）

　　A. 社会环境对人类行为的影响更大一些

　　B. 人类行为的改变必须从人类本身入手

　　C. 个人行为对社会环境有决定性的影响

　　D. 群体行为决定着人类行为的参照标准

2. 46岁的王女士原来是一家基金会的项目经理，两年前为了照顾5岁的小女儿辞职。最近她觉得丈夫对自己说话不尊重，婆婆看自己不顺眼，大儿子嫌自己唠叨，她变得越来越焦虑，常常失眠，动不动就发脾气。针对王女士的情况，社会工作者最适宜采取的干预措施是（　　）。（2022-17）

　　A. 教授陪伴和管教儿童的相关技能

　　B. 引导学习释放压力的方法和技巧

　　C. 帮助改善夫妻的沟通方式和方法

　　D. 协助消除婆媳的误解以缓解矛盾

3. 某老旧小区停车难问题一直困扰着小区居民。于是，社区居民不得已开始自发在车上留下联络电话，并逐渐养成了按标准车距规范停车等行为。这体现了社区对居民行为的影响是（　　）。（2023-11）

　　A. 社区居民之间的停车行为具有共同特征

　　B. 社区自身存在错综复杂的社会交往关系

　　C. 社区自身的社会规范约束居民的停车行为

D. 社区居民对社区的认同感影响了停车行为

4. 林先生，42岁，某企业中层管理人员。即便平日工作再忙，他也会抽出时间照顾家庭，经常陪伴孩子骑车、踢球，辅导孩子功课，与妻子一起做家务，家庭关系融洽。林先生的上述情况，符合中年阶段社会性发展特征的是（　　）。(2023-12)

  A. 责任意识增强　　　　　　B. 社会角色转变
  C. 社会情感发展　　　　　　D. 认知能力发展

5. 初三学生小亮在家上网课时经常控制不住自己偷偷玩游戏。由于临近中考，父母担心亲子冲突影响升学，对小亮玩游戏的行为睁一只眼，闭一只眼。小亮父母的教养方式属于（　　）。(2023-13)

  A. 娇纵型　　B. 支配型　　C. 专制型　　D. 放任型

6. 小山曾因交友不慎而吸毒，经社会工作者帮助成功戒毒，并从受助者变为助人者，以同伴志愿者的身份加入"预防复吸，戒除毒瘾"社区宣传活动中。根据阿尔德弗尔的ERG理论，小山的需要属于（　　）。(2023-14)

  A. 生存需要　　B. 关系需要　　C. 成长需要　　D. 中介需要

7. 为改善安宁病房临终老人的情绪状态，社会工作者通过人生回顾、共话故事等方式开展个案服务。针对老年阶段面临的主要问题，社会工作者的上述服务，最能反映出老年临终关怀服务的内容是（　　）。(2023-15)

  A. 哀伤辅导　　B. 政策倡导　　C. 生命教育　　D. 遗嘱预立

8. 在下列成语中，用来形容人类行为与社会环境基本关系的有（　　）。(2018-64)

  A. 命中注定　　B. 近朱者赤　　C. 愚公移山
  D. 入乡随俗　　E. 因地制宜

9. 73岁的李大爷最近身患中风，经过治疗，身体好转，但仍然不能自理，虽然家人对李大爷的照顾无微不至，但他仍接受不了自己的身体状况，长时间情绪低落，经常念叨"这样活着还不如死了算了"。李大爷面对的问题有（　　）。(2021-65)

  A. 失智　　B. 精神健康　　C. 失能　　D. 死亡问题　　E. 被忽视

10. 小王是大一新生，性格内向，家境优裕，上高中时因看不惯宿舍同学的卫生习惯选择走读。上大学后，小王因为不适应集体生活，开始失眠，食欲下降，身体急剧消瘦，精神状态越来越差。宿舍同学发现小王的情况后，主动关心他,帮助其改善失眠状况,提升睡眠质量。关于同辈群体的特点及其对个体行为影响的说法,正确的有(　　)。(2023-65)

A. 宿舍同学的支持能够帮助小王尽快适应集体生活

B. 宿舍应当建立严格的熄灯制度以约束同学的行为

C. 小王应接受宿舍同学的行为习惯,以便融入集体

D. 小王与宿舍内的每一位同学的地位应该是平等的

E. 小王睡眠改善后,对宿舍生活有了较强的认同性

【参考答案】1. A　2. B　3. C　4. A　5. A　6. C　7. C　8. BCDE　9. BCD　10. AD

【传统文化】

1. 与人善言,暖于布帛;伤人以言,深于矛戟。　　——《荀子·荣辱》

2. 蓬生麻间,不扶自直;白纱入缁,不练自黑;彼蓬之性不直,纱之质不黑;麻扶缁染,使之直黑。夫人之性犹蓬纱也,在所渐染而善恶变矣。

——王充:《论衡·率性》

3. 教子有五:导其性,广其志,养其才,鼓其气,攻其病,废一不可。

——家颐:《子家子·教子语》

4. 少年人只宜修身笃行,信命读书,勿深以得失为念。所谓得固欣然,败亦为喜。

——吴麟徵:《家诫要言》

5. 逆境长存戒心,故以之成君子;顺境易生放心,故以之陷小人。

——申居郧《西岩赘语》

6. 夫君子之行,静以修身,俭以养德,非淡泊无以明志,非宁静无以致远。——诸葛亮:《诸葛亮集》卷一《诫子书》

7. 蒿草之下,或有兰香;茅茨之屋,或有侯王。　　——《增广贤文》

8. 对失意人,莫谈得意事;处得意日,莫忘失意时。

——金缨:《格言联璧·持躬类》

9. 宠辱不惊,肝木自宁;动静以敬,心火自定;饮食有节,脾土不泄;调息寡言,肺金自全;恬淡寡欲,肾水自足。　　——陈继儒《小窗幽记》

10. 闹时炼心,静时养心,坐时守心,行时验心,言时省心,动时制心。

——金缨:《格言联璧·养生类》

▶【原声再现】

1. 我们每一个人都是更多地受环境的支配,而不是受自己的意志的支配。
——马克思

2. 社会关系实际上决定着一个人能够发展到什么程度。
——马克思和恩格斯

3. 一切事情是要人做的,……做就必须先有人根据客观事实,引出思想、道理、意见,提出计划、方针、政策、战略、战术,方能做得好。思想等等是主观的东西,做或行动是主观见之于客观的东西,都是人类特殊的能动性。这种能动性,我们名之曰"自觉的能动性",是人之所以区别于物的特点。
——毛泽东:《论持久战》

4. 一个健康向上的民族,就应该鼓励劳动、鼓励就业、鼓励靠自己的努力养活家庭,服务社会,贡献国家。要改进工作方式方法,改变简单给钱、给物、给牛羊的做法,多采用生产奖补、劳务补助、以工代赈等机制,不大包大揽,不包办代替,教育和引导广大群众用自己的辛勤劳动实现脱贫致富。
——2017年6月23日,习近平在深度贫困地区脱贫攻坚座谈会上的讲话

5. 中华文化历来强调健康养生、祛病健身。要从小抓起,以中小学为重点,建立健全健康教育体系,普及健康科学知识,加大各级各类学校健康教育力度,教育引导人民群众树立正确健康观,倡导"每个人是自己健康第一责任人"的理念,促进全社会关注健康、重视健康,提升全民健康素养,促进人民群众形成健康的行为和生活方式。
——2016年8月19日,习近平在全国卫生与健康大会上的讲话

▶【时代之声】

1. 2014年2月,国务院出台《社会救助暂行办法》,其中提出"县级以上地方人民政府应当发挥社会工作服务机构和社会工作者作用,为社会救助对象提供社会融入、能力提升、心理疏导等专业服务"。这是社会工作第一次被写入国家行政法规。

2. 2014年4月,民政部印发《关于进一步加快推进民办社会工作服务机构发展的意见》,强调"建立健全加快推进民办社会工作服务机构发展的政策制度,逐步形成协调有力的管理体制和规范高效的工作机制;进一步完善登

记服务和监督管理措施，为民办社会工作服务机构登记成立和健康发展创造有利条件；加强民办社会工作服务机构能力建设，促进社会工作行业组织发展；加快推进政府购买社会工作服务，建立健全民办社会工作服务机构支持保障体系。到 2020 年，在全国发展 8 万家管理规范、服务专业、作用明显、公信力强的民办社会工作服务机构，有效承接政府社会服务职能，满足人民群众专业化、个性化的社会工作服务需求"。

3. 2015 年 3 月，国务院总理李克强在《政府工作报告》中指出，要"支持群团组织依法参与社会治理，发展专业社会工作、志愿服务和慈善事业"。这是政府工作报告中首次提及社会工作。截至 2024 年 5 月，"社会工作"一词先后 8 次写入国务院政府工作报告。

▶【榜样力量】

李安宅（1900—1985），笔名任责，河北省迁安市人。李安宅自幼熟读四书五经，中学就读于教会学校，学习勤奋刻苦，年少时在教会大学的学习经历使他接触到了基督教文化，并打破了封建观念。中学毕业后，李安宅为了学习英语，在基督教青年会的一所夜校读书，认识了美国传教士侯感恩，他开始学习社会学，接受教会学校教育，正式打破儒家传统观念。由侯感恩介绍，23 岁的李安宅到齐鲁大学读书，对所选修的社会心理学、社会学和比较宗教学等学科产生了浓厚的兴趣，这为其后来从事边疆工作和其边疆社会工作思想的形成奠定了重要的理论基础。李安宅在《自序》中说，"在济南青年会的一年（1923—1924），是正式打破儒家传统观念，接受教会学校教育和资产阶级社会学的开始。在齐鲁大学除社会学外，受影响最多的为'社会心理学'和'比较宗教学'的课"，"关心宗教并用宗教团体进行'社会服务'与掩护革命工作，均可溯源于这一年的影响。接受当时所谓平民教育运动的想法，及以后不断参加这类工作，也于此时开端"。李安宅于 1924 年转到燕京大学社会学系读"社会服务研究班"。毕业后留校，任社会学和哲学系助教、国学研究所编译员，又随费孝通进修了哲学。他在读书的同时还参加社会活动，参与北平协和医院社会服务部调查。在亲戚的影响下意识到正确的革命道路是进行反帝反封建的斗争，初步读到《共产党宣言》等马克思主义相关书籍。1926 年，李安宅在燕京大学社会学系任助教期间的学习和工作中，接触到了一批社会学研究学者，不仅与他们在学术上有合作，后来也得到他们的鼓励和帮助。

1934—1936年，李安宅在美国学习深造，期间学习的知识和参加的社会考察，为其日后进行人类学、民族学研究奠定了学术基础。李安宅参与调查研究了印第安祖尼的母系社会并写成研究报告，成为国内首位实地研究美国少数民族的人。1936年，李安宅回国在燕京大学任教。1934—1935年，李安宅参与对印第安人社会的调查。1936年，李安宅到墨西哥印第安地区考察乡村教育，当时该国革命政府抵抗帝国主义侵略，并通过对国民进行民族复兴教育，号召有思想的学者们深入偏僻村落，适应当地生活，随后巡回教育到各处交流经验，互相指导等做法。这些都给李安宅带来很大鼓舞和启发，成为其后来从事藏区工作的思想基础。1936—1938年，在燕京大学任教阶段，各领域专家缺乏实地研究，可是李安宅在理论上有助于帝国主义打开中国国门，且提出的观点独树一帜，别出心裁，并非当时水平所能认识，因此李安宅在当时遭遇他人排斥。1938年，李安宅开始从事中国边疆研究，进行民族学调查，了解当地人的主观观点和外来人的客观需要，并把两者有机结合，探索出真正的科学。

1941年，华西大学任命李安宅为社会学系主任。他创办了华西边疆研究所，并任副所长主持工作，开展对边疆少数民族的研究。1942年，他受聘于华西大学边疆研究所，专任研究员。期间，李安宅不愿停止少数民族研究，想方设法充实边疆研究所的工作。1949年前，李安宅在国内的学习和执教均在教会大学。

除了深受儒家传统文化的影响外，当时的时代背景也促使了李安宅选择学习社会学。清朝末年，废除科举制解放了思想，给中国很多青年学生创造了出国留学的机会，他们于20世纪20年代末至20世纪30年代初学成归国。这批知识分子在西方文化影响之下，认为社会基层是中国发展的重点，提倡理论与实践相结合，摸索出解决当时中国的社会问题的办法。他们促使社会学在中国的发展日渐鼎盛，也为李安宅接触并学习社会学创造了条件。李安宅在"爱国主义和学术研究可并行"理念引导下，出于对学术的追求，选择去美国留学。李安宅发文："匆匆渡过太平洋，目的是要得一点地方社会与边疆社会的实地技术，而且吸取一点异种文化的比较风味。"总而言之，李安宅选择以"学术报国"的方式表达自己的爱国热情，这也是同时代很多学者的理想追求。

转摘改编自：贾梦瑶. 李安宅边疆社会工作思想研究［D］. 保定：河北大学，2019.

【延伸阅读】

1. 全国社会工作者职业水平考试教材编委会. 社会工作实务：中级［M］. 北京：中国社会出版社，2022.

2. 安秋玲. 我国实践场域中社会工作知识样态研究［J］. 华东师范大学学报（哲学社会科学版），2021，53（6）：135-142，180.

3. 廉婷婷，乔东平，方香廷. 群落生态视角下社会工作实务模型构建［J］. 华东理工大学学报（社会科学版），2018，33（5）：21-32.

4. 杨发祥，王杰. 中国社会工作的话语体系构建［J］. 学海，2018（3）：125-131.

5. 刘继同. 人类灵性概念框架范围内容、结构层次与中国本土灵性社会工作服务体系建构［J］. 人文杂志，2015（2）：110-115.

6. 马志强. 从熟人关系到专业关系：社会工作求助模式的转向［J］. 西北师大学报（社会科学版），2014，51（1）：140-144.

7. 童敏. 从问题视角到问题解决视角：社会工作优势视角再审视［J］. 厦门大学学报（哲学社会科学版），2013（6）：1-7.

8. 文军. 论社会工作模式的形成及其基本类型［J］. 社会科学研究，2010（3）：1-8.

9. 何雪松. 重构社会工作的知识框架：本土思想资源的可能贡献［J］. 社会科学，2009（7）：76-78，189.

10. 童敏. 后现代语境下的社会工作辅导模式探索［J］. 厦门大学学报（哲学社会科学版），2003（6）：115-120.

【影音赏析】

1. 电视剧《人生之路》

导演：阎建钢

主演：陈晓、李沁等

剧情介绍：改编自路遥先生的经典中篇小说《人生》。20世纪80年代，生活在陕北高家沟的青年高加林打小就是村里人人皆知的读书"状元"。虽然家境贫寒，但他饱读诗书，心比天高，暗下决心要摆脱黄土地。高考是他改变命运的唯一机会，不料却意外落榜。他奋发图强成为民办小学教师，教师编制又被挤走。高加林跌入人生的谷底，后在刘巧珍的鼓励下振作并坚持写作，燃起人生希望，还与刘巧珍萌生爱情。高加林叔父回村间接提供了高加林入县城当记者的机会。他在县城与志同道合的同学黄亚萍相遇，乡下姑娘刘巧珍的默默守护与上海姑娘黄亚萍的热烈示爱让他陷入难以抉择的两难之境。几度挣扎，几次抉择，他靠一支笔把自己带到了上海。命运的考验接二连三，高加林在而立之年竟得知当年自己的大学名额被好友双星顶替。即便如此，高加林也没有被打败，他顺应时代努力学习新知识，努力奋斗，历经世事变迁，在时代浪潮中谱写了平凡人不平凡的人生故事。

2. 电影《米花之味》

导演：鹏飞

主演：英泽、叶不勒、叶门等

剧情介绍：城市打工的妈妈返回云南傣族乡间，女儿跟所有留守儿童的问题并无二致：爱撒谎，玩手机，与同学争执，跟老师唱反调，还偷寺庙的钱。女儿好友之死打破了彼此隔阂，母女走进深幽钟乳洞，在佛像前起舞，哀悼亡灵。城乡差异、传统与现代的对碰、发展与保育的冲突，在诗意影像与禅意感悟中化解；烧一锅油，炸一盘米花，把生活的甜酸苦辣，调制成团圆的祝福。

【复习思考】

1. 人类行为的适应性对社会工作服务的意义何在？
2. 人类行为的多样性对社会工作服务的意义何在？
3. 人类行为的累积性对社会工作服务的意义何在？
4. 如何从结构的角度去理解人类行为与社会环境之间的关系？
5. 如何从发展的角度去理解人类行为与社会环境之间的关系？
6. 如何从运行的角度去理解人类行为与社会环境之间的关系？
7. 人类行为与社会环境互动有哪六个维度？
8. 人类行为与社会环境互动的互动维度具体包括哪些内容？
9. 人类行为与社会环境互动的时间维度具体包括哪些内容？

【个人成长】

1. 你认为你的行为最主要的驱动力是什么?
2. 你曾经有哪些行为被他人视为异常,现在结果如何?
3. 你认为行为异常主要的标准是什么?
4. 你认为原生家庭对你行为的积极影响和消极影响分别有哪些?
5. 目前对你行为影响最大的因素是什么?你打算如何改进?

PPT 课件 　考研真题 　职考真题 　法律法规

第五章 社会工作理论

【课前导读】

作为一门专业和职业，社会工作不仅要夯实自身的专业基础并在学科之林立足，更要增强自身的职业核心能力和核心竞争力以在职业之林有所建树，还要不断促进社会福利制度的建设。这些都需要有社会工作理论的支撑与保障，尤其是在我国社会工作专业正处于快速发展和迅速扩大的阶段。如何保证社会工作专业的专业性、科学性与实效性，不仅有赖于千万社会工作专业人才委身实践，更需要从理论上说清讲透社会工作是如何有效地帮助人与社会良性互动并实现和谐发展的。

因此，本章将在厘清理论对社会工作的重要性和必要性基础上，一方面着重探讨社会工作理论的范围及多维结构，尤其要掌握几个重要学者对社会工作理论的划分，以让同学们能够明白可以从何种程度上去实现理论的创新与拓展；另一方面着重探讨社会工作理论之所以得以形成的社会学、心理学、经济学以及管理学基础，并详细论述了当前最为主要的社会工作实施理论。最后，作为当代大学生，同学们也要充分认识到当前我国社会工作本土理论建设的不足与局限，增强社会工作理论本土构建的时代责任和意识，积极探索中国特色社会工作理论体系。

【核心概念】

理论、借用理论、实施理论、为社会工作的理论、社会工作的理论、宏观理论、中观理论、解释性理论、介入模式理论、实践理论、实证传统、人本传统、激进传统、社会建构传统、精神分析理论、认知行为理论、生态系统理论、人本主义、存在主义、增强权能、社会支持理论、优势视角、社会工作理论本土化、文化自信、理论自觉

【重点难点】

重点一：充分理解理论对于社会工作的价值与意义。
重点二：社会工作理论结构的不同模型与具体含义。
难点一：学习和理解社会工作理论的四大传统范式。
难点二：如何构建本土特色社会工作理论体系。

> 【内容精要】

第一节　社会工作理论功能、发展和结构

理论是由一系列逻辑上相互联系的概念和判断组成的知识体系，是对经验知识的抽象概括和归纳总结。一般而言，社会工作理论不是一般科学的纯理论，而是指社会工作实务的理论化或不同学科理论在社会工作实务中的运用。社会工作理论虽然也强调对服务对象及其问题的描述与解释，但更重要的是如何改变服务对象及其社会环境。因此，社会工作理论的本质是实践。

一、社会工作理论的功能

社会工作是一个由相互联系的价值观、理论和实务构成的系统。理论作为社会工作系统的主要组成部分，具有极其重要的地位，确立了社会工作的专业地位。(1) 理论是区分社会工作与非专业工作的重要标志。作为专业工作，社会工作实务以一定的理论为基础，而一般的职业工作并不以有系统的理论为指导。如义工等自然助人工作与社会工作的差别就在于前者并不以有系统的理论作为实践的指导和基础。(2) 社会工作理论是区分社会工作与其他专业工作的重要标志。社会工作之所以区别于医学、护理或教育等人类福利服务专业，原因之一是其依据的理论不同。如社会工作更强调"人在情境中"，力求人与环境良性互动。(3) 理论不仅解释了社会工作是什么，还提供了如何进行社会工作的知识基础，为社会工作专业的合法性提供了依据。[1]

理论在社会工作教育与培训中尤为重要，并具体体现为以下目标：(1) 懂得解决某一类问题的方法及程序；(2) 懂得解决多种类别问题的方法及程序；(3) 懂得如何选择适当的方法及程序来解决所面对的不同问题；(4) 针对所面对的问题，懂得设计相适应的解决方法及程序。[2]

---

[1] MARSH J C. What knowledge is relevant to social work practice?：The case of TANF reauthorization [J]. Social Work, 2002, 47 (3)：197-200.
[2] 周永新. 社会工作学新论 [M]. 香港：商务印书馆（香港）有限公司, 1994：18-19.

二、社会工作理论的发展

在前理论阶段,社会工作实务缺乏理论的指导,与一般的慈善工作没有很大区别。在当时社会达尔文主义的影响下,慈善组织会社认为,贫穷是"物竞天择"的自然结果,导致贫穷的原因是个人的,如懒惰、愚蠢等。因此,必须依靠"科学慈善",发展出一套理性的标准和方法,保证救济给予那些值得救济的贫民。1915年,著名专业标准专家弗莱克斯纳基于缺乏理论技术和知识体系的事实,通过评估认为当时的社会工作还不是完整意义上的专业。这一评判也促使社会工作开始了所谓的科学化转型,代表人物就是里士满。1917年,里士满出版《社会诊断》一书,提出了社会个案工作的原则、理论、方法以及"研究—诊断—治疗"模型,试图为社会个案工作奠定科学基础。这是对社会工作进行理论化的最初尝试。

20世纪20年代,由于受到弗洛伊德理论的影响,精神分析理论成为社会工作的主导理论。20世纪30年代以后,受到兰克的影响,特夫特和罗宾逊等人发展了功能主义学派。精神分析理论强调人们早期经历对当前行为的影响。功能主义学派则更关注当前情境对人们行为的影响。一直到20世纪60年代,以上两大理论并立,成为当时社会工作的主要理论。

从20世纪60年代开始,社会工作理论逐步出现多元化的趋势。这一时期出现的新理论包括角色理论、危机理论、认知理论、学习和行为理论等。20世纪70年代以后,多元化趋势更加明显,生态系统理论、力量视角、女性主义、赋权理论、任务中心模式和叙述理论等孕育而生。但是,社会工作理论的多元化发展都围绕一个统一主题,那就是理解"人在情境中"的复杂性。不过,需要指出的是,虽然围绕一个统一主题,但寻求统一性理论的努力已经消失。因为社会工作者逐步意识到,社会工作面对的复杂性和多样性需要多样化的理论,多样化的理论有利于社会工作的实践。[1][2]

除了多样化以外,社会工作理论发展的另一重要特征是实证主义与建构

---

[1] REID W J. Knowledge for direct social work practice [J]. Social Service Review, 2002, 76 (1): 6-33.

[2] TURNER F J. Social work treatment: Interlocking theoretical approaches [M]. New York: The Free Press, 1996.

主义的争论。社会工作最初可以称为"社会人文主义",是一种"实践的常识性的努力"。但20世纪初期出现了转变,社会工作试图成为一种以实证主义为基础的科学。① 这种努力在近期主要表现为"经验性临床实践"。实证主义的基本观点是,人们可以客观地观察社会现象,并得出有关社会现象的普遍适用的法则。与实证主义观点不同,有的学者认为,社会工作者必须牢记人类状况的两个重要特征:第一,人类通过创造意义而使自己存于世界之上;第二,文化赋予人们行动意义。因此,社会工作者应该关注案主对于个人和集体世界的意义建构。重视对意义的诠释和理解是建构主义的核心观点。②

对于这种争论,不同学者试图用不同方法解决。有的学者认为,应该放弃形而上学的无谓争论,秉持实用主义的观点,强调获得知识可以有不同方法。③ 还有的学者认为,如果社会工作理论仅指实证主义的科学理论的话,社会工作实践的知识基础就不应只是这些"理论"。一方面,因为社会工作是一个实践性专业,需要理解案主的经历和所处的境遇,因而需要实践智慧和常识性理解,或者"情境化知识",即旨在理解案主境遇的来源多样(包括生活经验)的综合知识。另一方面,社会科学本身也已"转过了后实证主义的街角",强调诠释和理解,因而社会工作的知识基础应该是"生成性理论",一种具有柔韧性、注重归纳的开放性理论。因此,社会工作实践的基础是理论、实践智慧、类推方法和艺术技能的结合。④

三、社会工作理论的结构

1. 蒂姆斯的二分法

(1)借用理论,即指社会工作的理论素材来自其他学科,如心理学、社会学、医学、经济学、政治学等。这部分理论要回答什么是社会工作,什么是社会工作专业的本质特征,社会工作专业的价值、目的、伦理、知识基础

---

① GOLDSTEIN H. The knowledge base of social work practice: Theory, wisdom, analogue, or art? [J]. Families in Society, 1990, 71 (1): 32-43.
② SALEEBEY D. Culture, theory, and narrative: The intersection of meaning in practice [J]. Social Work, 1994, 39 (4): 351-359.
③ ANN H. Many ways of knowing [J]. Social Work, 1990, 35 (1): 3-4.
④ GOLDSTEIN H. The knowledge base of social work practice: Theory, wisdom, analogue, or art? [J]. Families in Society, 1990, 71 (1): 32-43.

和方法论等基本问题，为社会工作实践提供认识人和社会环境以及社会工作专业自身的理论和方法。

（2）实施理论，即指来自一般经验积累的理论，是关于社会工作如何行动、介入和干预的理论。借用理论帮助专业社会工作者认识工作对象及其生活环境，实施理论帮助社会工作者达成社会工作的目标，实现解决问题、改造环境的终极目的，解决一个社会工作实践的原则和方法问题。

2. 大卫·豪的二分法[①]

（1）为社会工作的理论，主要是理论中用来对人与社会的本质、人的行为与社会运行的规则和机制进行解释的那部分内容，侧重于如何解释人与社会的关系，从而为社会工作的实践提供前提性假设。

（2）社会工作的理论，指的则是理论中用来对社会工作实践本身的性质、目的、过程、方法进行说明的那部分内容，侧重于如何改变人与社会的问题，从而为社会工作提供一套具体的行动指南。

3. 皮拉利斯的三分法

（1）社会工作的宏观理论。这一层次的理论涉及对人与社会的本质、人的行为与社会运行机制的综合性说明，其抽象程度较高。如弗洛伊德的精神分析理论、马克思主义的社会福利理论、结构功能主义的社会福利理论、福利经济学等都属于这个层次。

（2）社会工作的中观理论。它属于宏观理论与实践理论的中间层次，又可分为解释性理论与介入模式理论两个部分。其中解释性理论是对人的行为与社会过程某一方面做出具体解释，如解释社会问题的标签理论、儿童发展理论等。

（3）社会工作的实践理论。这一层次的理论涉及社会工作的具体技巧与操作方法，如自由联想法、批判式提问法等便属于该层次的理论，其抽象程度最低。

4. 社会工作理论的四大传统范式

基于不同的哲学基础，社会工作不断反思自己的哲理基础，逐步形成了四个理论范式，并分别发展出各具特点的实施理论[②]：

---

① 全国社会工作者职业水平考试教材编写组. 社会工作综合能力：中级［M］. 北京：中国社会出版社，2009：92.
② 何雪松. 社会工作理论［M］. 2 版. 上海：格致出版社，2017：16.

(1) 实证传统理论，倡导社会工作者遵循线性的因果关系来寻找并解决服务对象的问题。

(2) 人本传统理论，专注于对人性自我能力提高的重要性的认识，注重从个人层面挖掘解决问题的动力。

(3) 激进传统理论，主张将个人问题置于政治结构、文化结构与社会结构等综合因素下来考量，注重唤醒人们改造社会中的不公的意识。

(4) 社会建构传统理论，着眼于当下的构成性理解，重生成新的社会现实，反对简单地根据专业术语进行分类、类化、治疗和介入。

以上理论的分类更多的是从学科体系与学术体系建设的角度来思考的，而在社会工作一线服务过程中，甚至包括社会工作专业毕业论文的写作过程中，都会涉及理论的议题，并让实践者和研究者难以确定理论与实践的关系，由此造成的结果是理论与实践的匹配程度不高。因此，在社会工作实践、教育以及研究过程中，可以将社会工作理论分为解释性理论与介入性理论。解释性理论即是对于服务对象及其问题发生发展过程和机制的分析与讨论，重在解答"人是什么""问题是什么""可能怎么办"的问题；而介入性理论，更多的是专注于如何开展社会工作服务方案设计、服务过程以及服务技术，重在解答社会工作改变服务对象过程中"改变如何可能""改变如何维持"以及"改变如何持续"的问题[1]。

第二节 社会工作理论的主要取向

一、精神分析取向的社会工作理论[2]

奥地利心理学家西格蒙德·弗洛伊德的精神分析理论为人们提供了认识人类内心世界的独特方法和创新途径，并形成了社会工作的"精神分析洪

---

[1] 童敏. 社会工作理论：历史环境下社会服务实践者的声音和智慧 [M]. 北京：社会科学文献出版社，2019：629.
[2] 全国社会工作者职业水平考试教材编写组. 社会工作综合能力：中级 [M]. 北京：中国社会出版社，2009：94-97.

流"。随后,在阿德勒、荣格以及埃里克森等的发展下,精神分析理论不断深入和完善,对社会工作理论发展产生深远影响。

1. 意识层次理论

意识层次包括意识、前意识和潜(无)意识三个层次。意识即为个体能随时想起、清楚觉察到的主观经验;前意识即为个体虽不能随时想起,但经过努力依然可以察觉到主观经验;潜意识(无意识)是个体内在的原始冲动和各种本能、通过遗传得到的人类早期经验,以及个人遗忘了的童年时期的经验和创伤性经验、违反伦理规范或公序良俗的各种欲望、动机或感情。个体的任何精神活动都是存在其根源的,根源就是潜意识,因此要解决服务对象的问题就必须探寻潜意识的内容及其意义。

2. 人格结构理论

弗洛伊德认为人格分为:(1)由内驱力和欲望组成的本我,遵循享乐原则。(2)本我与外在经验加工整合发展出来的自我,包括意识和前意识。自我具有管理人格体系的能力,它遵循现实原则,调节本我的欲望以及超我与外界的要求。(3)由自我与社会文化规范进一步整合发展而来的超我,包括意识和前意识,也包含部分潜意识。本我、自我、超我之间如果能够保持和谐平衡的状态,人格就是完善的;反之,就会产生焦虑并激发自我防卫机制。

3. 焦虑与防卫机制

(1)当个人本我中的欲望和动机违反超我的原则时,就会激发自我发出警告,从而产生出本我与超我之间不平衡而带来的焦虑。(2)防卫机制就是自我为了消除本我和超我之间的不平衡,并由此带来的不愉快情绪体验所采取的措施,包括阻挠或掩饰不被允许的或不被赞同的欲望以减少内心冲突,也包括进一步强化超我以压制本我。常见的自我防卫机制有否认、替代、认同、投射、合理化、反作用、退化、压抑、升华以及转化等。

4. 性心理发展

性心理发展分为口腔期、肛门期、性器期、潜伏期以及生殖器期五个阶段。在不同的发展阶段,个体都存在性的能量的释放需要,并会通过身体的不同部位,以不同的方式获得性的满足和能量的释放。

5. 精神分析理论在实务中运用的原则

人类心理及社会服务的不同学科都在运用精神分析,并强调以下几个运用原则:(1)治疗过程中坚持个别化原则;(2)强调要与服务对象签订治疗契约；(3) 为服务对象提供一个安全与支持的环境；(4) 采用自由联想的基本方法；(5) 在治疗过程中治疗者要倾听和理解服务对象的想法与感受，并给予支持和接纳。

6. 精神分析理论在社会工作服务过程中遵循的基本原则

(1) 治疗情境。在治疗开始时，社会工作者要与服务对象签订合约。在合约中明确双方的角色分工、治疗计划和时间表。(2) 治疗关系。"同理"是精神分析治疗过程的最主要特征，这也是建立良好治疗关系的重要技巧。(3) 治疗性对话，具体包括：①自由联想，鼓励服务对象说出心中最原始的想法或感受；②治疗性倾听，社会工作者通过"广泛注意"和"同理倾听"逐渐建立起服务对象内心世界的"工作模型"；③诠释过程，指社会工作者向服务对象表达其对服务对象心灵世界的了解，包括面质、澄清、诠释和整合四个技巧。

二、认知行为理论

1. 经典认知学派

经典认知学派认为，在认知、情绪和行为三者当中，认知扮演着中介与协调的作用。认知分为三个层面：表层是自动的思维；中间层面是条件性假设；最深层次是图式或核心信念。自动的思维是指大脑中自动产生的思维、观念和想法。图式是关于个体如何看待他们对世界、人、事件和环境的重要信念和假设，是人脑中已有知识经验的网络。

2. "ABC情绪理论框架"理论

艾利斯提出的"ABC情绪理论框架"理论认为，A是真实发生的事件，B是人们对真实发生事件的认知，C是人们的情绪反应。并不是真实发生的事件（A）导致人们的情绪反应（C），而是人们对事件的认知（B）导致了人们的情绪反应（C）。在对人的行为进行干预时，首先就要质疑服务对象错误的认知，并帮助其重新建立新的认知，进而导致新的情绪反应。

3. 认知行为理论的基本观点

认知行为理论将认知用于行为修正上，强调认知在解决问题过程中的重要性，强调内在认知与外在环境之间的互动，认为外在的行为改变与内在的认知改变都会最终影响个人行为的改变，具体包括问题解决、归因和认知治疗原则。所谓问题解决是增强个体界定问题、行动目标、规划及评估不同行动策略的认知能力，达到能够在不同情况下不断调整自己的认知，能够从他人的角度看待问题和行动的目标。所谓归因是指个人对事件发生的原因的解释。所谓认知治疗原则，指的是修正一些认知上的错误假定，包括过度概括、选择性认知或归因、过度责任或个人肇因假定、自我认错、灾难化思考、两极化思考等。

4. 认知行为学派的助人过程

包括：（1）确定不正确的、扭曲的思维方式或想法，确认它们是如何导致负面情绪和不良行为的；（2）要求受助人自我监控自己的错误思维方式或者进行自我对话；（3）探索受助人错误思维方式与潜在感觉或信念之间的关系；（4）尝试运用不同的、具有正面功能的、正常的思维方式；（5）检验受助人新建立的对自我、世界和未来的基本假定在调整行为和适应环境上的有效性。

三、生态系统理论[①]

1. 生态系统理论的基本观点

生态系统理论把人的发展看作持续地适应环境，并与环境的众多层面进行系统交换的过程。人能改变环境，也能被环境所改变，在与环境之间形成交互性适应。因此，不论是个人的正向发展还是生活过程中所出现的问题，都是与其环境密不可分的。

2. 生态系统理论的核心概念

生态系统理论的核心概念有：（1）生命周期，即个体发展及其相关社会环境和生活事件的时间节点及阶段特征；（2）人际关联，即个体的社会交往与联络能力；（3）胜任能力，即个体有效掌控环境和解决问题的能力；（4）角色表现，即个体完成相应角色的能力及其成效；（5）生态地位，即个体所生活的周边环境的优劣水平和状况；（6）适应力，即个体与环境互动的能力与结果。

3. 生态系统理论社会工作的原则

生态系统理论在社会工作中应用的原则包括：（1）系统观点有助于维持实践的一致性；（2）要充分认识情境的重要性；（3）要采用积极视角；（4）要辨识行为模式；（5）要重视过程；（6）强调与他人一起工作。

[①] 全国社会工作者职业水平考试教材编写组. 社会工作综合能力：中级 [M]. 北京：中国社会出版社，2009：107-109.

四、人本主义

1. 人本主义的基本观点

人本主义取向的社会工作源于人本主义哲学，它相信人的理性，认为具有理性的人可以自主地选择行动。人本主义关注人类的理智能力，相信人有能力运用自己的理性控制自己的命运。人本主义不仅是人本取向社会工作的逻辑出发点，同时也成为社会工作专业的重要价值基础，包括诚实和真诚，温暖、尊重和接纳，同理（或同感）等原则。

2. 人本主义社会工作实务的基本价值

包括：（1）强调人的内在价值和能力；（2）在社会生活中，人们彼此负有责任；（3）个人具有归属与被包容的权利；（4）人们具有参与和被聆听的权利；（5）人们具有自由表达的权利；（6）群体成员之间是有差别的，每个人的差别都要得到尊重；（7）人们具有质疑和挑战专业人员的权利，专业人员是小组的参与者而非最后的决定者。

五、存在主义

1. 存在主义的基本观点

存在主义的核心是个人的存在，个人具有选择的自由。人的自由表现在选择和行动两个方面。只有通过自己所选择的行动，人才能认识到自由，因为人的本质是由自己所选择的行动来决定的。存在主义社会工作在实践中强调个人的自由和责任。

2. 存在主义社会工作实务运用的理念

包括：（1）觉醒，即个体对社会的认知从幻象到真实的过程；（2）痛苦是生命的一部分，即个体认识到生活中存在痛苦是必然的，并对生活的多样性有积极的态度；（3）选择的自由，即强调个体有自由选择生活方式和应对策略的权利和能力；（4）对话的必要性，即强调个体必须在与他人及社会的互动、沟通与对话中来认识自我存在与行动的意义；（5）实行，即强调社会工作者积极行动与赞许肯定对于服务对象成长的意义，强调社会工作者的行动价值。

总体而言，存在主义社会工作认为社会是矛盾的综合体，痛苦也是生命的重要组成部分，并具有不可或缺的价值和意义，每个人都有自身的内在价值和行动自由，经历痛苦并从中增强自我负责的行动是个体成长的必经途径和有效策略。

六、增强权能理论[①]

1. 增强权能理论的基本假设

主要有：（1）个人的无力感（没有权能）是由于环境的压迫而产生的。造成无力感的根源有三个：一是受压迫群体的自我负向评价；二是受压迫群体与外在环境互动过程中形成的负面经验；三是宏观环境的障碍使他们难以有效地在社会中行动。（2）社会环境中存在着直接或间接的障碍，使个人无法实现他们的权能，但是这种障碍是可以改变的。（3）每个人都不缺少权能。（4）受助人是有能力、有价值的。（5）社会工作者与服务对象的关系是一种合作性的伙伴关系。

2. 增强权能取向社会工作的基本观点

包括：（1）在伦理价值上，强调推动社会正义、尊重受助人的自决与自我实现，并让受助人充分参与服务计划的制订。（2）在干预认可上，社会工作者要尽可能在各方面允许的范围内为服务对象争取更多的资源。（3）在概念框架上，增强权能观点认为，经过人们的有效互动，权能是可以不断被衍生出来的。权能一般发生在三个层次：个人层次、人际层次、环境层次。（4）在助人过程上，一是服务对象与工作人员要建构起协同的伙伴关系；二是重视服务对象的能力而非缺陷；三是注重人与环境这两个工作焦点；四是确认服务对象是积极的主体，告知其应有的权利、责任、需求及申诉渠道；五是以专业伦理为依据，有意识地选择长期处于"缺权"状态中的人成为服务对象。

3. 增强权能社会工作实务的原则

包括：（1）协助服务对象确认自己是改变自己的媒介；（2）协助服务对象了解社会工作人员的知识和技巧是可以被分享和运用的；（3）协助服务对象认识到社会工作者只是帮助其解决问题的伙伴，服务对象自己才是解决问题的主体；（4）协助服务对象明确无力感是可以改变的；（5）坚持服务中的平等伙伴关系。

---

① 全国社会工作者职业水平考试教材编写组. 社会工作综合能力：中级[M]. 北京：中国社会出版社，2009：112-114.

七、社会支持理论[①]

1. 社会支持的基本观点

林南认为社会支持是由社区、社会网络和亲密伙伴所提供的感知的和实际的工具性或表达性支持。工具性支持包括引导、协助、有形支持与解决问题的行动等，表达性支持包括心理支持、情绪支持、自尊支持、情感支持、认可等。

2. 影响个人社会支持程度的因素

包括：（1）发展因素，从发展的观点来看社会支持，其关键的问题在于过去的经验如何影响其今后的社会生活。（2）个人因素，主要是指个人的人格因素，包括自尊程度、社会性和控制场域对发展和使用社会支持的影响。（3）环境因素，在开放的社会环境中，个人更容易建立起社会支持网络，也更倾向于利用支持网络。

3. 社会支持社会工作的作用

运用社会支持网络帮助服务对象的实务模式，应该发挥两个作用：一是以其所掌握的社会资源为服务对象提供直接的帮助，以满足其当前比较紧迫的需求，或者提供非正式社会支持网络所不能提供的社会支持。二是社会工作可以帮助其补充和扩展非正式的社会支持网络，帮助其提高建立和利用社会支持网络的能力。

八、优势视角

1. 优势视角的基本观点

塞利比相信每个人在内心深处都存有渴望成为英雄的情结，他们总是希望能超越环境，发展自己的潜能，面对不幸，站起来，被认同。优势视角理论认为通过增加权能和释放英雄情结，释放人类的精力和精神、批判思维、挑战权威、质疑传统思想和智慧，找到新的生存和行为方式。

2. 优势视角的核心概念

（1）优势。几乎所有的事物中都包含着优势，包括体验、个人品德、天

[①] 全国社会工作者职业水平考试教材编写组. 社会工作综合能力：中级 [M]. 北京：中国社会出版社，2009：115.

赋、感悟、故事、灵性、意义和社区资源。人们的天赋是惊人的,重要的是得到发掘和展示的机会。

(2) 增强权能。为了发挥人们和社区的内在能力,必须推翻和抛弃歧视性标签,为家庭、机构和社区资源的链接提供机会,让受害者远离这种思维定式,抛弃父爱主义,信任人们的直觉、陈述、观点和精神,确信人们的梦想。

(3) 成员资格。承认提供服务和被服务的所有人一样,是同一类成员,并享有与成员身份随之而来的自尊、尊重和责任。

(4) 抗逆力。人们在遇到严重麻烦时会反弹,个人和社区可以超越和克服严重麻烦的负面事件。抗逆力并不是对困难和伤痛的忽视,也不是对生活中痛苦的天真忽略,而是一种面对磨难的抗争能力。

(5) 治愈和整合。治愈意味着整合和调动身体与心灵的机制,去面对障碍、疾病和断裂。人类机体的自我治愈能力在人类的心理、精神生活中也同样得到了完美的表现。

(6) 对话与合作。对话需要有同理心、对他人的包容和认同。合作是社会工作者与服务对象一起工作,即社会工作者成为服务对象的代理、顾问,与他们一起创造利益。

(7) 悬置怀疑。优势视角社会工作要求社会工作者悬置各样的怀疑,真正从信任服务对象的角度出发去建构专业关系。

3. 优势视角社会工作的原则

(1) 每个个人、团体、家庭和社区都是有优势的;(2) 创伤、虐待、疾病和抗争具有伤害性,但它们也可能是挑战和机遇;(3) 与服务对象合作,可以最好地为服务对象服务;(4) 所有的环境都充满资源;(5) 专业关系必须是真正平等合作的伙伴关系。

第三节 社会工作理论的本土建构

对我国而言,要真正发挥社会工作的价值、发挥其利他主义的专业使命,固然离不开一线社会工作者的实践与努力,更离不开理论社会工作者在建构本土化社会工作理论中做出的尝试与努力。

一、中国特色社会工作理论自觉的基础

1. 要有文化自信,即认识到中国特色社会工作文化的东方之美

西方文化具有主客二元论、身心二元论以及注重发挥主体性和改造外在性的传统,而中国文化更强调中和思维和生生思想,从《易经》的"天人合一"到中庸思想,从"修身为本"到"推己及人",再到"各安其所",无不展现了中国文化自强不息、从容中道以及和而不同的东方之美。发展中国特色社会工作,要有"风物长宜放眼量"的格局和视野,充分发掘优秀传统文化所蕴含的社会工作要素。中国共产党和中国人民经过百年奋斗,书写了中华民族历史上最恢宏的史诗,这同样也是社会工作所要坚持的一种文化自信和东方之美。

2. 要有文化自尊,即尊重中国特色社会工作文化的发展规律

建构中国特色社会工作就必须尊重知识和文化发展的规律,既可以回到原生态的中国文化中去研究中国人的文化与社会互动规律,也可以从当下人类行为、实物文化、精神状态和政策制度中去研究其所蕴含的心理与行为规律;既可以从中国文化中提炼出独特的概念、方法和技术,也可以结合中国文化重构和拓展西方社会工作理论框架,还可以从中国本土实践中扎根和凝练独特的方法和技术。

3. 要有文化自反,即在反思中择取中国特色社会工作发展的精华

中华传统文化有其刚健有为、自强不息、忧患自省、和平安定、正道直行、舍生取义、勤劳节俭、修身克己以及艰苦奋斗等精华因子,也有其宗法等级观念、人情裙带关系意识、三纲五常、忽视个人、压抑个性等与现代社会格格不入的文化因素[①]。这些都需要社会工作者有所反思和反省,并在社会工作理论建构中加以克服和弥补。

4. 要有文化自强,即有持续的发展中国特色社会工作文化的行动

文化的最终魅力不是束之高阁,而是去生活,去践行,去继承和发展。中国文化与社会工作不是彼此独立的静态关系,而是借鉴互动的动态关系。因此,要在继承、发展和转化中国文化过程中构建中国特色社会工作。

---

① 任洁. 论文化自觉及其实现路径[J]. 思想战线,2009,35(3):90-94.

二、中国特色社会工作理论自觉的路径

1. 要将社会工作的文化自觉转化为理论自觉

对于社会工作研究者来说,理论自觉包含对理论学习、理论选择、理论反思以及理论创新的自觉。一个学科在建构的过程中,需要不断有大量的理论更新和完善作为整个学科体系架构的支撑,而理论的产生和发展,在学科初始知识架构的基础上,往往又来源于研究者们自身的问题意识和研究能力。理论自觉在社会学学科之中已经有了较为充分的阐释[①]。

2. 要敢于对西方社会工作理论进行多维反思

一方面,需要全面而系统地学习西方社会工作理论,并选择自己所倾向或适用的理论进行深入分析与具体运用;另一方面,要在具体运用中反思西方社会工作理论运用中的优势和限制,尤其是难以适应具体生活处境和文化脉络之处。

3. 要善于对西方社会工作理论进行更新与拓展

不能依据西方社会工作理论的"本本"来"削足适履",而是要从实际出发,以中国民众的需要和问题解决为本,让西方社会工作理论"为我所用"。比如,生态系统理论、危机介入理论、社会支持理论等,均可以结合中国实际加以创新与运用。

4. 要基于本土智慧创新中国特色社会工作中层理论

中层理论既有现实敏感度和实践可操作性,又有社会学的想象力和文化敏感性。一方面,可以从中国文化的超越性和体验性出发,充分发挥中国延续几千年的"心""神""性""气""理"等核心概念[②],构建社会工作的"疗法"和模式,以此来解释命运、禅定、诗词、正念、持定、内圣等传统在现代社会工作中的运用。另一方面,可以在本土实践中不断探索中国特色的体验、意会、顿悟、涵泳、体察、熏陶以及思想政治教育等方法的适用性,并探索出基于中国政治脉络的社会工作模式、制度以及政策体系等,从而形成中国特色社会工作的方法、技术、道路以及制度自信。

---

① 文军,何威. 从"反理论"到理论自觉:重构社会工作理论与实践的关系 [J]. 社会科学,2014 (7):65-78.
② 费孝通. 文化的生与死 [M]. 上海:上海人民出版社,2009:254-255.

第五章　社会工作理论

> 【考研真题】

一、名词解释题

1. 正常化理论（中国人民大学，2024）
2. 习得性无助（复旦大学，2024）
3. 社会学习理论（东南大学，2024；吉林大学，2024；上海师范大学，2024）
4. 弗洛伊德结构理论（上海师范大学，2024）
5. 认知行为理论模式（浙江大学，2024；华南师范大学，2024）
6. 生态系统理论（浙江大学，2024）
7. 依恋理论（北京师范大学，2024）
8. 社会构建主义（西南石油大学，2024）
9. 复演理论（湘潭大学，2024）
10. 人文主义理论（湘潭大学，2024）
11. 替代强化（云南大学，2024）
12. 行为主义理论（福州大学，2024）
13. 艾利斯 ABC 情绪理论（沈阳师范大学，2024）
14. 人本主义（吉林大学，2024）
15. 系统理论（广州大学，2024）
16. 场域理论（中南财经政法大学，2024）
17. 社会工作理论（华中农业大学，2024）

二、简答题

1. 用社会建构理论说明社会问题产生的原因。（复旦大学，2024）
2. 简述社会资本模式的主要论点及其对社会工作的启示。（华东理工大学，2024）
3. 简述社会工作的结构式视角。（华东师范大学，2024）
4. 简述优势视角的主要观点。（华东师范大学，2024）
5. 简述灵性视角下社会工作的实践和意义。（华东师范大学，2024）
6. 简述女性主义的服务逻辑。（浙江大学，2024）
7. 简述优势视角的实践原则。（河海大学，2024）
8. 简述存在主义的内容。（南京大学，2024）

9. 简述青少年社会工作的理论。（西南大学，2024）

10. 简述班杜拉社会学习理论。（四川外国语大学，2024）

11. 简述社会支持理论在老年社会工作中的运用。（重庆工商大学，2024）

12. 简述优势视角理论的原则。（重庆工商大学，2024）

13. 简述比较功能理论对人格的看法，并分析其与弗洛伊德理论的根本差别。（湘潭大学，2024）

14. 简述女性主义社会工作者有关人际自我理论的内涵。（厦门大学，2024）

15. 简述社会工作理论四分法模型。（福州大学，2024）

16. 简述整合社会工作理论的内容。（福州大学，2024）

17. 简述增权理论的主要内容。（西安交通大学，2024）

18. 简述认知行为理论的方法。（山西医科大学，2024）

19. 简述社会学习法比一般的行为学习法有何缺点。（辽宁大学，2024）

20. 简述增权理论的不足。（辽宁大学，2024）

21. 简述生态系统理论的主要观点。（沈阳师范大学，2024）

22. 简述认知行为治疗模式的主要内容。（沈阳师范大学，2024）

23. 列举两个社会工作理论，以专业性的角度说明社会工作利他主义的内容。（吉林大学，2024）

24. 简述皮拉利思社会工作理论的三分模型。（东北师范大学，2024）

25. 简述增权社会工作的特点。（华南理工大学，2024）

26. 简述帕森斯功能主义的主要观点。（深圳大学，2024）

27. 简述认知或行动理论的局限性。（广州大学，2024）

28. 简述存在主义理论视角对于社会工作专业的启示。（南开大学，2024）

29. 简述存在主义理论的观点。（天津理工大学，2024）

30. 简述精神分析人格结构的内容和方式。（江汉大学，2024）

31. 简述社会理论对社会工作过程的作用和功能。（江汉大学，2024）

32. 简述精神分析理论的自我防卫机制。（武汉科技大学，2024）

三、论述题

1. 论述女性主义理论和对社会工作实践的指导意义。（中国社会科学院

大学，2024)

2. 论述中国本土社会工作理论建构的意义、路径和挑战。（中国人民大学，2024)

3. 论述发展型社会工作在乡村振兴中的功能与作用。（中国人民大学，2024)

4. 阐释"以资产为本"的社会工作理论及其在乡村振兴中的作用。（中央民族大学，2024)

5. 论述如何保持社会工作的"理论自觉"。（西南大学，2024)

6. 论述社会工作理论的发展历程及每个阶段的特征。（西南大学，2024)

7. 谈谈精神分析理论的历史评价。（重庆工商大学，2024)

8. 结合社会工作理论三分法模型，谈谈理论在社会工作中的重要性和意义。（安徽大学，2024)

9. 谈谈你对优势视角理论的理解。（沈阳师范大学，2024)

10. 阐述社会工作理论和为社会工作理论的异同点，并结合具体案例说明。（大连海事大学，2024)

11. 结合实例谈谈赋能和赋权在用法上的区别。（中山大学，2024)

12. 论述增能视角、多元文化视角、批判视角、社会发展视角的内容，并说明社会工作服务的焦点有什么变化。（南开大学，2024)

13. 论述马克思主义妇女观对社会工作的指导意义。（武汉大学，2024)

【职考真题】

1. 小凡出生于农村家庭，父母文化水平不高，他凭借自己的刻苦努力考入某知名大学。入学后，小凡发现周围很多同学见多识广、多才多艺，而自己似乎只会考试做题，小凡感到很自卑，对未来也很迷茫。班主任老师将小凡介绍给学校社会工作者老董，以帮助小凡打开心结。根据存在主义理论，老董引导小凡的正确做法是（　　）。(2022-21)

A. 挖掘童年经验中被压抑的潜意识

B. 认识到原生家庭对自己的负面影响

C. 修正自己一无是处的非理性认知

D. 发现自己成长经历中所蕴含的意义

2. 某社会工作服务机构的社会工作者运用增强权能理论为遭受家庭暴力

的妇女提供服务，从增强权能理论服务原则出发，该机构最适合采取的做法是（　　）。(2022-22)

  A．代表受暴妇女呼吁司法机关严惩施暴者

  B．向受暴妇女讲解困境可能也是一种给予

  C．协助受暴妇女向有关部门呼吁加强执法

  D．鼓励受暴妇女向家人和朋友披露其遭遇

3．赵先生从小被父亲严厉管教，父子关系疏离。最近父亲突发脑梗，需要他照顾。赵先生想到要和父亲相处，就感到异常紧张，担心自己照顾不周被父亲责骂，向社会工作者老金求助。根据精神分析理论，老金在与赵先生建立良好关系时需特别注意（　　）。(2023-16)

  A．让赵先生感受到支持与安全

  B．与赵先生形成指导性的关系

  C．激发赵先生个人的内在价值

  D．与赵先生建立平等伙伴关系

4．小彬找工作时总是在面试环节被淘汰，以至于他对面试产生了心理阴影，一进入面试场地就身体僵硬，手足无措。为此，小彬向社会工作者大洪求助。为了帮助小彬缓解在真实面试场景中产生的紧张焦虑情绪，大洪运用认知行为理论中的逆向操作方法介入，其适宜的做法是（　　）。(2023-17)

  A．在实施逆向操作前征得大彬同意

  B．给大彬布置逆向操作的家庭作业

  C．逆向操作时让大彬独自体验面试情境

  D．让大彬在逆向操作中形成正向的经验

5．学校社会工作者郝老师对本校学生的心理健康状况进行调查，发现存在心理困扰的学生大多缺失家庭监护，学习也有困难，甚至出现沉迷网络游戏、逃学等行为。郝老师运用生态系统理论为这些学生设计服务方案。下列服务中，最能体现生态系统理论特点的是（　　）。(2023-18)

  A．对心理问题较为严重的学生进行个案辅导

  B．为存在学习困难的学生链接志愿服务资源

  C．为出现网瘾问题的学生开设行为治疗小组

  D．对出现逃学行为的学生及时进行批评教育

6．刘女士曾遭受丈夫的家庭暴力，现已离婚，独自带着15岁的女儿生

活。刘女士自身文化程度较低、无法辅导女儿的功课,与女儿沟通较困难。最近刘女士失业觉得自己很失败,对生活失去信心,向社会工作者求助。根据存在主义理论,社会工作者适宜开展的服务是(　　)。(2023-19)

　　A. 帮助刘女士了解就业支持政策,寻找合适工作岗位

　　B. 教授刘女士与女儿沟通的技巧,改善母女之间关系

　　C. 链接大学生志愿者,为刘女士的女儿提供学业辅导

　　D. 引导刘女士对自己过往生活中的成功经验予以肯定

　　7. 初中生小美的父母离异,父亲因诈骗入狱,她跟爷爷奶奶一起生活。小美经常听到周围邻居议论自己家的事情,她也因此感到低人一等,认为自己没有什么优点,很自卑。小美不想让同学知道自己的情况,与同学关系疏远,总是独来独往。班主任老师观察到小美的情况,将其转介给学校社会工作者。根据增能理论,社会工作者的下列做法,最能体现个人层面增能的是(　　)。(2023-20)

　　A. 消除邻里对小美一家人的偏见

　　B. 提升小美应对其他人歧视的能力

　　C. 为小美一家争取社区系统支持

　　D. 邀请小美参加社区儿童支持小组

　　8. 根据新冠肺炎疫情防控要求,个人进入某些公共场所需出示健康码和行程卡,不少老年人因为不使用或不能熟练使用智能手机,生活非常不方便。某社会工作服务机构的社会工作者注意到这一情况,决定运用增能理论为这部分老年人提供服务,其可以做的有(　　)。(2021-66)

　　A. 由社会工作者教授老年人使用智能手机的方法

　　B. 让老年人互帮互学,掌握智能手机的相关功能

　　C. 呼吁手机厂商开发生产更适合老年人使用的智能手机

　　D. 建议相关部门提供手机以外的个人健康信息查询方式

　　E. 建议老年人配合新冠肺炎疫情防控大局,尽量不出行

　　9. 社会工作者小袁负责某精准救助项目的实施工作,在与同事分析低保家庭情况时,发现一些服务对象除了有经济困难外,还存在强烈的无力感。根据增强权能理论,小袁适宜提供的服务有(　　)。(2022-66)

　　A. 鼓励服务对象老沈参加社区公益活动,协助他融入社区生活

　　B. 给服务对象小杜介绍对象,希望他早日成家摆脱单身生活

123

C. 给服务对象小军进行面谈，对他的个人不足进行分析与评估

D. 链接社区外资源，为服务对象小芳提供参加技能培训的机会

E. 让居民骨干陪伴服务对象老刘旁听社区公共事务议事协商会

10. 服务对象陈先生因工受伤致肢体残疾，失去工作。社会工作者上门走访时了解到，陈先生的大儿子16岁，辍学后靠打零工生活；小儿子6岁，还未上学；妻子外出不归，两个孩子无人照顾，衣着脏乱，家中无人收拾，杂物堆积。陈先生残疾后深感自卑，不愿与亲友邻居来往，也不想接受政府救助。下列社会工作者对陈先生问题的分析，符合系统理论的有（　　）。（2023-66）

A. 陈先生因身体残疾减少了与亲友和邻居的交往，与非正式系统的关系疏离

B. 陈先生很少与政府和社会服务机构接触，未能从正式系统获得有效的支持

C. 陈先生妻子离家、大儿子辍学、小儿子无人照顾，家庭呈整体性结构失能

D. 陈先生的自我评价低，认知系统失调，是他不愿意与外界接触的根本原因

E. 陈先生对外部支持系统认识不足，导致长期的无力感，形成消极应对模式

【参考答案】 1. D　2. C　3. A　4. A　5. B　6. D　7. B　8. ABCD　9. ADE　10. ABCE

【传统文化】

1. 人法地，地法天，天法道，道法自然。　　　　　　——《老子》

2. 中也者，天下之大本也。和也者，天下之大道也。致中和，天地位焉，万物育焉。　　　　　　——《礼记·中庸》

3. 恻隐之心，仁之端也；羞恶之心，义之端也；辞让之心，礼之端也；是非之心，智之端也。人之有是四端也，犹其有四体也。

——《孟子·公孙丑上》

4. 乐者，乐也。君子乐得其道，小人乐得其欲。以道制欲，则乐而不乱；以欲忘道，则惑而不乐。故乐者，所以道乐也。金石丝竹，所以道德也。乐

行而民乡方矣。　　　　　　　　　　　　　　——《荀子·乐论》

5. 喜怒哀乐之未发，谓之中；发而皆中节，谓之和。中也者，天下之大本也；和也者，天下之达道也。　　　　　　——《礼记·中庸》

6. 已发之中，当喜而喜，当怒而怒，那恰好处，无过不及，便是中。此中即所谓和也。　　　　　　——陈淳：《北溪字义·中和》

7. 夫尺有所短，寸有所长；物有所不足，智有所不明；数有所不逮，神有所不通。用君之心，行君之意。龟策诚不能知此事。　——屈原：《卜居》

8. 劝人不可指其过，须先美其长；人喜则语言易入，怒则言语难入。

——吴曾：《能改斋漫录·李逢吉裴度谏穆宗》

9. 大其心，容天下之物；虚其心，受天下之善；平其心，受天下之事；潜其心，观天下之理；定其心，应天下之变。　——吕坤：《呻吟语·修身》

10. 人好刚，我以柔胜之；人用术，我以诚感之；人使气，我以理屈之。

——汪汲：《格言联璧·接物类》

【原声再现】

1. 任何理论都是灰色的，唯有事业才常青。　　　　　　——马克思

2. 理论一经掌握群众，就会变成物质的力量。理论只要能说服人，就能掌握群众；而理论只要彻底，就能说服人。所谓彻底，就是抓住事物的本质。在历史运动中，事物的本质，照我的理解，一是时势发展的大趋势，一是大众心理。把握到这两条，就是抓住了事物的根本。　　　　——马克思

3. 解决人民内部矛盾，不能用咒骂，也不能用拳头，更不能用刀枪，只能用讨论的方法，说理的方法，批评和自我批评的方法，一句话，只能用民主的方法，让群众讲话的方法。

——毛泽东：《在扩大的中央工作会议上的讲话》

4. 社会治理是一门科学，管得太死，一潭死水不行；管得太松，波涛汹涌也不行。要讲究辩证法，处理好活力和秩序的关系，全面看待社会稳定形势，准确把握维护社会稳定工作，坚持系统治理、依法治理、综合治理、源头治理。在具体工作中，不能简单依靠打压管控、硬性维稳，还要重视疏导化解、柔性维稳，注重动员组织社会力量共同参与，发动全社会一起来做好维护社会稳定工作。

——2014年1月7日，习近平在中央政法工作会议上的讲话

5. 我们要建立中国特色、中国风格、中国气派的文明研究学科体系、学术体系、话语体系，为人类文明新形态实践提供有力理论支撑。

——2022年5月27日，习近平在中共中央政治局第三十九次集体学习时的讲话

【时代之声】

1. 2015年5月，民政部、财政部联合印发《关于加快推进社会救助领域社会工作发展的意见》，提出"建立健全推进社会救助领域社会工作的政策制度，逐步形成协调有力的管理体制和规范高效的工作机制；根据社会救助领域的实际需要，培养一支结构合理、素质优良的社会工作者队伍，发展一批数量充足、服务专业、群众认可的社会工作服务机构，建立健全社会救助领域社会工作可持续发展的支持保障体系。争取到2020年，社会工作服务机构和社会工作者广泛参与社会救助，社会救助工作人员普遍运用社会工作专业理念、知识与方法的局面初步形成，社会救助领域社会工作的可及范围和受益人群显著扩大，专业作用和服务效果不断增强"。这是我国社会救助及其服务理念、内涵与方式的重要创新。

2. 2015年12月，《中华人民共和国反家庭暴力法》通过，社会工作第一次被写入国家法律。此后，《中华人民共和国社区矫正法》《中华人民共和国未成年人保护法》《中华人民共和国预防未成年人犯罪法》《中华人民共和国乡村振兴促进法》《中华人民共和国家庭教育促进法》陆续将社会工作列入相关条款。

3. 2016年10月，民政部、中央综治办等12部门联合印发《关于加强社会工作专业岗位开发与人才激励保障的意见》，提出"今后一个时期，各地要从落实'四个全面'战略布局和创新社会治理、保障改善民生的战略高度，以社会需求为导向，扩大专业社会工作覆盖领域和服务范围，逐步加大社会工作专业岗位开发和规范力度，建立健全社会工作专业人才激励保障制度，切实保障社会工作专业人才薪酬待遇水平，拓宽职业发展空间。各地在推进社会工作专业岗位开发与人才激励保障工作中，要坚持按需设岗、以岗定薪。按照国家有关规定，根据现实发展需要，积极开发社会工作专业岗位，将符合条件的社会工作专业人才配置到相应社会工作专业岗位，落实相应的薪酬待遇。要坚持分类指导、有序推进。根据群团基层组织、城乡社区以及相关

事业单位、社会组织的性质与特点,适应不同领域专业社会工作发展的实际需要开发社会工作专业岗位,完善社会工作专业人才薪酬待遇与激励保障措施。要坚持保障基层、稳定一线。充分发挥专业岗位的承载作用、薪酬待遇与激励保障政策的导向作用,切实解决广大社会工作专业人才的后顾之忧,积极引导、重点保障社会工作专业人才到基层一线和艰苦地区开展专业服务活动"。

【榜样力量】

雷洁琼(1905—2011)出生在广东台山的一个华侨之家,从小就受到新思想新文化的熏陶。1924年赴美国留学,在加利福尼亚大学选修化工、斯坦福大学选修远东问题,后到南加利福尼亚大学攻读社会学,并获得硕士学位。1931年回国,任燕京大学社会系讲师、副教授。1938年后,任江西省妇女生活改进会顾问、妇女指导处督导室主任、地方政治讲习院妇女班主任、战时妇女干部训练班主任,中正大学政治系教授,并负责南昌市伤兵管理处慰劳工作。1941年后,任上海东吴大学社会学系教授,兼任沪江大学、圣约翰大学、华东大学、上海震旦女子文理学院教授。1946年后任燕京大学社会系教授。1949年出席了政协第一届全国委员会全体会议,后任中国新政治学会副秘书长、政务院文教委员会委员。1953年后任北京政法学院副教务长、国务院专家局副局长。1973年后任北京大学国际政治系教授、社会学系教授。1977年后,历任北京市政协副主席,北京市副市长,国务院学位委员会第一届学科评议组成员,全国妇联副主席,中国国际交流协会副会长,中国社会学学会副会长、名誉会长,欧美同学会名誉会长,北京市社会学学会会长,中国婚姻家庭研究会会长、名誉会长,北京大学社会学系教授、博士生导师等职务。

雷洁琼同志是国内外享有盛誉的社会学家、法学家、教育家。在长达70余年的学术生涯中,她撰写了大量有关婚姻、妇女、儿童等问题的社会学论文,为中国社会学的成长发展作出了重要贡献。她继承发扬社会调查的优良传统,指导课题组对北京、上海、天津、南京、成都五大城市的家庭生活进行了新中国成立后首次大规模的问卷调查,揭示了社会变迁过程中家庭作为社会细胞所发生的深刻变化,分析了家庭结构小型化趋势对经济社会各方面可能产生的影响。她十分关注妇女问题和教育事业,早在二十世纪三四十年代就发表了《中国家庭问题研究讨论》《农村妇女地位研究》等重要论文。中华人民共和国成立后，她又多次发表论文专著，在许多场合积极呼吁保护妇女权利。她一生钟情于教育，自1931年留学归来执教燕京大学后，始终在教育园地孜孜不倦地耕耘着。她经常说，"振兴中华、教育为本"，认为"尊重知识、尊重人才"是发展教育的根本支撑点，多次呼吁提高教师待遇、保障教育经费、关注失学青少年。耄耋之年，她仍先后参与了义务教育法、教师法、教育法等法律的制定，并深入全国各地进行执法检查和调查研究，为新中国教育事业发展和法制完善忘我地奔波操劳。

转摘改编自：雷洁琼同志生平［N］. 人民日报，2011-01-16（004）.

【延伸阅读】

1. 何雪松. 社会工作理论［M］. 2版. 上海：格致出版社，2017.

2. 文军. 西方社会工作理论［M］. 北京：高等教育出版社，2013.

3. 派恩. 现代社会工作理论［M］. 冯亚丽，叶鹏飞，译. 北京：中国人民大学出版社，2008.

4. 简春安，赵善如. 社会工作理论：上、下［M］. 上海：华东理工大学出版社，2018.

5. 童敏. 社会工作理论：历史环境下社会服务实践者的声音和智慧［M］. 北京：社会科学文献出版社，2019.

6. 郭伟和. 在实证主义与实用主义之间：对西方社会工作两种实践模式及其认识论基础的评析［J］. 社会学研究，2022，37（3）：206-225，230.

7. 童敏，周燚. 理情还是情理：社会工作理论的"中国框架"及其哲学依据［J］. 华东理工大学学报（社会科学版），2020，35（2）：1-9.

8. 文军，陈倩雯. 改革开放40年中国社会工作理论研究的回顾与展望［J］. 高等学校文科学术文摘，2019（3）：191-192.

9. 何雪松. 社会工作的社会理论：路径与议题［J］. 学海，2018（1）：113-116.

10. 李迎生. 构建本土化的社会工作理论及其路径［J］. 社会科学，2008（5）：77-80.

▶【影音赏析】

1. 电影《肖申克的救赎》

导演：弗兰克·德拉邦特

主演：蒂姆·罗宾斯、摩根·弗里曼等

剧情介绍：一场谋杀案使银行家安迪蒙冤入狱，谋杀妻子及其情人的指控将囚禁他终生。安迪在肖申克监狱的首次现身就让监狱"大哥"瑞德另眼相看。瑞德帮助他搞到一把石锤和一幅女明星海报，两人渐成患难之交。很快，安迪在监狱里大显其才，担当监狱图书管理员，并利用自己的金融知识帮助监狱官避税，引起了典狱长的注意，被招致麾下帮助典狱长洗黑钱。偶然一次，他得知一名新入狱的小偷能够作证帮他洗脱谋杀罪。燃起一丝希望的安迪找到了典狱长，希望他能帮自己翻案。阴险伪善的狱长假装答应安迪，背后却派人杀死小偷，让他唯一能合法出狱的希望泯灭。沮丧的安迪并没有绝望，在一个电闪雷鸣的风雨夜，一场暗藏几十年的越狱计划让他自我救赎，重获自由！老朋友瑞德在他的鼓舞和帮助下，也勇敢地奔向自由。

影片的主题是"希望"，全片透过监狱这一强制剥夺自由、高度强调纪律的特殊背景来展现作为个体的人对"时间流逝、环境改造"的恐惧。

2. 电影《哪吒之魔童降世》

导演：饺子

编剧：饺子、易巧、魏芸芸

主演：吕艳婷、囧森瑟夫、瀚墨等

剧情介绍：该片改编自中国神话故事，讲述了哪吒虽"生而为魔"却"逆天而行斗到底"的成长经历的故事。天地灵气孕育出一颗能量巨大的混元珠，元始天尊将混元珠提炼成灵珠和魔丸。灵珠投胎为人，助周伐纣时可堪大用；而魔丸则会诞出魔王，为祸人间。元始天尊启动了天劫咒语，3年后天雷将会降临，摧毁魔丸。太乙受命将灵珠托生于陈塘关李靖家的儿子哪吒身上。然而阴差阳错，灵珠和魔丸竟然被调包。本应是灵珠英雄的哪吒却成了混世大魔王。调皮捣蛋顽劣不堪的哪吒却徒有一颗做英雄的心。然而面对众人对魔丸的误解和即将来临的天雷的降临，哪吒是否命中注定会立地成魔？他将何去何从？

【复习思考】

1. 社会工作理论都是从不同历史时段较为重要的其他学科理论中借鉴和发展而来的,那么当代中国最为重要的其他学科理论是什么,能孕育出什么社会工作理论?
2. 我们说理论对于社会工作实践和服务具有重要意义,请问具体如何体现?
3. 实证传统范式社会工作理论的本体论、认识论、方法论、实务模式及其局限分别是什么?
4. 人本传统范式社会工作理论的本体论、认识论、方法论、实务模式及其局限分别是什么?
5. 激进传统范式社会工作理论的本体论、认识论、方法论、实务模式及其局限分别是什么?
6. 社会建构传统范式社会工作理论的本体论、认识论、方法论、实务模式及其局限分别是什么?
7. 西方社会工作理论在中国运用可能面临哪些限制?
8. 构建本土社会工作理论应该遵循的基本原则是什么?
9. 构建本土社会工作理论的素材应该从哪里来?

【个人成长】

1. 你认为社会工作理论是用来做什么的?请归纳为三个方面。
2. 你最喜欢的社会工作理论是什么,为什么?
3. 你最不喜欢的社会工作理论是什么,为什么?
4. 你自己有对待人生、对待生活的理论吗?请归纳表述一下。
5. 作为一名社会工作学生,你认为应该如何参与到中国特色社会工作理论建设事业中来?

PPT 课件	考研真题	职考真题	法律法规

第六章 社会工作过程

【课前导读】

在学习了社会工作基本价值、理念和理论之后，同学们肯定好奇到底社会工作是如何开展服务的。当然，社会工作服务的启动有赖于服务对象的存在以及社会工作者应具备相应资质、被聘任于相应的服务机构、获得相应的社会资源并遵照专业的职业伦理守则。因此，社会工作专业服务既不同于一般的志愿者服务，也不同于传统的社区委员会的行政性事务，而是有其自身服务伦理、程序规范以及方法技术的专业性、职业性服务。独特的服务主体、过程、关系以及方法技术，正是社会工作专业性的具体体现。

为此，本章将在分析社会工作服务过程所涉及的服务对象、社会工作者、专业价值观、助人服务活动、专业方法技术、社会文化脉络等六个方面的核心要素的基础上，一方面厘清作为服务主体的社会工作者的专业资质、素质要求以及服务角色，另一方面厘清社会工作专业关系的具体内容、特征及其陷阱。最后，本章将详细阐释社会工作服务过程的六个阶段及其具体要求，为社会工作者的具体实践提供程序与方法指引。

【核心概念】

社会工作过程、服务对象、弱势群体、社会工作者、社会文化脉络、互为主体、直接角色、间接角色、综合角色、核心素养、专业关系、多重关系、社会工作过程模式、接案、预估、计划、介入、评估、过程评估、结果评估、基线测量法、服务对象满意度测量法、差别影响评分法、结案、跟进

【重点难点】

重点一：社会工作的专业关系特征及其陷阱。
重点二：社会工作过程的一般步骤及其具体内容。
难点一：社会工作者的专业核心素养和能力。
难点二：社会工作服务过程中多重关系应对。

> 【内容精要】

第一节　社会工作服务的核心要素

一个成功的社会工作服务过程，也需要具备以下基本要素。

一、服务对象

服务对象即社会工作协助和帮助的对象，可以是直接服务对象，也可能是间接的服务对象，也称为受助者、案主或工作对象。服务对象可能是遇到困难的个人和家庭，也可能是相应的群体、社区、组织、机构等；可能是主动求助的，也可能是被动转介而来的，还可能是社会工作者主动外展而获得的；可能是现有的，也可能是潜在的。

二、社会工作者

社会工作者，简称为社工，指的是那些接受过社会工作专业教育或训练并持有相应职业资格，并正在从事社会工作服务、管理或研究的人员。社会工作者以其价值伦理成为社会工作服务的灵魂，以其专业方法技术成为社会工作服务的主体，设计并引导助人过程的完成。

三、社会工作价值观

作为社会工作服务的灵魂和动力，社会工作的价值观就是社会工作者在开展服务过程中所持有的助人理念，集中表现为服务大众的首要任务、践行社会正义的宗旨、强调服务对象个人的尊严和价值、注重服务中人与人之间关系的重要性、待人真诚和守信、注重能力培养和再学习，具体表现为对服务对象、专业实践、服务机构、公共福利发展以及社会发展与进步的价值认同和操作原则。

四、专业助人方法

作为社会工作的基本功,专业助人方法就是社会工作达到个人改变和成长的模式、方法、技术和策略,是社会工作"才"的部分。以至于有相当多的社会工作者认为社会工作最重要的就是一整套助人的方法。在美国,社会工作者强调临床工作的能力,就更注重方法、技术以及技巧的学习和训练。

五、助人活动

助人活动不仅是社会工作者依据其价值观向服务对象提供帮助或服务的活动,也是社会工作者与服务对象的互动及合作的过程,更是社会工作者与服务对象相互之间传递角色、语言、信息、文化、情境以及活动的行动体系,更是相互配合、协调及相互影响和建构的过程。

六、社会文化脉络

作为一种专业过程的社会工作服务,不同于一般意义上的活动,更不同于志愿者活动,而是在专业场所或专业机构的支持下,在相应的社会文化脉络和专业价值观指导下的专业性服务。其中,作为社会工作专业服务开展的重要基础和前提,社会文化脉络具体包括:(1)机构与设施,是指提供社会工作实际服务的场所。(2)自然与社会环境,是指与人的生存和发展密切相关的外在事物的总和,包括自然环境和社会环境。(3)社会资源,是指社会工作服务所赖以开展的各类社会支持的总称,具体包括非正式的或自然的资源系统(如家庭、朋友、邻居、同事、亲戚等)和正式资源系统(如党派、专业团体、群众组织、协会、学校、医院、社会服务机构、公安机关等)。(4)文化与政策,是指社会工作服务所处的相应的政治意识形态、社会文化、道德规范、政策制度以及法律法规状态。在我国,中国共产党的领导、为人民服务的根本宗旨、差序格局的文化脉络、社会主义核心价值观,以及相应的社会主义法治体系,都是我国社会工作过程的文化与政策脉络。

第二节 社会工作过程的互为主体

专业社会工作是社会工作者与服务对象互为主体、持续互动的过程。在这一过程中,社会工作者既是帮助者,也是协助者,因为在很多情况下,只有服务对象发生了改变,在他身上发生的问题才能被解决,这就是"内因"的作用。因此,社会工作是社会工作者与服务对象互为主体和相互成就的过程。

一、社会工作者

(一) 社会工作者的特征

1. 社会工作者的一般特征

国际社会工作界认可的社会工作者应符合以下几点:(1)持有社会工作执业证照,即证在社工;(2)具有社会工作专业教育的背景,即学在社工;(3)受社会工作道德伦理和职业守则的制约,即心在社工;(4)从属于社会工作专业组织或协会,即身在社工;(5)以社会工作作为职业生涯,即志在社工。

2. 社会工作者的专业层次划分

美国专业社会工作者的准入条件是必须具有社会工作专业学士学位,而在一些小的社区机构,社会学、心理学及其他一些相关专业的毕业生也可以从事基础社会工作师的工作。依据社会工作者的学历、经验,美国社会工作者从高到低分别是高级社会工作师、独立社会工作师、专业社会工作师、基础社会工作师(包括非专业社会福利人员)。

当前,我国根据职业水平将社会工作者分为助理社会工作师、社会工作师和高级社会工作师。

(二) 社会工作者的角色

根据服务对象所遇到的问题和需求不同,社会工作所提供的服务内容和服务策略也有所不同,相应的社会工作者就需要扮演多样化角色。具体来说,社会工作者扮演的角色包括但不限于信息咨询者、知识教育者、技能训练者、心理辅导者、社会救助者、心理支持者、关系协调者、行为促进者、行为矫正者、潜能激发者、能力提升者、家庭教育者、生命教育者、公民教育者、职业咨询者、职业辅导者等直接服务角色，以及方案策划者、行政协调者、专业督导者、资源链接者、服务评估者、权益保障者、调查研究者、政策倡导者等间接服务角色。本书主要介绍以下几种角色[1]。

1. 直接服务角色

（1）服务提供者。由于社会工作者首先面对的是在物质、精神和社会关系方面有特殊困难和紧急需求的人群，为他们提供力所能及的物质、劳务和心理方面的支持和帮助以帮助他们渡过难关或者缓解困境就成为社会工作者的首要职责，具体服务内容包括提供物质帮助、劳务服务、心理辅导、信息沟通以及政策咨询等。

（2）心理支持者。面对众多的服务对象的需求，社会工作者不仅要提供直接服务帮助其渡过难关，更为重要的是帮助服务对象树立自强自立、自我决策、自己解决问题的信心，增强他们自我行动的动机，具体包括提供情绪疏导、动机激发、心理支持以及言语鼓励，最终实现服务对象的潜能的激发。

（3）行动倡导者。俗话说"知易行难"，认识到自己的优点和价值不难，难的是如何行动以改变命运。当服务对象树立了积极的生活态度，但是找不到新的行动方向和出路的时候，社会工作者就必须扮演倡导者的角色，也就是引导和鼓励服务对象采取积极的行动，并指导他们付诸实践，把"心动"变成行动。需要说明的是，倡导是在对服务对象能力和意愿评估后给的建议，而不是诱导或强迫服务对象接受。

（4）关系协调者。为更好地为服务对象提供服务，社会工作者有时需要面对不同个人、不同群体之间的矛盾或冲突。这时，社会工作者就需要承担起调解纠纷和缓解矛盾的任务。社会工作者在关系协调中要不断改变冲突双方的认知、情绪、态度和行为策略，最终达成一致的利益诉求。其中，直陈法、暗示法、迂回法、对比法、角色换位法、宣泄法、冷却法、感化法、榜样激励法、期望激励法等都是可以被灵活采用的策略。

2. 间接服务角色

（1）组织管理者。社会工作服务过程是一个科学而复杂的过程，包括服

---

[1] 王思斌. 社会工作概论［M］. 3版. 北京：高等教育出版社，2014：22-24.

务的流程、服务人员的素质、服务经费预算、服务成效评估等诸多内容，需要有专门的高级社会工作者对其进行设计、组织、指挥、协调和控制，保证优质高效、便利可行的服务传递。为此，社会工作者需要扮演组织管理者的角色，具体包括指定服务的方向与宗旨、招聘并督导合格的社会工作服务人员、控制服务程序、监控服务成效等。

（2）资源联络者。社会工作者扮演好资源联络者角色至关重要。一方面，要联络的资源内容包括物资、劳务、心理支持、社会关系支持以及政策支持等；另一方面，要联络的资源方向包括政府有关部门、福利服务机构的负责人及其工作人员、各类民间社会组织、志愿者及其组织以及广大的社会大众。

（3）政策影响者。社会工作者在长期服务基层民众的过程中，既需要不断地了解和学习政策、宣传和解释政策、贯彻和落实政策，同时也要积极发现现有社会政策存在的问题和缺失，尽可能地向有关部门提出建议，促进政策的制定、修订和完善，最终使社会大众获得更好的福利水平。此时，社会工作者扮演着政策影响者的角色，其主要工作内容包括推动新的社会政策议程、影响社会政策的设计和制定、评估现有政策的成效、反映现有政策的局限、推动社会政策的修改和完善等。

（4）科学研究者。社会工作者要有效地解决问题，就必须科学地评估问题，合理地设计服务方案，准确地理解服务对象的行为，理性地解决问题。为此，社会工作者需要扮演科学研究者的角色。

3. 综合角色

社会工作者的综合角色是指包含了多种功能的综合角色，这种综合角色要求社会工作者提供的服务既包括直接服务，也包括间接服务，还可能包括不同角色互相连带的做法。比如协调者的服务就包含多种角色的协调，如服务对象与环境之间的协调、各环境因素之间的协调、不同服务提供者之间行动的协调等。

（三）社会工作者的核心素养

社会工作专业的核心素养由专业价值、知识与技巧三大基石所建立，具体来说可以包括以下几个方面：

1. 维护个人尊严与社会正义的价值。这一能力要求社会工作者充分认识到当前社会上还存在贫困、歧视和排斥现象，还有许多人被伤害、虐待和忽视,坚持将维护个人尊严和社会正义作为其专业基础、动力与依据。

2. 理解人类需要和多元文化的价值。这一能力要求社会工作者充分认识到当前社会上还存在对残疾人、女性、老年人、儿童、农民工、艾滋病者、同性恋者以及流浪者等弱势群体的不平等和不公正待遇,他们的生存需要和发展需要得不到基本的满足。

3. 运用人类行为与社会环境的知识。这一能力要求社会工作者充分认识到人类行为的社会性、适应性、多样性、动态性、指向性、可控性和发展性,并认识到人类行为并不仅仅是个体生理和心理的产物,更有着深厚的社会政治、经济、文化的背景,强调人与环境互动的基本视角。

4. 运用社会工作理论与方法的知识。一方面,要不断强化学科理论知识基础,通过学习、吸收和借鉴社会学、人类学、心理学、管理学、经济学、伦理学以及政治学等学科知识,丰富"为社会工作的理论",并发展出诸如生态系统理论、增强权能理论、优势视角理论等"社会工作的理论";另一方面,要在理论指导下熟练掌握和综合运用个案工作、小组工作、社区工作、社会行政、社会工作督导以及社会工作研究的方法及其具体工作技巧。

5. 建立社会工作服务的规划与执行技巧。这一能力要求社会工作者认识到当前我国社会福利制度相对落后、社会服务水平偏低的现实,意识到其作为社会服务输送体系与制度设计的特征,明确其在构建社会主义和谐社会过程中的重要使命与职能。

6. 建立专业关系与资源整合的技巧。这一能力要求社会工作者理解人际关系是引起积极变化的重要工具,充分重视资源调动以及社会资本的积极意义,努力加强人们之间的联系,使他们做出有目的的努力以促进、恢复、维持和提高个人、家庭、社会群体、组织和社区的福利。

二、社会弱势群体

总体来看,社会工作的服务对象主要聚焦在社会弱势群体。社会弱势群体也叫社会脆弱群体、社会弱者群体,是指那些由于社会或个人的原因,在社会竞争中处于不利地位,缺乏获取社会资源的机会和境遇,因而其物质生活处于困境,心理承受能力脆弱,需要外在力量支持的人群。

社会弱势群体可分为初级脆弱群体和次级脆弱群体两类。初级脆弱群体是指由于成员基本生活需要未能得到满足而形成的社会生活有困难者。它包括：（1）无依无靠的鳏寡孤独者、残疾人和其他因丧失、缺乏劳动能力而无生活来源者；（2）遭受自然灾害难以维持基本生活需要的个人和家庭；（3）无固定职业或失业造成生活水平低于基本标准的个人和家庭；（4）由于其他原因造成生活水平低于基本标准的个人和家庭。次级脆弱群体是指在其基本物质需要得到满足的前提下，由于自身生理和心理上的病障或社会失调的影响造成其心理上的受挫感和剥夺感，从而难以适应社会，甚至形成越轨行为的社会成员的集合。

社会弱势群体又可分为生理性弱势群体与社会性弱势群体两类。前者沦为弱势群体有着明显的生理原因，如儿童、老年、残疾人等，这类人作为社会弱势群体，其形成主要是生理性原因。有一些学者把妇女划分为社会弱势群体，也主要是从生理性原因而言的。后者沦为弱势群体则基本上是出于社会原因，如下岗者、失业者、农民工等，他们沦为社会弱势群体主要是社会的原因。社会的制度安排和社会结构的变迁，是导致这类人成为社会弱势群体的基本原因。

三、专业关系

社会工作专业关系是社会工作者为实现其计划改变的目标而和服务对象有意识地建立起来的、情感无涉或中立的专业社会关系。

（一）社会工作专业关系的基本特征[①]

1. 工作目标方面的目的性。这是专业关系中最显著的特点之一。专业关系是为专业的目的而建立的，它的建立是为了受助者通过社会工作者解决受助者的问题，当它的目标实现后，这种专业关系就应该终止。

2. 工作理念方面以受助者为本。从本质上说，建立专业的关系不是为了社会工作者的需求，不以社会工作者自身利益为前提，而是为了满足受助者的需求，在专业服务的范围内，受助者的利益高于社会工作者的利益。因此，社会工作者在专业助人关系中的取向应该以受助者为本，把受助者的利益和需求放在首位，绝不能因为自身利益的需要而伤害受助者的利益。

3. 工作地位方面的非平等性。在专业关系中，社会工作者和受助者的地

---

① 李迎生. 社会工作概论［M］. 3版. 北京：中国人民大学出版社，2018：161-162.

位并非完全平等。但是，社会工作者必须在态度上平等，这样才能帮助受助者克服由于专业关系的不平等所带来的不利影响。

4. 工作行为方面的受制约性。专业关系不仅要以达到的工作目标为指导，也受本专业明确而详细的伦理道德守则制约。在专业服务中，工作人员应该遵守基本价值原则，去除个人的偏好，控制自己的情绪，做到既与受助者在一道，又不失客观公正。

5. 工作形象方面的代表性。在社会工作者与受助者的专业关系中，社会工作者并不是代表自己，而是代表着自己所工作的社会工作机构，也代表着所从事的工作专业。所以，社会工作者必须认真对待工作，任何失误都会有损社会工作者自身的形象，也会有损工作机构的专业形象。

6. 业务关系方面的兼容性。专业关系是兼具工具和感情性的关系。良好的专业关系是双方信任的基础，专业关系是带有目的的，即通过良好关系的建立来实现工作目标，这是其工具性所在。同时良好的关系本身离不开双方情感的交流和表达，这样专业关系就有了情感的色彩。

（二）社会工作中的双重关系

所谓"双重关系"是指社会工作者在与服务对象保持专业关系的同时，还与服务对象建立了商业伙伴、雇佣、朋友或者性伴侣等专业之外的关系。这种"双重关系"会破坏服务对象的自决权，削弱社会工作者的专业地位，甚至还可能出现借助专业关系谋取个人私利的不当行为。因此，社会工作专业服务中的"双重关系"通常被认为是有害的，需要加以制止。在双重或者多重关系不可避免的情况下，社会工作者应该采取措施保护服务对象，并且需要负责设定清晰、适当和具有文化敏感的交往界限。

第三节　社会工作实务的通用过程

全国社会工作者职业水平考试指导教材指出，社会工作通用过程模式包括以下六个阶段[①]。

---

① 全国社会工作者职业水平考试教材编写组. 社会工作实务：初级[M]. 北京：中国社会出版社，2010：1-30.

一、接案

(一) 接案的核心任务

接案是社会工作者与潜在服务对象开始接触，了解其需要，帮助其逐渐成为服务对象，两者通过沟通达成共同解决问题初步协议的整个助人过程的过程。

1. 了解服务对象的来源和类型

服务对象的来源通常有三种：（1）主动求助的；（2）由他人介绍或机构转介来的；（3）由社会工作者通过外展工作而成为服务对象的。面对外展服务对象时，社会工作者的重要工作和任务是消除他们对机构与社会工作者的不信任甚至怀疑，引导他们接受服务。

按照服务对象寻求服务时的意愿，服务对象可以分为自愿型服务对象和非自愿型服务对象；按照服务对象接受服务的现实程度，服务对象可以分为现有服务对象与潜在服务对象。

2. 做好会谈的准备，并拟订初次会谈提纲

接案的准备工作主要是准备服务对象的资料，包括：事先研读服务对象的资料，了解其是否接受过服务；了解他们的身体和精神健康状况；走访社区，通过服务对象的社会网络来了解服务对象个人和社会处境两方面的情况；了解服务对象是否有特殊事项需要谨慎处理。

拟订初次面谈的提纲，内容包括：（1）介绍自己和自己的专长；（2）简要说明本次会谈的目的和内容、双方的角色和责任；（3）介绍机构的功能和服务、相关政策（如保密原则）和工作过程；（4）征求服务对象对会谈安排的意见，并了解其对机构和社会工作者的期望；（5）询问服务对象是否有需要紧急处理的事情，以便提供及时的协助。

3. 接案会谈的主要内容

接案会谈的主要内容包括：（1）界定服务对象的问题，服务对象自己对问题的看法是界定问题时最重要的起点；（2）澄清角色期望和义务；（3）激励并促进服务对象进入角色；（4）促进和诱导服务对象态度和行为的改变；（5）达成初步协议；（6）决定工作进程。

(二) 接案阶段的主要技巧

1. 收集服务对象的资料的技巧

具体方法和途径包括：（1）询问，即直接向服务对象询问，会谈与询问是社会工作者获取服务对象资料最基本的工具；（2）咨询，即社会工作者向其他专业人士提出咨询；（3）观察，可以通过家访或深入社区生活来进行；（4）利用已有资料；（5）问卷调查。

2. 接案应注意的事项

接案时要注意以下事项：（1）决定是否需要紧急介入，即社会工作者要谨记，当服务对象遇到紧急情况（如自杀、性暴力问题）时，就需要社会工作者直接进入干预程序；（2）权衡是否有能力处理问题；（3）决定问题的优先次序；（4）保证服务对象所要求的服务符合服务机构的工作范围。

二、预估

(一) 预估的含义及任务

预估是社会工作者依据既定情境中的事实与特点，推论出有关服务对象问题含义的暂时性结论的逻辑过程。预估的主要任务是社会工作者识别服务对象问题的客观因素、主观因素、问题成因及其因素、服务对象及环境的积极因素，以及决定提供服务的方式和内容。

(二) 预估的基本步骤与过程

1. 探究服务对象的情况、问题与需要

包括：（1）描述服务对象的问题与需要；（2）描述问题是如何发生的、问题发生的原因是什么、问题与需要的发展状况等；（3）描述服务对象的处境及生活于其中的社会系统的情况；（4）探究服务对象不能解决问题的原因；（5）描述服务对象的生命历程及发展阶段；（6）描述并鉴定服务对象的资源状况。

2. 预估阶段资料分析

内容包括：（1）对服务对象的问题与需要做出解释；（2）列出解决问题的目标及先后次序；（3）决定介入的策略；（4）撰写预估摘要。

3. 预估摘要

主要有以下几个方面内容：（1）对服务对象自身系统的预估；（2）对服

务对象家庭系统的预估；(3) 对服务对象所处社会系统的预估。

三、计划

(一) 服务计划的构成

"计划"是一个理性思考及做决定的过程，包括制定介入目标及选择为了达到目标而采取的行动。计划由以下几部分内容构成：

1. 目的及目标

目的是指总体介入工作要达到的方向。目标则是指具体的工作指标。

2. 关注的问题与对象

关注的问题是指介入工作要加以处理、改善的服务对象的社会功能的问题。关注的对象是指介入行动要改变的人和系统，包括家庭、群体、组织和社区，它是整个介入工作的核心焦点。

3. 介入的方法和介入行动

介入可以采用个人辅导、小组活动、社区介入、网络建构和政策倡导等多种方法，而介入行动则可以是危机干预、物质支持、心理辅导等多种行动。

(二) 制订服务计划的原则

1. 要有服务对象的参与

要注意以服务对象为中心，让服务对象参与计划的制订。

2. 要尊重服务对象的意愿

在制订计划时，社会工作者的任务是为自己与服务对象双方找到共同点，使服务对象与自己的工作朝向共同的方向。

3. 详细和具体

详细、具体的计划包括要解决的问题、介入的对象、介入的方法等。

4. 要与工作的总目的、宗旨相符合

制订计划时不能脱离工作的总目的，每一项具体的介入工作和所有介入策略都要围绕总目的。

(三) 制订服务计划的方法

1. 设定目的和目标

制订服务计划的第一步就是在分析与辨识服务对象的需要与问题的基础

上，与服务对象共同设定工作的目的和目标。"目的"是指服务总体上要达到的结果，是总体性的陈述。为了完成这个总目标，需要设定很多具体目标，这些具体目标是现实可行的，并且是可以测量的。

2. 目标设定程序和工作

具体包括：(1) 确定服务对象的需要和问题；(2) 向服务对象解释设定目标的目的；(3) 共同选择适当的目标；(4) 目标陈述要明白易懂，重在促进服务对象的成长；(5) 目标要可测量，具有操作性和现实性；(6) 与服务对象讨论目标的可行性和可能的利弊；(7) 确定目标，并决定目标的先后次序。

3. 构建行动计划

具体包括：(1) 选择介入系统。一般来说，社会工作的介入系统可以分为个人、家庭、小组、社区以及宏观社会系统，社会工作者要根据服务对象的需要决定介入的系统。(2) 选择介入行动。具体行动是实现目标的手段，包括危机干预、资源整合、经济援助以及安置服务等。

四、介入

(一) 介入的分类

介入是社会工作者和服务对象采取行动，按照服务协议落实社会工作计划的目标，帮助服务对象改变，解决预估中确认的问题，从而实现助人计划的重要环节。社会工作介入可以分为以下三种类型。

1. 直接介入

直接介入是指以个人、家庭和小群体为关注对象，针对个人、家庭和小群体采取的直接行动，重点在于改变家庭或小群体内的人际交往，或改变个人、家庭和小群体与其环境中的个人和社会系统的互动方式。

2. 间接介入

间接介入是指以个人、家庭、小组、组织和社区甚至更大的社会系统为关注对象，由社会工作者代表服务对象采取行动，通过介入服务对象以外的其他系统间接帮助他们的行动。

3. 综合介入

从人与环境两个环节进行介入的策略构成了将直接实践活动和间接实践活动结合在一起的综合介入行动，是对各种与服务对象系统有关的系统进行的介入，体现的是一种综合治理的理念。

(二) 选择介入行动的原则

1. 以人为本、服务对象自决

社会工作介入的策略应该在社会法律规范范围内，以服务对象的最大利益为出发点，当然这也需要服务对象的认可与参与。

2. 个别化

社会工作服务过程中，要根据服务对象、问题类型以及服务目标的不同而采取相应的服务策略，并灵活运用已有工作经验。

3. 考虑服务对象的发展阶段和他们的特点

服务对象所处的年龄、场域及其所具有的资源状况，都需要在服务过程中加以充分考虑。

4. 与服务对象相互依赖

社会工作服务成效的取得，既依赖于社会工作者的专业能力，也依赖于相应的社会资源，更需要服务对象的主动参与、配合与自助。

5. 瞄准服务目标

社会工作服务既要围绕总体目的，也要聚焦具体目标；既要关注任务目标，更要重视过程目标，从而实现服务对象的全面发展。

6. 考虑经济效益

伴随经济转型加剧以及管理主义、绩效主义的兴起，社会工作服务也需要考虑经济、精力以及时间成本，在一定资源支持下，达成更为广泛和稳定的服务成效。

五、评估

社会工作评估是指运用科学的研究方法和技术，系统地评价社会工作的介入结果，总结整个介入过程，考查社会工作的介入是否有效、是否达到了预期目的与目标的过程。

(一) 评估的类型

1. 过程评估

过程评估是对整个介入过程的监测评估，对工作过程的每一步骤、每一个阶段分别做出评估，关心的重点是工作中的各种步骤和程序怎样促成了最终的介入结果，方法是了解和描述介入活动的内容，回答服务过程中发生了什么以及为什么发生。过程评估提供有关服务过程的各种信息，包括工作目标、介入过程、介入行动和介入影响。

2. 结果评估

结果评估是指工作完成的最终成果。结果评估是在工作过程的最终阶段做出的评估，包括目标结果和理想结果两个部分。结果评估是检视计划介入的理想结果，以及这些结果实现的程度及其影响。

（二）评估的方法

1. 基线测量法

基线测量是在介入开始时对服务对象的状况进行测量，建立一个基线，将其作为对介入行动效果进行衡量的标准基线，以评估介入前后的变化，以此判断介入目标实现的程度。

2. 服务对象满意度测量法

该方法是由服务对象用口头或书面形式，包括填写问卷，来表达对社会工作介入效果的看法。

3. 差别影响评分法

首先由服务对象对介入影响进行自我陈述，报告自己有哪些变化，然后分析、区分出哪些是介入本身带来的变化，哪些是其他因素带来的变化。

4. 任务完成情况的测量评估法

在实际工作中，服务对象的目标是被分解成许多具体的行动和任务的，因此，通过探究服务对象和社会工作者完成了哪些既定的介入任务也能确定介入的影响。

5. 目标核对表法

社会工作者和服务对象可以协商选择一些目标来指示介入的方向，并将它们罗列出来。在工作介入过程中和介入结束时，都用一些等级尺度来衡量介入后的行为，并记录下它们。再将介入后的行为与介入前的行为进行核对，从而发现介入后有哪些新行为是介入前所没有的、介入后才出现的，并讨论这些行为对服务对象的意义是什么。

6. 个人目标尺度测量法

社会工作者和服务对象可以制定非常个人化的测量尺度来评估他们的改

变情况。可以按照服务对象的具体情况，分轻重缓急，制定出几个目标，然后使用一个大家认可的等级尺度，来测量和计算出服务对象实现个人化目标的情况。

六、结案

结案就是当服务对象的问题已经解决，或者服务对象已经有能力自己应对和解决问题，即在没有社会工作者协助下可以自己开始新生活时，社会工作者和服务对象双方根据工作协议逐步结束工作关系所采取的行动，具体任务包括总结工作、巩固已有改变、解除专业工作关系、撰写结案记录。

（一）服务对象的正面反应

接受社会工作者的协助对服务对象来说是特别的人生体验，多数人都能在与社会工作者的合作中获益，因而在结案时有正面情绪反应，包括对获得成长与成功的欣喜、对整个工作过程带给他们新认识的肯定、对与社会工作者关系的满意、对社会工作者提供帮助的感激、对未来的信心等。结案时社会工作者要对这些正面反应给予肯定并适时、适当地进行加强，以增强服务对象面对未来的信心。

（二）服务对象的负面反应

在结案阶段，服务对象往往会出现一些消极情绪与负面反应，具体包括但不限于：（1）否认，即不愿承认已到结案期，避免讨论关于结案的话题，表现为不准时参加与社会工作者的工作会谈、会谈时心不在焉等；（2）倒退，即服务对象的社会功能恢复到以前的状态，以此拖延结案的到来；（3）依赖，即服务对象在心理上对社会工作者过分依靠；（4）抱怨，即对社会工作者的服务成效、态度或能力表现出无针对性的不满意；（5）愤怒，表现为服务对象对社会工作者的不满、批评、攻击和挑战；（6）讨价还价，即当发现没有可能阻止结案时，有些服务对象会寻找理由拖延结案；（7）忧郁，即当所有延长结案时间的努力都无效时，有些服务对象会表现得无精打采、悲观失望或忧郁无助。

（三）结案反应的处理方法

（1）在结案前与服务对象回顾介入工作的过程，以确定结案的时机是否已经成熟。

（2）提前让服务对象知道结案时间，早些做好心理准备。方法是：鼓励服务对象与社会工作者公开讨论结案问题，并告诉他们结案可能使他们感到难以接受。社会工作者要以同感的态度向服务对象传达愿意与他们讨论他们的反应、理解他们的心情等信息，以减少负面情绪。

（3）在结案阶段，社会工作者要逐渐减少与服务对象的接触，提醒服务对象要学会自立，给服务对象以心理支持，告诉他们有需要时社会工作者将继续提供协助。

（4）社会工作者也要估计一些可能会破坏改变成果的因素，预防问题的产生，继续提供一些服务，并为服务对象提供能够对他们有帮助的资源网络，待稳定了服务对象的改变成果后，才最后结束专业助人关系。

（5）安排正式的结案活动，让服务对象交流各自的收获，以建设性的方式表达感受，相互鼓励，面向未来。

（四）结案后的跟进服务

跟进可以让社会工作者知道服务是否真正有效，也使服务对象感受到社会工作者的关心，增强他们继续改变的动机和信心。跟进服务的实施方法包括：（1）电话跟进，即通过电话联系了解服务对象的后续成长情况；（2）个别会面，即社会工作者与服务对象一对一见面，以了解服务对象结案阶段的真实心理及社会诉求；（3）集体会面，即社会工作者与具有类似情况的服务对象沟通并探讨解决问题的办法；（4）跟进服务对象的社会支持网络，即为服务对象提供资源地图、链接网络以及信心支持。

【考研真题】

一、名词解释题

1. 社会工作过程模式（中国社会科学院大学，2024；天津理工大学，2024；四川外国语大学，2024）
2. 社会性资源系统（河海大学，2024）
3. 专业关系（重庆工商大学，2024）
4. 反移情（南京理工大学，2024）
5. 移情（重庆大学，2024）

6. 评估（西南石油大学，2024）

7. 移情和反移情（广西师范大学，2024）

8. 社会工作者（郑州大学，2024）

9. 行为系统（浙江大学，2024）

10. 人在情境中（重庆大学，2024）

11. 结案（广东外语外贸大学，2024）

二、简答题

1. 简述社会工作实践的内涵。（中国社会科学院大学，2024）

2. 简述评估的特征。（浙江大学，2024）

3. 简述通用过程模式的四个基本系统。（南京大学，2024）

4. 简述社会工作者的职业能力。（重庆工商大学，2024）

5. 简述社会工作模式的变化。（重庆工商大学，2024）

6. 多元文化主义视角下，社会工作者为什么要具备文化能力？（云南大学，2024）

7. 简述社会制度对社会工作的影响。（福州大学，2024）

8. 简述社会变迁中社会工作者的作用。（西北大学，2024）

9. 简述社会工作专业关系和基本特点。（广西师范大学，2024）

10. 简述社会工作的构成要素。（郑州大学，2024）

11. 简述社会工作的角色。（郑州大学，2024）

12. 简述社会服务中社会工作者的角色。（山东大学，2024）

13. 简述社会工作的基本要素。（山西医科大学，2024）

14. 简述正式与非正式资源系统。（大连海事大学，2024）

15. 根据服务对象来源不同，可将服务对象分为自主求助或自荐、社会工作者转介和社会工作者外展获得，请分别介绍三种服务对象，并说明三者的区别。（吉林大学，2024）

16. 简述社会工作者的特征。（东北师范大学，2024）

17. 简述熟悉情景互动、社交情境互动和工作情境互动的目的。（华南理工大学，2024）

18. 简述社会工作者的间接服务类的角色类型及其内涵。（华南农业大学，2024）

19. 简述社会工作者的角色和功能发挥。（广东外语外贸大学，2024）

20. 结合实例说明社会工作服务的"成效"是什么。（南开大学，2024）

21. 简述社会工作者作为政治影响者的含义和作用。（江汉大学，2024）

22. 简述需要的四种测量方式，以及分析社会工作者在其中扮演的专业角色。（中南财经政法大学，2024）

23. 简述宏观社会工作的内容和对社会工作者的要求。（四川外国语大学，2024）

三、论述题

1. 结合实例谈社会问题和社会工作实践的关系。（东南大学，2024）

2. 论述社会工作的构成要素及社会工作过程的构成要素。（西北大学，2024）

3. 论述残疾个人模式和社会模式，以及社会工作者的任务是什么。（西北农林科技大学，2024）

【职考真题】

1. 未成年人保护中心的社会工作者小徐在走访中了解到，困境儿童小强因为厌学已经两个多月没去上学了，父母的态度是"孩子大了不服管，随他去吧"。小徐向小强及其父母介绍了未成年人保护中心的功能及服务内容，他们表示愿意接受服务。从服务对象的来源和类型上来看，小强属于（　　）。（2023-1）

　　A. 主动求助的服务对象　　　　B. 机构转介的服务对象
　　C. 由他人介绍的服务对象　　　D. 外展发现的服务对象

2. 社会工作者小李为小范提供个案服务。在接案会谈中，小李发现小范有与自己类似的创伤经历，觉得自己接下来的服务可能会受到影响。小李向机构说明了这一情况，机构安排其他同事接手小范的个案。机构这种安排考虑的因素是（　　）。（2023-2）

　　A. 服务对象问题的优先次序　　B. 社会工作者处理问题的能力
　　C. 服务对象现状的紧急程度　　D. 服务机构的工作范围与内容

3. 社会工作者小陈完成一项大型社区活动，他计划通过问卷调查对该活动进行评估。下列问题中，属于结构性问题的是（　　）。（2023-3）

　　A. 本次活动对您的帮助有哪些？
　　B. 本次活动给您留下了哪些印象？

C. 您在本次活动中收获了什么？
D. 您对本次活动的形式是否满意？

4. 社会工作者小李在走访拆迁安置小区时发现，一些居民在得到大额拆迁补偿款后，安于享乐，无所事事，有的家庭因此关系紧张。经过深入调研，小李在社区开办了劳动价值观教育小组，并与社区居委会合作对居民进行财务规划技能培训，同时开展家风家教主题宣传活动。小李所采用的社会工作介入类型属于（　　）。(2023-4)

　　A. 直接介入　　B. 间接介入　　C. 综合介入　　D. 系统介入

5. 为回应高新科技园区青年的交友需求，社会工作者小马开展了一系列专业服务，推动他们建立了交友微信群，定期开展交流活动。结案时，小马又积极推动这些青年成立了各种兴趣活动社群，继续促进其交流互动。小马这种做法的目的是（　　）。(2023-5)

　　A. 回顾服务对象的问题与需求　　B. 总结服务对象的改变成效
　　C. 鼓励服务对象独立解决问题　　D. 强化服务对象已有的改变

6. 针对新冠肺炎疫情居家防控期间多发的亲子关系紧张问题，某社会工作服务机构通过组建社区家长微信群，开办"家长加油站"线上小组。经过六周线上服务，基本实现了帮助家长减压和改善亲子关系的服务目标，进入结案阶段。此时，小组成员菲菲妈妈在小组微信群中，说自己和孩子的关系又回到了参加小组前的状态，不知该如何处理；还说此时结束小组，社会工作者太不负责任了。菲菲妈妈的这些表现属于结案期服务对象负面反应中的（　　）。(2021-62)

　　A. 愤怒　　B. 倒退　　C. 否认　　D. 依赖　　E. 抱怨

7. 某社会福利中心社会工作者小星邀请入住老年人一起讨论健康饮食年度服务计划，老人们分享了对服务目标的期望后，小星确定以增加老年人健康饮食知识为目标，开展每日健康讲座、四季饮食指导等活动。上述制定服务计划的过程，体现的原则包括（　　）。(2022-61)

　　A. 应有服务对象的参与　　B. 尊重服务对象意愿
　　C. 详细且具体　　D. 重视对服务对象的影响评估
　　E. 服务对象的个别化介入

8. 某全国性社会工作行业协会将党史学习教育和专业服务相结合，组织部分高校社会工作专业师生暑期到西部地区参与乡村振兴工作。他们策划并实施了村民社区参与能力提升项目。项目开始前，研究生小余对参与项目的村民做了"参与态度和参与技能"的测量，项目结束时再次对上述相关指标做了测量。小余评估项目成效采用的方法有（　　）。(2022－62)

A. 过程评估　　　　B. 结果评估　　　　C. 基线测量
D. 绩效评估　　　　E. 介入期测量

9. 王女士来社会工作服务机构求助。社会工作者小何通过初步接触、相关资料阅读以及社区走访，了解了王女士的基本情况，准备拟定初次面谈的提纲。小何列出的提纲内容应包括（　　）。(2023－61)

A. 介绍机构的服务范围和服务要求
B. 协助王女士了解双方的角色职责
C. 询问王女士是否有紧急处理事项
D. 了解王女士对社会工作者的期望
E. 与王女士商讨是否签订服务合约

10. 为帮助军队离休退休（简称：军休）老人适应地方生活，提高生活质量，社会工作者拟在需求调研、资源分析的基础上开展预估，进而设计社会工作服务项目。以下预估摘要内容中，属于对服务对象社会系统预估的有（　　）。(2023－62)

A. 辖区军休老人心理与身体健康状况普遍良好
B. 军休老人经常在辖区小学开展红色教育活动
C. 当地退役军人事务部门定期慰问辖区军休老人
D. 军休老人有极强的集体荣誉感和组织纪律观念
E. 军休老人因大多独居而家庭情感联结相对松散

【参考答案】1. D　2. B　3. D　4. C　5. D　6. BE　7. ACD　8. BC　9. ABCD　10. BC

【传统文化】

1. 不自见，故明；不自是，故彰；不自伐，故有功；不自矜，故长。

——《老子》

2. 其身正，不令而行；其身不正，虽令不从。　　——《论语·子路》

3. 入境而问禁，入国而问俗，入门而问讳。　　——《礼记·曲礼上》

4. 登高而招，臂非加长也，而见者远；顺风而呼，声非加疾也，而闻者

彰。假舆马者，非利足也，而致千里；假舟楫者，非能水也，而绝江河。君子生非异也，善假于物也。 ——《荀子·劝学》

5. 君子贤而能容罢，知而能容愚，博而能容浅，粹而能容杂。

——《荀子·非相》

6. 君子宽而不僈，廉而不刿，辩而不争，察而不激，寡立而不胜，坚强而不暴，柔从而不流，恭敬谨慎而容。夫是之谓至文。 ——《荀子·不苟》

7. 夫物盛而衰，乐极则悲，日中而移，月盈而亏。是故聪明睿智，守之以愚；多闻博辩，守之以陋；武力毅勇，守之以畏；富贵广大，守之以俭；德施天下，守之以让。 ——《淮南子·道应训》

8. 夫爱人者，人必从而爱之；利人者，人必从而利之；恶人者，人必从而恶之；害人者，人必从而害之。 ——《墨子·兼爱中》

9. 观操守在利害时，观精力在饥疲时，观度量在喜怒时，观镇定在震惊时。 ——林则徐：《观操守》

10. 只人情世故熟了，什么大事做不到；只天理人心合了，什么好事做不成？只一事不留心，便有一事不得其理；只一物不留心，便有一物不得其所。

——金缨：《格言联璧·处事类》

【原声再现】

1. 实践胜于一切理论。 ——马克思
2. 一步实际运动比一打纲领更重要。 ——马克思
3. 我们应该不惜风霜劳苦，夜以继日，勤勤恳恳，切切实实地去研究人民中间的生活问题，生产问题，耕牛、农具、种子、肥料、水利、牧草、农贷、移民、开荒、改良农作法、妇女劳动、二流子劳动、按家计划、合作社、变工队、运输队、纺织业、畜牧业、盐业等等重要问题，并帮助人民具体地而不是讲空话地去解决这些问题。 ——毛泽东：《经济问题与财政问题》

4. 检验我们一切工作的成效，最终都要看人民是否真正得到了实惠，人民生活是否真正得到了改善，这是坚持立党为公、执政为民的本质要求，是党和人民事业不断发展的重要保证。

——习近平：《全面贯彻落实党的十八大精神要突出抓好六个方面工作》

5. 要始终把人民安居乐业、安危冷暖放在心上，用心用情用力解决群众关心的就业、教育、社保、医疗、住房、养老、食品安全、社会治安等实际

问题，一件一件抓落实，一年接着一年干，努力让群众看到变化、得到实惠。

——2020年5月22日，习近平在参加十三届全国人大三次会议内蒙古代表团审议时的讲话

【时代之声】

1. 2016年12月，中华全国总工会、民政部、人力资源社会保障部联合印发《关于加强工会社会工作专业人才队伍建设的指导意见》，提出"建立健全工会社会工作专业人才队伍建设管理机制，推进工会社会工作专业人才队伍规范化建设。建立完善工会社会工作专业人才信息库，实现工会社会工作专业人才管理服务信息化、规范化。充分发挥现有工会企事业单位服务职工的社会工作职能。引导发展一批职工服务类社会组织，培育孵化一批工会作为业务主管单位并积极吸纳社会工作专业人才的职工服务类社会组织。建立一支政治合格、结构合理、作风过硬、心系职工、素质优良的工会社会工作专业人才队伍，到2020年力争达到20万人"。

2. 2017年1月，国家禁毒办等12部门出台《关于加强禁毒社会工作者队伍建设的意见》，提出"今后一个时期，加强禁毒社会工作者队伍建设要站在推进平安中国、法治中国建设的战略高度，按照禁毒工作总体目标要求，明确禁毒社会工作者职责任务，大规模开展专业培训，不断提升现有禁毒社会工作从业人员的专业素质和职业能力，逐步扩大禁毒社会工作者队伍规模；完善高等学校人才培养体系，初步形成适合我国国情的禁毒社会工作专业人才培养模式；规范禁毒社会工作者职业评价，加大禁毒社会工作者配备使用力度，培养扶持禁毒社会工作服务机构，强化禁毒社会工作者职业保障；建立健全政府购买禁毒社会工作服务制度，研究制定服务标准规范、健全完善服务协同合作机制，促进禁毒社会工作服务全面深入发展。到2020年，建立较为完善的禁毒社会工作者队伍建设运行机制、工作格局和保障体系，禁毒社会工作者总量达到10万人，建成一批有影响力的禁毒社会工作服务机构，实现禁毒社会工作服务在城乡、区域和领域的基本覆盖，禁毒社会工作者队伍的专业作用和服务成效不断增强"。

3. 2017年2月，中共中央办公厅、国务院办公厅印发《关于加强乡镇政府服务能力建设的意见》，强调积极健全城乡社区治理机制，完善社区服务体系，充分发挥社会工作专业人才在乡镇公共服务提供中的作用。

【榜样力量】

费孝通（1910年11月2日—2005年4月24日），江苏吴江（今苏州吴江区）人。1928年考入东吴大学医预科，1938年获得英国伦敦政治经济学院博士学位，1945年加入中国民主同盟，1982年被选为伦敦政治经济学院院士，1988年获联合国大英百科全书奖。费孝通是当代著名社会学家、人类学家、民族学家、社会活动家，中国社会学和人类学的奠基人之一，第七、八届全国人民代表大会常务委员会副委员长，中国人民政治协商会议第六届全国委员会副主席，中央民族大学名誉校长。

费孝通在担任全国人大、全国政协领导职务期间，积极参加国家政治生活，参与党和国家大政方针的协商。他把领导工作与学术研究、社会活动密切结合起来，通过开展区域发展战略研究，进行"国是咨询"，将参政议政工作提高到一个新的水平。他早年就树立了"志在富民"的理想，一生孜孜以求。他利用一切机会接触社会变革的实际，深入探讨中国乡镇企业和小城镇发展问题、边区与少数民族地区发展问题、城乡关系问题、区域发展问题等，发表了许多具有广泛影响的论著，为推动社会变革，为改革开放和经济社会发展作出了重要贡献。他广交海内外朋友，努力促进两岸学界和其他人士的相互了解、交流，与港台知名学者共同倡导举办了八届"现代化与中国文化"研讨会。

费孝通是中国社会学的总设计师。从历史上看，费孝通对中国社会学的贡献大体上可以分为三个阶段。第一个阶段是1949年以前，费孝通关于社会学的大部分经典之作都是在这个时期完成的，比如《江村经济》《乡土中国》《皇权和绅权》等等，都是在这个阶段发表的。第二个阶段是从1949年到改革开放以前，这是费孝通经历坎坷的一段时间，尽管身处逆境，他还是仗义执言，提出"为社会学说几句话""再为社会学说几句话"。1957年以后费孝通主要从事翻译和边界问题研究。第三阶段是1979年的改革开放以后，费孝通重建中国社会学。费孝通为今日中国社会学作出了总体设计，勾画了今日中国社会学的蓝图，确立了中国社会学的实证风格，为解决社会问题、医治社会疾病出谋划策。在中国的江南，星罗棋布的小城镇已经成为具有中国特色的城市化模式之一，这是费孝通留给我们的一份巨大财富。

为中国农民找一条出路，成为费孝通研述一生的大课题。费孝通三访温州、三访民权、四访贵州、五上瑶山、六访河南、七访山东、八访甘肃、二十七次回访家乡江村。他研究中国的穷人主要是农民，如何摆脱贫困走向富裕之路。他关心中国农村和少数民族的经济发展，关心农产品流通和农民增收问题，为中国农业和农村经济发展作出了重要贡献。

转摘改编自：费孝通同志生平［N］. 人民日报，2005-05-01.

【延伸阅读】

1. 范明林，林德立. 社会工作实务：过程、方法和技巧［M］. 北京：社会科学文献出版社，2018.

2. 全国社会科学工作者职业水平考试教材编委会. 社会工作实务：中级［M］. 北京：中国社会出版社，2022.

3. 陈树强. 社会工作实践四个基本系统的实践意义再认识［J］. 东岳论丛，2022，43（1）：176-183.

4. 杨超. 社会工作技术的理论建构［J］. 学习与实践，2022（2）：112-121.

5. 何雪松，王天齐. 社会工作的关系思维：三个传统与新的综合［J］. 新视野，2021（6）：62-69.

6. 郭伟和. 迈向反身性实践的社会工作实务理论：当前社会工作理论界的若干争论及其超越［J］. 学海，2018（1）：125-133.

7. 顾东辉. 论社会工作的阴阳之道［J］. 西北师大学报（社会科学版），2017，54（4）：5-10.

8. 文军，吴越菲. 灾害社会工作的实践及反思：以云南鲁甸地震灾区社工整合服务为例［J］. 中国社会科学，2015（9）：165-181，207.

9. 臧其胜. 标准化案主：社会工作临床技能教育的新策略［J］. 社会学研究，2013（2）：197-219，245-246.

10. 古学斌，张和清，杨锡聪. 专业限制与文化识盲：农村社会工作实践中的文化问题［J］. 社会学研究，2007，22（6）：161-179，244-245.

【影音赏析】

1. 电影《放牛班的春天》
导演：克里斯托夫·巴哈蒂
主演：让-巴蒂斯特·莫尼耶、热拉尔·朱尼奥、弗朗索瓦·贝莱昂等剧情介绍：1949年的法国乡村，音乐家克莱门特到了一间外号叫"塘低"的男子寄宿学校当助理教师。学校里的学生大部分都是难缠的问题儿童，体罚在这里司空见惯，学校的校长只顾自己的前途，残暴高压。性格沉静的克莱门特尝试用自己的方法改善这种状况，他重新创作音乐作品，组织合唱团，决定用音乐的方法来打开学生们封闭的心灵。然而，事情并不顺利，克莱门特发现学生皮埃尔·莫安琦拥有非同一般的音乐天赋，但是单亲家庭长大的他，性格异常敏感孤僻，怎样释放皮埃尔的音乐才能，让克莱门特头痛不已；同时，他与皮埃尔母亲的感情也渐渐微妙起来。

2. 电影《日日是好日》

导演：大森立嗣

主演：黑木华、树木希林、多部未华子、原田麻由等

剧情介绍：典子是一名20岁的女大学生，每天过着浑浑噩噩、随波逐流的日子，对于自己的未来充满了迷惘。在母亲的介绍之下，典子和表姐美智子一起来到了家附近的一间茶道教室里学习茶道，这是典子第一次踏入这个对她来说陌生而又神秘的领域。负责授课的老师是一位名叫武田的老太太，典子有些害怕这位稍显严厉的老师。然而，随着时间和学习进度的推移，典子渐渐从茶道的知识中领悟到了人生的道理。起初那些她并不是很理解的繁文缛节，也在无形之中抚平了她焦躁的内心。

【复习思考】

1. 新时代社会工作者的专业核心素养或核心能力有哪些？
2. 社会工作者的社会资源有哪些？具体该如何链接和利用？
3. 未来社会工作者的发展应该是通才式还是专才式？
4. 从社会工作视角看来，弱势群体是相对的还是绝对的？为什么？
5. 社会工作服务中只有一种专业关系的优势和劣势分别是什么？
6. 社会工作服务过程中可能面临的多重关系有哪些？如何应对？
7. 社会工作者的直接角色有哪些？
8. 社会工作者的间接角色有哪些？
9. 社会工作者本身是否是弱势群体？
10. 当代中国社会工作服务过程的社会文化脉络有何新特征？

> 【个人成长】

1. 你心目中优秀的或杰出的社会工作人才有什么要求？能发挥什么作用？
2. 你愿意成为某个领域的一名社会工作者吗？为什么？
3. 你觉得个人的能力和素养是否适合当社会工作者？
4. 你最擅长的社会工作者角色是什么？
5. 你觉得社会工作者与服务对象之间的专业关系具体应该是怎么样的？
6. 都说社会工作者和服务对象是互为主体的关系，那么你希望从服务对象那里收获什么呢？

| PPT 课件 | 考研真题 | 职考真题 | 法律法规 |

第七章 个案社会工作

【课前导读】

社会工作的初学者，一般都比较喜欢用所学的专业方法来尝试解决自己身边人遇到的问题以及安抚自己的心灵。所谓的助人自助，也包括对于社会工作者的助人自助。而作为最早被承认的专业方法，个案社会工作有着更加完备的理论基础和更加健全的方法技术，也更有利于初学者运用此方法技术来实现自身的修己达人。

为了帮助同学们更加精准地掌握个案社会工作的知识和原理，本章在对个案社会工作发展历史、具体类型及其功能和作用分析的基础上，一方面重点阐释个案社会工作的核心实务模式及其具体服务内容和技术，包括心理社会介入模式、认知行为主义模式、危机介入模式、任务中心模式、人本主义模式、家庭治疗模式等。另一方面重点分析和解释个案社会工作的会谈以及资料记录等方面的技巧与技术。

【核心概念】

个案社会工作、心理社会治疗模式、直接治疗技巧、间接治疗技巧、反思性治疗技巧、非反思性治疗技巧、现实情况反思、心理动力反思、人格发展反思、心理动态诊断、缘由诊断、分类诊断、行为修正模式、正增强、负增强、消除、差别增强、形成反应法、个案概念化、合作式的治疗关系、苏格拉底式的提问、结构化、心理教育、认知重塑、理性情绪治疗模式、任务中心模式、危机介入模式、人本治疗模式、自我概念、结构式家庭治疗模式、家庭系统、家庭结构、病态家庭结构、家庭生命周期、支持性技巧、引导性技巧、影响性的技巧、个案会谈、家庭访谈、个案记录、个案管理

【重点难点】

重点一：个案社会工作的主要模式。

重点二：个案社会工作的常用技巧。

难点一：个案管理具体如何开展。

难点二：个案社会工作的优势与局限。

第七章 个案社会工作

> 【内容精要】

第一节 个案社会工作的基本概念

一、个案社会工作的特点

个案社会工作是指采用直接的、面对面的沟通与交流方式，运用有关人际关系与个人发展的各种科学知识与专业技术，对服务对象（个人或家庭）进行工作；它通过提供物质帮助、精神支持等方面的服务，协助服务对象解决困扰他或他们的问题，并改善其人际协调能力，完善其人格与自我，增强其适应社会生活的能力，以维护和发展个人或家庭的健全功能，增进其福利。个案社会工作特点如下[①]：

1. 个别化方式

个案社会工作非常强调服务对象的个体独特性，并往往以一对一的方式来提供服务，以精准化、个别化的方式来处理服务对象的独特问题与需要。社会工作者可能面对的是一个人，也可能面对的是一个家庭。

2. 专业性关系

因为个案社会工作提供个别化方式服务，社会工作者的自身表现及其与服务对象的专业性关系就显得十分重要。具体来说，社会工作者不仅要充分了解服务对象的各种资料、问题与需求，更要以尊重、接纳以及关怀的态度与服务对象沟通与交流，并采取适切性的服务策略。

3. 共同的努力

社会工作者与服务对象互为主体的特质要求服务对象积极参与服务的过程，而不是依赖社会工作者的单向度努力。具体来说，服务对象不仅要主动分享自身的信息，更要明确表达自身的问题与需求，并主动参与目标制定与服务过程。唯有如此，才能真正实现助人自助。

---

① 许莉娅. 个案工作 [M]. 北京：高等教育出版社，2004：5.

4. 资源的运用

个案社会工作除了强调帮助服务对象在心理上的改变，还需要调用一切可能的有利于服务对象转变的资源，这既包括服务对象个人的资源，也包括社会的资源，既包括经济资源和关系资源，更包括文化资源与政策资源等。

二、个案社会工作的本质

个案社会工作的本质是协调服务对象与社会环境之间的适应状况，恢复和增强个人或者家庭的社会功能。社会功能的恢复主要包括增强个人或者家庭处理困境的能力、提升个人或者家庭的社会环境适应性、形成个人或者家庭与社会环境的相互促进；社会功能的增强主要包括对个人或者家庭自身能力的关注、个人或者家庭运用周围环境资源能力的提高，以及个人或者家庭解决问题和问题预防能力的提高。

个案社会工作有精准性、个别化、持续性的优点，同时也面临服务覆盖面不大、服务成本较高、宏观和结构视角缺乏等困境。一方面，个案社会工作的服务视角较为微观，聚焦的问题更为个人，往往对中观、宏观层面的问题难以有效回应；另一方面，个案社会工作服务往往解决的是一般性的心理及社会问题，关注的主要是服务对象的社会功能的恢复与发展，而对于较为复杂的心理及精神方面的问题，仍然需要心理学、精神医学专家的配合。

第二节　个案社会工作的主要模式

一、心理社会治疗模式

（一）心理社会治疗模式的理论假设

1. 对人的基本假设，认为每个人都是有价值和潜能的，强调人是生活在特定社会环境中的人，并表现为生理、心理和社会环境对个体的影响，因此人是生理性、心理性和社会性的综合体。

2. 对服务对象问题的假设，强调人的问题往往是不良社会环境的结果，具体包括个体自身的生理缺陷、心理功能以及社会环境，比如不成熟或者有缺陷的自我和超我功能、过分严厉的自我防卫机制和超我功能等。

3. 对问题解决策略的假设，认为有效的人际沟通是形成个人健康人格的重要条件，强调问题解决之道不仅在于个体内在潜能的激发，更在于支持性的社会环境以及个体与环境的积极沟通。

（二）心理社会治疗模式的治疗技巧[①]

1. 直接治疗技巧

（1）非反思性直接治疗技巧，是指社会工作者直接向服务对象提供各种必要的服务，而服务对象只处于被动服从位置的各种辅导技巧，主要包括：一是支持，指通过社会工作者的了解、接纳和同感等方式减轻服务对象的不安，给予服务对象必要的肯定和认可。二是直接影响，指社会工作者通过直接表达自己的态度和意见促使服务对象发生改变。三是探索—描述—宣泄，指社会工作者通过让服务对象解释和描述自己困扰产生的原因和发展过程，为服务对象提供必要的情绪宣泄的机会，以减轻服务对象内心的冲突，改善服务对象不良的行为。

（2）反思性直接治疗技巧，是指社会工作者通过与服务对象相互沟通交流，引导服务对象分析和理解自己的问题的各种具体技巧，比较关注反映服务对象内心的感受和想法，主要包括：一是现实情况反思，指社会工作者帮助服务对象对自己所处的实际状况做出正确的理解和分析的技巧。二是心理动力反思，指社会工作者协助服务对象正确了解和分析自己内心的反应方式的技巧。三是人格发展反思，指社会工作者帮助服务对象重新认识和评价自己以往的经历、调整自己人格的技巧。

2. 间接治疗技巧

该模式强调通过改善周围环境或者辅导第三者间接影响服务对象的间接治疗技巧，包括支持、直接影响、探索—描述—宣泄和现实情况反思等。此处的工作策略主要是通过作用于第三方而间接促进服务对象成长的策略。

3. 心理社会治疗模式的诊断方式

（1）心理动态诊断是对服务对象的人格的各部分之间的互动关系进行评估。如意识与无意识之间的关系，就是心理动态诊断的重要内容。

[①] 全国社会工作者职业水平考试教材编写组. 社会工作综合能力：中级［M］. 北京：中国社会出版社，2009：129-130.

(2) 缘由诊断则是对服务对象困扰产生、变化的心理社会治疗过程进行分析。例如，服务对象的困扰是什么时候产生的、有什么重要的影响事件、在服务对象的成长过程中有什么样的变化等，是对服务对象个人历史的考察。

(3) 分类诊断是对服务对象问题的生理、心理和社会三个方面的影响因素作出判断。

二、行为修正模式[①]

行为修正学派主要运用学习理论来解释人的行为，存在着许多分支，其中最为常用的是反应制约派、操作制约派及社会学习派。

(一) 行为修正学派的基本假设

具体包括：(1) 人的基本特征在于其行为特征；(2) 人的问题在于其可观察到的行为问题；(3) 行为可具体划分为操作性行为与反应性行为；(4) 通过适当的干预可以对行为进行改变，并促进个体的社会功能。

(二) 行为修正学派的基本程序

具体包括：(1) 建立关系，主要是将潜在服务对象变成现实服务对象；(2) 界定问题，包括问题的评估、分析以及确定，其中最重要的是要尊重服务对象对问题的看法；(3) 评估资源，全面考量环境中可利用的正式和非正式资源；(4) 确定目标，既要确定总体目的，更要确定具体目标；(5) 设计计划，主要是确定可以操作的行动方案，包括测量指标；(6) 实施计划，主要是直接服务策略；(7) 结果评估，通过具体的指标评估服务的过程与结果，重在结果；(8) 效果持续，增强和巩固已经取得的行为改变成果。

(三) 操作制约派行为改变的技巧

(1) 正增强。希望出现的行为反应一旦出现，立即给予奖赏，以提高行为出现的频率。

(2) 负增强。当不希望出现的行为出现时，立即给予嫌恶反应，或给予惩罚，以减少此类行为。

(3) 消除。当不希望的行为出现时予以忽视，不做任何反应，以降低该

---

① 李迎生. 社会工作概论 [M]. 3版. 北京：中国人民大学出版社，2018：185-186.

行为发生的频率,乃至消除该行为。

(4) 差别增强。目标行为出现时给予奖励,希望消除的行为出现时不做反应,以提高目标行为出现的频率,消除不希望的行为。

(5) 形成反应法。此法是将目标行为的达成作为最终目的,通过设计具体步骤逐步实现。在这一过程中,每完成一个步骤时均给予鼓励,以助长新行为的产生。

三、认知行为治疗模式[①]

(一) 认知行为治疗模式的基本理论假设

1. 两项基本原则

一是认知对人的情绪和行为有着重要的影响;二是人的行动能够影响人的思维方式和情绪。认知行为治疗模式把人的问题归结为认知、行为和情绪三者之间的相互影响,因此,针对服务对象的问题需要从认知、行为和情绪三个方面同时采取有效的干预措施。

2. 三种意识层次

(1) 意识处于意识状态的最上层,它是人们作出理性认识和判断的基础,监督和评估人们与周围环境之间的互动交流,把人们过去的记忆与现在的经验联系起来,并且为人们未来的行动做出规划。

(2) 自动念头是人们在实际处境中快速流动的意识状态,处于意识的下层。它具有难以言表、快速消失,并且伴有强烈情绪反应的特点。

(3) 图式是意识状态的最深的层次,它由人们的一些核心信念组成,是对自己和周围环境的最基本认识,影响人们对周围环境信息的处理。

(二) 认知行为治疗模式的治疗方法和技巧

1. 个案概念化。根据服务对象的心理结构和问题的特性,将认知行为治疗模式的原理个别化,以适合具体的个案。

2. 合作式的治疗关系。治疗师依据理解、友好、同理等原则与服务对象建立信任、平等的合作治疗关系,组成调查研究小组,一起观察、一起建立问题的假设、一起设计和执行服务治疗计划等。

---

① 全国社会工作者职业水平考试教材编写组. 社会工作综合能力:中级 [M]. 北京:中国社会出版社,2009:131-133.

3. 苏格拉底式的提问。通过采用对话式的提问方式调动服务对象的好奇心和探索能力，揭示服务对象的无效的思维方式和行为方式。

4. 结构化和心理教育。通过让服务对象设计日程的安排和提供反馈的方式，帮助服务对象规划自己的生活安排，提高服务对象的学习能力，最充分地发挥面谈辅导的治疗效果。而心理教育是指运用服务对象日常生活中的经验呈现治疗的概念和要点。

5. 认知重塑。通过认知中错误的辨认、理性选择方式的列举以及认知排演等方法，帮助服务对象认识和改变无效的自动念头和图式，加强服务对象的理性认知的能力。

四、理性情绪治疗模式[①]

(一) 理性情绪治疗模式的理论基础

理性情绪治疗模式对人的心理失调的原因和机制进行了深入的分析，提出比较有影响的 ABC 理论，后来发展成为 ABCDE 模式。

(1) A (activation events) 代表引发事件，是指服务对象所遇到的当前发生的事件。

(2) B (beliefs) 代表服务对象的信念，是指服务对象对当前所遭遇事件的认识和评价。

(3) C (consequences) 代表引发事件之后出现的各种认知、情绪和行为。

(4) D (disputation) 代表干预，是指跳出 B 的思维映射后，重新从其他角度思考解释和评价客观现实 A，或者从更高、更宏观、更联系等等方面重新解释和评价 A，相当于对自己大脑对 A 的映射进行有意识的干预。也就是重新审视 B 的看法是否正确，有没有其他角度来看这件事情，重点是接受不能改变的，改变可以改变的。

(5) E (energization) 代表增能，是指根据 D 修正后的思想重新指导、改善以及修正 C 的情绪或者行为，从而获得更积极、可控、理想的情绪或更合理的采取相应行动。

[①] 李勇，李卫华，张金俊. 个案工作 [M]. 合肥：合肥工业大学出版社，2005：188-203

理性情绪治疗模式指出，服务对象的认知、情绪和行为的反应受到服务对象的信念的影响。所谓非理性信念是指那些把特定场景中的经验绝对、普遍、抽象化之后与实际情况不符的想法和观点。

(二) 理性情绪治疗模式的治疗技巧

1. 非理性信念的检查技巧

即是对服务对象情绪、行为困扰背后的非理性信念的原因进行探寻和识别的具体方法，主要包括：

(1) 反映感受，是指让服务对象具体描述自己的情绪、行为以及各种感受，从而识别出背后的非理性信念。

(2) 角色扮演，是指让服务对象扮演特定的角色，重新体会当时场景中的情绪和行为，了解情绪和行为背后的非理性信念。

(3) 冒险，是指让服务对象从事自己所担心害怕的事，从而使情绪、行为背后的非理性信念呈现出来。

(4) 识别，是指根据非理性信息的抽象、普遍和绝对不符合实际的具体特征分析，了解服务对象的情绪行为背后的非理性信念。

2. 非理性信念的辩论技巧

即是对产生服务对象情绪、行为困扰的非理性信念进行质疑和辨析的具体方法，主要包括：

(1) 辩论，是指让服务对象对自己的非理性信念的不合理的地方进行质疑，动摇非理性信念的基础。

(2) 理性功课，是指帮助服务对象改变非理性信念的语言模式，如"必需……""应该……"等，从而形成理性的思维方式。

(3) 放弃自我评价，是指鼓励服务对象放弃用外在的标准评价自己，逐渐消除非理性信念的影响。

(4) 自我表露，是指借助社会工作者表露自己感受的方式，让服务对象观察和学习理性的生活方式。

(5) 示范，是指通过社会工作者的具体的示范行为，让服务对象理解和掌握理性的行为方式。

(6) 替代性选择，是指借助替代性方法的寻找，帮助服务对象逐渐克服喜欢极端化的非理性信念。

(7) 去灾难化，是指让服务对象尽可能设想最坏的结果，直接面对原来担心害怕的事件（灾难），从而使服务对象担心害怕中的非理性信念显现出来。

(8) 想象，是指让服务对象想象自己处于困扰的处境中，并通过设法克服不合理的情绪和行为的反应方式学习和建立理性的生活方式。

五、任务中心模式[①]

1. 任务中心模式的理论基本假设

(1) 人的一生各个阶段会面临不同的问题，并且人具有解决问题的潜能。

(2) 服务对象问题的产生是因为能力暂时受限，而不是病理因素所致；

(3) 解决问题的困难在于环境或资源不足；

(4) 当人陷入问题时会产生改变问题的动力，但也有适应问题的本能；

(5) 人们只想把问题减轻到可以忍受的地步，而不是从根本上解决问题；

(6) 当个人了解到自身有问题时，会采取行动解决。

2. 任务中心模式的介入

(1) 高效的服务介入必须符合以下要求：一是介入时间有限；二是介入目标清晰；三是介入服务简要；四是服务效果明显；五是介入过程精密。

(2) 任务中心模式在运用任务实现目标过程中非常关注服务对象的自主性。自主性包括两个方面：一是服务对象具有处理自己的问题的权利和义务；二是服务对象具有解决自己的问题的潜在能力。

3. 任务中心模式的内容

(1) 确认服务对象动机；（2）确认任务的种类、可行性与阶段目标；(3) 形成任务体系；（4）执行任务。

4. 任务中心模式的治疗技巧

(1) 有效的沟通行动必须具备的要素有：一是有系统；二是有反应。

(2) 有效的沟通行动需要达到的功能有：一是探究；二是组织；三是意识水平的提升；四是鼓励；五是方向引导。

5. 任务中心模式的特点

(1) 清晰界定问题；（2）明确界定服务对象；（3）合理界定任务。

---

① 李迎生. 社会工作概论 [M]. 3 版. 北京：中国人民大学出版社，2018：186

六、危机介入模式[①]

1. 危机的定义

危机是指一个人的正常生活受到意外危险事件的破坏而产生的身心混乱的状态,主要体现为即时和紧急。危机分为普通生活经历的危机(每个人在成长过程中必然遭遇的困难)和特殊生活经历的危机(特殊人群遭遇的困难)。

2. 危机发展的四个基本阶段

(1) 危机,即随着危机事件的出现,服务对象主动或被动感受到生活的压力剧增;

(2) 解组,即服务对象处于较为严重的情绪困扰中,认知和问题解决的能力下降,生活的平衡度被打破,并造成社会功能的缺失或破坏;

(3) 恢复,即服务对象开始有意识地开始着手解决问题,包括调整行为方式、寻找适应危机环境的新方法等;

(4) 重组,即服务对象所采取的应对策略取得成效,心理及社会功能得以重建和恢复,并建立了新的生活平衡。

3. 危机介入的基本原则

(1) 及时处理,即在危机发生的第一时间做出响应,避免问题的恶化;

(2) 限定目标,即社会工作将服务目标聚焦在核心问题或急需解决的问题上;

(3) 输入希望,即让服务对象认识到问题解决的可行性,并保持乐观态度;

(4) 提供支持,即为服务对象提供心理情感和物质生活方面的支持,以保证其基本生活;

(5) 恢复自尊,即强调服务对象的自尊自强、自信自立,并认识到自身的潜能;

(6) 培养自主能力,即在服务对象的自尊自强、自信自立的基础上,通过能力建设促进其助人自助。

[①] 顾东辉. 社会工作概论[M]. 2版. 上海:复旦大学出版社,2020:121-122.

4. 危机介入的策略

(1) 危机中无助感受的处理;(2) 外部社会资源的挖掘;(3) 服务对象应对危机能力的提升。

5. 危机介入模式的特点

(1) 迅速了解服务对象的主要问题;(2) 快速作出危险性判断;(3) 有效稳定服务对象的情绪;(4) 积极协助服务对象解决当前问题。

七、人本治疗模式[①]

1. 人本治疗模式的理论假设

(1) 对人性的基本看法,即认为人的本质是好的,具有发挥自身内在各种潜在能力、追求不断发展的基本趋向;

(2) 自我概念,包括服务对象对自己的知觉和评价、对自己与他人关系的知觉和评价以及对环境的知觉和评价三个部分;

(3) 心理适应不良和心理适应失调,即服务对象的自我概念与真实的经验和感受相冲突,并产生问题。

2. 人本治疗模式的治疗策略

有效的辅导方式不是运用具体的辅导技巧消除服务对象的困扰,而是创造一种有利的辅导环境让服务对象接近自己的真实需要,变成一个能够充分发挥自己潜在能力的人。罗杰斯认为这样的人是理性的、适应性强的、忠于自己的、心理自由的以及富有创造力的。

3. 人本治疗模式的特点

(1) 注重社会工作者自身的品格和态度。人本治疗模式的重点是通过社会工作者的态度和行为的改变来促进服务对象的改变,因此社工必须首先表现出积极、包容、正向、支持的特质。

(2) 强调个案辅导关系。个案辅导关系需要具备真诚、同感和无条件积极关怀三项充分必要条件,具体表现为表里如一、不评价、同感、无条件地接纳、无条件地爱以及保持独立性。

(3) 关注个案辅导过程。关注过程中服务对象的成长与改变,尤其是其

[①] 全国社会工作者职业水平考试教材编写组. 社会工作综合能力:中级 [M]. 北京:中国社会出版社,2009:139-140.

意识提升和能力增强等，而非过分注重结果。

八、结构式家庭治疗模式[①]

1. 结构式家庭治疗模式的理论假设

结构式家庭治疗模式以家庭作为基本的治疗单位，假设家庭的动力和组织方式与个人的问题密切相关，通过家庭动力和组织方式的改变来解决个人和家庭的问题。

（1）家庭系统。家庭由不同的成员组成，每个成员之间相互影响，形成一个组织化的系统。

（2）家庭结构。每个家庭都具有一定的结构，这些结构涉及家庭系统中的次系统、系统之间的边界、角色和责任分工以及权力结构等。

（3）病态家庭结构。一是纠缠与疏离。家庭系统中各子系统之间的边界不清晰就会出现纠缠与疏离的现象。如果子系统之间的关系过分密切，称为纠缠；如果子系统之间的关系过分疏远，称为疏离。二是联合对抗。当家庭成员之间出现相互冲突的现象时，有些成员就会形成同盟，与其他成员对抗，这就是联合对抗。三是三角缠。家庭成员之间通过第三方实现相互沟通交流，这样就把第三方带入家庭成员的互动关系中。这种现象被称为三角缠。四是倒三角。有些家庭的权力并不集中在父母亲手里，而由孩子掌握。

（4）家庭生命周期。家庭自身有一个发展变化的周期，从两人组成家庭的形成期到增添第一个孩子进入发展期，再到家庭基本结构稳定的扩展完成期，孩子逐渐长大并离开家庭之后进入收缩期，直到所有孩子离开家庭完成收缩期，最后家庭面对解体的解组期。

2. 结构式家庭治疗模式的治疗技巧

（1）重演，即让家庭成员实际表现相互交往冲突的过程，呈现家庭的基本结构和交往方式。

（2）集中焦点，即让家庭成员的注意力集中在家庭交往方式与问题的关联上，避免家庭成员回避问题。

（3）感觉震撼，即利用重复、声调的高低和简洁的语词等方法让家庭成

[①] 米纽庆. 家庭与家庭治疗［M］. 谢晓健，译，北京：商务印书馆，2009.

员明白社会工作者谈话的内容。

(4) 划清界限,即帮助家庭成员分清交往的边界线,使家庭成员之间的交往变得更有弹性。

(5) 打破平衡,即协助家庭成员挑战家庭的病态结构,改变家庭的权力运作方式,打破原来病态家庭结构的平衡。

(6) 互动方式,即让家庭成员了解相互之间的关联方式,明白自己是怎样影响其他家庭成员的,关注家庭成员之间的互动方式。

(7) 协助建立合理的观察视角,即运用自己的专业知识和经验,向家庭成员提供专业的意见和解释,协助服务对象建立合理的观察生活的视角。

(8) 似是而非,即通过强化问题,让家庭成员之间的冲突更加明显,使原来模糊不清的错误想法显现出来,从而为家庭成员了解和改变问题背后的错误想法提供机会。

(9) 强调优点,即引导家庭成员关注整个家庭或者个人的优点,避免过分关注家庭的不足。

3. 结构式家庭治疗模式的特点

(1) 以家庭为工作的焦点;(2) 关注家庭功能失调的评估;(3) 强调家庭功能的恢复。

九、萨提亚家庭治疗模式[1][2]

1. 萨提亚家庭治疗模式的理论假设

(1) 对人的理解。萨提亚相信人是善的,拥有快乐生活的各种能力和资源,而且人只有保持身体、理智、情绪、精神、感受和互动等不同部分的协调,才能使自己的能力和资源充分发挥出来。

(2) 对困难的理解。萨提亚认为,不幸的事件并不能导致人的问题,导致人出现问题的真正原因是错误的应对方式。

(3) 对家庭的理解。萨提亚非常重视家庭,认为它对每个人的影响都非

---

[1] 萨提亚,贝曼,伯格,等. 萨提亚家庭治疗模式 [M]. 聂晶,译. 北京:世界图书出版公司,2007.

[2] 萨提亚. 新家庭如何塑造人 [M]. 易春丽,叶冬梅,译. 北京:世界图书出版公司,2006.

常大,不仅因为每个人都有一段不短的时间生活在家庭中,而且家庭生活经验是人早期的学习经验,陪伴人的一生。

2. 萨提亚家庭治疗模式的治疗方法

萨提亚家庭治疗模式的治疗程序可以分为三个步骤:一是追思往事;二是整理旧经验;三是整合新旧经验。萨提亚家庭治疗模式的焦点是治疗过程,治疗技巧的运用则处在次要位置,常见的有家庭重塑、家庭塑像、家庭图和家族年表等。

3. 萨提亚家庭治疗模式的特点

(1)对自尊的强调,即对服务对象自尊、自信以及自我效能感的强调;(2)关注经验的整合,即强调对服务对象过往经验以及其他类似成功经验的整合;(3)注重感受的改变,即强调人的改变始于感官的印象和感受的变化,并由此带来心理及社会功能的增强。

第三节 个案工作技巧与个案管理

一、个案会谈的技巧[①]

1. 个案会谈的类型

根据会谈的目的和功能,可以把个案会谈分为建立关系的会谈、收集资料的会谈、诊断性会谈、治疗性会谈及一般性咨询会谈等5种类型。

2. 支持性技巧

支持性技巧是社会工作者借助口头和身体语言让服务对象感受到被理解、被接纳的一系列技术,具体包括:

(1)专注。社会工作者借助友好的视线接触、开放的姿势以及专心的态度关注服务对象的表达。如眼神注视、身体前倾。

(2)倾听。社会工作者用心聆听服务对象传达的信息,理解服务对象的感受。

[①] 全国社会工作者职业水平考试教材编写组. 社会工作综合能力:中级[M]. 北京:中国社会出版社,2009:153-155.

(3) 同理心。社会工作者设身处地体会服务对象的内心感受，理解服务对象的想法和要求。

(4) 鼓励。社会工作者运用口头语言和身体语言的方式肯定服务对象的一些积极表现。如点头微笑等。

3. 引导性技巧

引导性技巧是社会工作者主动引导服务对象探索自己过往经验的一系列技巧，具体包括：

(1) 澄清。社会工作者引导服务对象重新整理模糊不清的经验和感受。如，"您刚才说的意思是……是吗？"或者"听了您刚才的话，我的理解是……对吗？"

(2) 对焦。社会工作者对服务对象偏离的话题或者宽泛的讨论进行收窄，集中讨论的焦点。如："因为时间有限，您这次最想谈的话题（问题）是什么？其他的我们放在以后。"或者"您能否把接下来想做的事情排一下次序？这样，我们就可以从您最希望做的事情开始。"

(3) 摘要。社会工作者将服务对象长段谈话或者不同部分的话题进行整理，概括和归纳其中的要点。如："您刚才讲的是不是包含……几个方面的要求？"或者"您刚才讲的，我的理解是……您有什么补充吗？"

4. 影响性的技巧

影响性技巧是社会工作者为服务对象提供必要的信息或者建议，让服务对象采取不同的理解和解决方法的一系列技巧，具体包括：

(1) 提供信息。社会工作者借助自己的专业知识和经验，向服务对象提供必要的知识和技巧。

(2) 自我披露。社会工作者有选择地袒露自己的亲身经历或者处理事情的方法，为服务对象提供参考。

(3) 建议。社会工作者根据服务对象的具体情况，提供有利于服务对象改善生活状况的建设性意见。

(4) 忠告。社会工作者向服务对象指出某些行为的危害性或者必须采取的行为。

(5) 对质。社会工作者通过直接提问等方式让服务对象面对自己在行为、情感和认识等方面不一致的地方。

二、收集资料的技巧

1. 会谈的运用

会谈的运用有两种常见的方式：（1）自我陈述，允许服务对象按照自己的喜欢方式讲述自己的故事和情况；（2）对答方式，社会工作者采用严格的对答方式，以保证信息的完整性。

2. 调查表的运用

（1）结构式调查表，预先设计好固定的调查问题和调查问题的答案选项，适合收集有明确答案而且比较容易识别的资料。如服务结束之后，针对服务对象行为改变状况进行调查。

（2）非结构式调查表，只预先设计好固定的调查问题，但没有答案选项，适合没有明确答案的开放式问题的资料收集。如对自己生活的评价，或者对生活的改变要求等。

3. 观察的运用

（1）参与观察，社会工作者在观察过程中直接参与观察服务对象的活动。优点：社会工作者与服务对象有直接互动和交流，比较适合于那些有关服务对象或者周围他人内心想法和感受的资料收集。缺点：容易受到社会工作者主观偏好的影响。

（2）非参与观察，社会工作者在观察过程中不直接参与观察服务对象的活动。只适合那些可以通过外部观察就可以察觉到的现象，如服务对象与周围他人的沟通方式等。

4. 现有资料的运用

（1）文献记录，有关服务对象日常生活状况的文字记录，如学生的成绩单、低保家庭的低保证明、医院的健康检查证明等；

（2）实物，服务对象与周围环境互动过程中留下的能够呈现服务对象生活状况的资料，如服务对象的学习作品、服务对象所做的环境布置等。

三、个案管理

当服务对象的问题较为复杂且需要多方面资源的时候，单纯的个案工作难以提供系统性的服务和资源支撑，就需要开展个案管理。作为一种提供服务的方法，个案管理是由专业社会工作者评估服务对象及其家庭的需求，并安排、协调、监督、评估和倡导一套包含多种项目的服务，以满足特定服务对象的复杂而持续的需求。个案管理大致相当于医疗领域的专家会诊。

（一）个案管理的特点

个案管理最大的特点就是其"管理"二字，即是注重对服务过程、服务资源、服务角色、服务目标，以及服务技巧的管理、整合和协调。相比于个案工作而言，个案管理的服务对象遭遇的问题是复杂的，服务需要的资源是综合的，社会工作者的角色是多元的，服务目标是整合性的，服务技巧是多层次的，服务人员更是跨专业和团队的，最终服务成效也是更为持续的。

具体而言，个案管理具有以下特征：一是服务对象遭遇的问题往往是复杂的，需要其他专业人员的团队合作才可能解决；二是需要采用跨团队协调合作的工作方法；三是要重视和善于与服务对象建立良好的专业关系；四是需要开展持续性服务并有重点、分步骤地制订工作计划；五是要善于协调多部门、多机构，提供整合性的服务；六是要强调对服务对象价值的认可，维护服务对象的尊严；七是要着眼服务对象的潜能发掘和能力建设，实现助人自助。

（二）社会工作者的角色

与个案工作注重社会工作者扮演使能者、辅导者、治疗者、协调者，以及教育者等直接角色不同，个案管理除了需要扮演以上直接角色外，更需要扮演各种旨在链接资源和管理团队的间接角色，最终实现综合性管理和协调的功能。具体而言，个案管理中社会工作者重点扮演以下角色：

1. 使能者。问题越是复杂，越需要服务对象有解决问题的信心、耐心与决心，也就越需要社会工作者有激发服务对象潜能的能力和技巧。因此，个案管理中的社会工作者要积极扮演使能者的角色，一是要激发服务对象解决问题的动机和态度，二是要促进服务对象采取解决问题的行动和措施，使其"心动不如行动"。唯有服务对象与社会工作者一起行动起来，才是问题解决的开始与正确姿态。

2. 教育者。在个案管理中，社会工作者一方面要了解服务对象并指导服务对象掌握相关知识和技巧，帮助其重新了解和认识自我，思考个人功能发挥不佳的原因；另一方面要协助服务对象去建立理性而有效的行为方式，并发展与维持自身拥有的资源网络系统。

3. 经纪人。在个案管理中，社会工作者通过评估服务对象的问题，判断其需要得到的服务性质、内容、传送方式，并据此先拟订一个服务计划，然后帮助服务对象接触那些可能提供服务的专业人员，最终通过沟通协调提高服务资源网络的效率。

4. 倡导者。个案管理中社会工作者的重要职责是最大限度为服务对象链接资源，促进其合法权益的最大化。具体来说，社会工作者的倡导角色包括：一是通过沟通协调将服务对象的问题和困境反馈给相关专业人员，以获得相应的专业服务支持；二是通过网络赋权、数字增能、影像发声等多种方式，将服务对象的实际情况反映给资源潜在者，以获得资源的链接与支持；三是努力促进和保持提供服务的系统（包括心理辅导师、学校老师、护理人员、家庭服务员、就业辅导师）持续介入服务过程，不会因为服务对象问题复杂，或服务对象缺乏改善动机和能力而放弃提供服务；四是通过调查研究、需求报告、建言献策以及参政议政等多种方式，提升服务对象的政策支撑度、权益保障度以及资源支持度。

（三）个案管理的原则[①]

1. 服务对象参与。个案管理强调服务对象与社会工作者一起工作，包括需求的评估、包裹式服务的规划与组织等，都是由双方共同作决定。服务对象不是单纯接受规划好的服务，而是需要参与整个个案管理过程。

2. 服务评估。评估是个案管理的核心任务，包括服务对象的需求、生理状况、社会环境、非正式网络，甚至个人偏好。个案管理的评估分为：初始评估、需求评估、财务评估和社会工作专业评估。此外，在执行个案管理的过程中，也可能会有服务反馈，在此后进行再评估。

3. 服务协调。个案管理更注重社会工作者的协调能力，强调社会工作者需要协调各方资源为服务对象提供"全人"服务，并不局限对服务对象的特殊需要提供直接服务。

4. 资源整合。社会工作者要尽可能掌握有助于满足服务对象需求的各方面资源，并加以整合运用。这些可利用的资源可能来自政府机构、非营利组

[①] 全国社会工作者职业水平考试教材编写组. 社会工作综合能力：中级 [M]. 北京：中国社会出版社，2009：164.

织、商业机构，甚至可能来自服务对象自身，因为服务对象本身所具有的能力也是一项资源。

5. 包裹式服务与专业合作。所谓包裹式服务，是指经过需求评估和可利用资源的确认后设计一整套服务，并且通过各种服务的联结最终促使服务对象学会独立自主。所谓专业合作，是指个案管理是一种结合不同专业领域的团队工作方法。团队中可能包括医生、护士、职业治疗师、临床心理学家，以及其他专业人士，这种多专业合作是为了给服务对象提供"全人"服务。

6. 服务监督。评估和监督是个案管理中的重要组成部分，其目的是确保所提供服务能够达到服务对象认可的标准。

【考研真题】

一、名词解释题

  1. 有效沟通原则（河海大学，2024）

  2. 操作性制约（河海大学，2024）

  3. 服务对象的主体性自我（复旦大学，2024）

  4. 认知行为理论（河海大学，2024）

  5. 缘由诊断（苏州大学，2024）

  6. 问题外化（重庆大学，2024）

  7. 情绪ABC（重庆大学，2024）

  8. 叙事治疗模式（西北大学，2024；四川外国语大学，2024）

  9. 任务中心模式（云南大学，2024）

  10. 个案管理（西北大学，2024）

  11. 行为治疗模式（广西师范大学，2024）

  12. 个案工作（沈阳师范大学，2024；中南财经政法大学，2024；天津理工大学，2024）

  13. 家庭生命周期（广州大学，2024）

  14. 沟通（广东外语外贸大学，2024）

  15. 自我披露（华中师范大学，2024）

二、简答题

  1. 简述结构式家庭治疗模式的主要观点。（北京师范大学，2024）

  2. 简述个案管理的原则。（中国农业大学，2024）

第七章　个案社会工作

3. 简述心理社会模式的主要观点和实施原则。(华东理工大学，2024)

4. 简述存在主义治疗模式。(华东政法大学，2024)

5. 简述叙事治疗模式的特征。(浙江大学，2024)

6. 简述任务中心模式解决问题的类别。(东南大学，2024)

7. 简述理性情绪治疗法的理论基础和实践特点。(苏州大学，2024)

8. 简述心理动力结构及其干预模式。(重庆大学，2024)

10. 简述情绪 ABC 干预模式。(重庆大学，2024)

11. 简述叙事治疗模式的观点与方法。(西南大学，2024)

12. 简述心理社会治疗模式的理论取向和主要方法。(湘潭大学，2024)

13. 简述叙事治疗理论的主要内容。(安徽大学，2024)

14. 简述社会工作研究的伦理守则。(安徽大学，2024)

15. 简述个案管理的目的。(云南大学，2024)

16. 简述认知治疗理论的观点和基本假设。(西安交通大学，2024)

17. 简述叙事治疗模式的主要内容。(西安交通大学，2024)

18. 简述萨提亚模式沟通治疗技巧。(西北农林科技大学，2024)

19. 简述任务中心模式的步骤和观点。(广西师范大学，2024)

20. 简述任务中心模式的主要内容。(大连海事大学，2024)

21. 简述心理及社会学派的核心概念"人在情境中"，并说明在介入过程中该如何应用。(吉林大学，2024)

22. 简述个案工作的"社会—心理"模式。(华南理工大学，2024)

23. 简述个案工作的本质。(华南师范大学，2024)

24. 简述个案管理与个案工作的差异。(华南农业大学，2024)

25. 简述个案工作的过程技巧。(广州大学，2024)

26. 简述个案管理的实施原则。(广东工业大学，2024)

27. 简述个案工作中心理社会治疗模式的观点。(天津理工大学，2024)

28. 简述任务中心模式的特点。(天津理工大学，2024)

29. 简述问题解决模式的基本特点。(华中科技大学，2024)

30. 行为主义个案工作的技巧。(华中师范大学，2024)

31. 简述病态的家庭结构内容。(华中师范大学，2024)

32. 简述游戏治疗模式特征。(华中师范大学，2024)

33. 简述问题解决学派的两个基本观点。(南京理工大学，2024)

三、论述题

1. 论述叙事治疗解释、知识、技术语言三者的关系和应用。(华东师范大学,2024)

2. 论述个案工作的心理社会模式。(浙江师范大学,2024)

3. 某电信诈骗受害者因为贪心受骗,受骗后情绪不稳定,不敢相信这是事实。请分析认知行为理论和理性情绪理论对诈骗受骗者干预的优缺点。(重庆大学,2024)

4. 论述萨提亚家庭治疗模式的基本理论假设,及其在当下中国社会中的应用价值与存在的问题。(湘潭大学,2024)

5. 结合实际案例,谈谈对个案管理的理解。(山西医科大学,2024)

6. 分析叙事治疗模式的特点及其过程步骤。(华南理工大学,2024)

7. 论述如何用系统理论开展家庭社会工作。(广州大学,2024)

【职考真题】

1. 小李今年 22 岁,本科毕业后在一家新媒体公司工作。没有经验的小李尽管非常努力,但仍难以应付繁重的工作,工作业绩不突出。小李觉得同事都很优秀,自己什么都做不好,达不到领导的要求,还让同事失望,感到很对不起他们。社会工作者小范决定采用理性情绪治疗模式开展个案辅导。下列做法中,符合该模式特点的是( )。(2022-26)

A. 让小李明白她的困扰是由于自己认为"达不到别人要求是不好的"

B. 从小李以往生活工作经验出发,帮助其分析目前遭遇困境的根源

C. 协助小李分析个人能力、与领导和同事的关系,疏导其负面情绪

D. 让小李认识到自己刚参加工作,工作业绩不突出是可以被理解的

2. 初一学生小薛个性十分要强,凡事都要争第一,如果得不到就会暴躁与失落。近日,因为输了一场篮球赛,小薛情绪低落,母亲说了他两句,他就要离家出走。父亲常年出差,无暇顾及家庭。小薛的情况让母亲十分着急,于是向社会工作者小王求助。小王为小薛提供个案服务的首要任务是( )。(2023-21)

A. 帮助小薛增强自我情绪管理能力

B. 邀请母亲参加社区亲职能力小组

C. 鼓励小薛多加训练提高篮球技能

D. 辅导父亲以提高其亲子沟通能力

3. 万先生，36岁，轻度智力障碍，幼年时父亲离世。母亲一直担心他在外被欺负，从小就不让他与别人多接触。最近万先生因之前工作的福利工厂效益不好，失业在家，整日无所事事，不与人沟通。母亲很心疼儿子，担心自己老了后，儿子无人照料，便向社会工作者求助。根据心理社会治疗模式中反思性直接治疗技巧，社会工作者适宜的做法是（　　）。(2023-22)

A. 不带评判地倾听万先生的想法，表达对他处境的理解

B. 帮助万先生及其母亲申请社会救助并建立社区支持网络

C. 表达对于万先生整天闷闷不乐且不与人交流原因的看法

D. 协助万先生分析自己现在的状况与母亲的关爱保护有关

4. 王先生和妻子近期因孩子教育问题产生了激烈的冲突，向社会工作者老安寻求帮助。在面谈时，老安了解到，妻子和儿子的关系比较亲近，夫妻两人冷战时，儿子是他们的传话筒。于是老安让王先生一家将家里真实的冲突场景模拟出来，帮助他们厘清每个人在冲突中的表现是如何影响其他家庭成员的。根据结构式家庭治疗模式，老安所运用的技巧是（　　）。(2023-25)

A. 重演和划清界限　　　　　　B. 促进互动和集中焦点

C. 重演和促进互动　　　　　　D. 集中焦点和划清界限

5. 服务对象小军是一名大四学生，在与社会工作者的某次面谈中表示，自己有三门课程不及格，如果不能顺利毕业会对不起父母，压力很大。他想努力学习但又抵挡不住网络游戏的诱惑，觉得只有玩游戏才能缓解压力。社会工作者的下列回应中，运用摘要技巧的是（　　）。(2023-27)

A. "小军，你刚才提到了很多要解决的问题，你最想解决的问题是什么？"

B. "小军，既然你知道再不用功就无法毕业，那为什么还不做出改变呢？"

C. "小军，你刚才讲的有两个意思，一个是自己不能顺利毕业，有压力，另一个是觉得打游戏可以让自己放松，是吗？"

D. "小军，我能理解你的矛盾感受，你觉得一直打游戏就很难毕业，对不起父母，但你仍然没办法控制自己。"

6. 小胡是大学二年级学生，本学期的统计学课程让她陷入高度焦虑状态，她上课听不懂，作业也无法完成，想询问老师和同学，却害怕被他们瞧

不起。小胡努力在课后自学，但是收效甚微，于是向社会工作者小董求助。小董采用影响性技巧帮助小胡，下列做法中，体现了影响性技巧的是（　　）。(2022-68)

　　A. 小董向小胡介绍自己曾用过的统计学简明教程

　　B. 小董与小胡分享自己研习教材例题的有效经验

　　C. 小董向小胡建议旁听另一位同课程老师的授课

　　D. 小董将小胡叙述的话进行整理并且概括出重点

　　E. 小董向小胡表示自己也有类似经历和相同感受

7. 10岁的小龙在爸爸去世后，与妈妈一起生活。班主任老师发现小龙在学校情绪低落、反应迟钝，胳膊上还莫名其妙地出现一些伤痕，便将其转介给学校社会工作者小刘。为便于后期个案服务工作的开展，小刘决定全面收集资料，其适宜的做法有（　　）。(2022-69)

　　A. 通过家访观察小龙与妈妈之间的互动

　　B. 通过会谈来分析小龙问题产生的原因

　　C. 通过家访了解小龙的居住和生活环境

　　D. 查阅小龙的各科成绩单和就医记录等

　　E. 选用儿童抑郁量表测量小龙心理状况

8. 小曼因失恋心情烦躁，情绪低落，面对家人的安慰愈发烦躁。小曼脑海中时常浮现前男友与她分手的场景，觉得人生没有意义，时常失眠，甚至想要自杀。小曼在朋友的陪伴下向社会工作者求助。根据危机介入的基本原则，社会工作者适宜的做法有（　　）。(2023-67)

　　A. 辨识小曼面临的危机及其危险程度

　　B. 辨识小曼的错误想法，帮助其改变

　　C. 赞赏小曼寻求帮助的行动，强化信心

　　D. 协助小曼觉察家人和朋友对她的关心

　　E. 引导小曼探索经历失恋对生活的意义

9. 小郭大学毕业后，一直未找到工作，整日在家打游戏，其母亲寻求社会工作者大林的帮助。经过3个月的服务，小郭的行为有所改善，服务目标基本达成，进入结案阶段。此时，大林适当的做法有（　　）。(2023-68)

　　A. 征询小郭母亲意见，决定是否结案

　　B. 提前告知小郭结束个案服务的时间

C. 与小郭一起寻找打游戏之外的生活安排

D. 与小郭电话商讨结案后跟进服务的计划

E. 告诉小郭因时间原因而不得不终止个案服务

10. 朱女士与冯先生育有一双儿女，儿子康康上小学，女儿妞妞上幼儿园。夫妻俩因工作繁忙，无法顾及家庭，只能与冯先生的父母一起居住，共同照顾孩子。朱女士与公婆在教养孩子方面的理念和方法差异较大，婆媳经常争吵，严重时甚至恶语相向。最近半年，康康的学习成绩明显下降，变得沉默寡言，冯先生寻求社会工作者老袁的帮助。在预估阶段，老袁需要对冯先生家庭问题进行分析，其内容应该包括（　　）。(2023-69)

A. 冯先生家庭问题的干预建议

B. 冯先生家庭成员的能力和拥有资源

C. 冯先生家庭问题的主要表现

D. 冯先生家庭服务策略中的理论依据

E. 冯先生家庭问题的主要成因

【参考答案】1. A　2. A　3. D　4. C　5. C　6. ABC　7. ABCD　8. ACD　9. BCD　10. ABCE

【传统文化】

1. 见贤思齐焉，见不贤而内自省也。　　　　　　　——《论语·里仁》

2. 己欲立而立人，己欲达而达人。　　　　　　　　——《论语·雍也》

3. 以己之心，度人之心。将心比心，强如佛心。

　　　　　　　　　　　——石成金：《传家宝》卷之五《天福编》

4. 对忧人勿乐，对哭人勿笑，对失意人勿矜。

　　　　　　　　　　　　　　　　——吕坤：《呻吟语·应务》

5. 人之情，心服于德不服于力。　　　　　　　　　——《文子·符言》

6. 世事洞明皆学问，人情练达即文章。　——曹雪芹：《红楼梦》第五回

7. 入门休问荣枯事，且看容颜便得知。　　　　　　——《增广贤文》

8. 处逆境心，须用开拓法；处顺境心，要用收敛法。

　　　　　　　　　　　　　　　——金缨：《格言联璧·存养类》

9. 静能制动，沉能制浮，宽能制褊，缓能制急。

　　　　　　　　　　　　　　　——金缨：《格言联璧·存养类》

10. 轻当矫之以重，浮当矫之以实，褊当矫之以宽，执当矫之以圆，傲当矫之以谦，肆当矫之以谨，奢当矫之以俭，忍当矫之以慈，贪当矫之以廉，私当矫之以公。放言当矫之以缄默，好动当矫之以镇静，粗率当矫之以细密，躁急当矫之以和缓，怠惰当矫之以精勤，刚暴当矫之以温柔，浅露当矫之以沉潜，溪刻当矫之以浑厚。——金缨：《格言联璧·存养类》

【原声再现】

1. "家庭生活""孩子们的喧闹"，整个这一"小小的微观世界"比"宏观"世界有意思得多。 ——马克思

2. 群众生产，群众利益，群众经验，群众情绪，这些都是领导干部们应时刻注意的。 ——毛泽东：《为中直军直生产展览会的题词》

3. 预防是最经济最有效的健康策略。古人说："上工治未病，不治已病。""良医者，常治无病之病，故无病。"要坚定不移贯彻预防为主方针，坚持防治结合、联防联控、群防群控，努力为人民群众提供全生命周期的卫生与健康服务。

——2016 年 8 月 19 日，习近平在全国卫生与健康大会上的讲话

4. 要发挥社会工作的专业优势，支持广大社工、义工和志愿者开展心理疏导、情绪支持、保障支持等服务。

——2020 年 2 月 23 日，习近平总书记在统筹推进新冠肺炎疫情防控和经济社会发展工作部署会议上的讲话

【时代之声】

1. 2017 年 6 月，民政部、财政部、国务院扶贫办发布《关于支持社会工作专业力量参与脱贫攻坚的指导意见》，强调"支持社会工作专业力量参与脱贫攻坚工作，要坚持党政引领、协同推进，将发展专业社会工作纳入当地党委政府关于脱贫攻坚的总体安排中，同其他扶贫工作一同部署、协同推进；坚持以人为本、精准服务，科学评估贫困群众服务需求，分类制定个性化扶贫方案，有效配置扶贫资源，灵活选择服务方式，开展有针对性的个案服务，助力精准扶贫、精准脱贫；坚持东西协作、广泛参与，充分发挥东部发达地区社会工作专业人才、资源优势，采用定点帮扶、对口支援、结对共建等方式帮助西部贫困地区发展壮大社会工作专业力量，开展专业社会工作服务；

坚持群众主体、助人自助,发挥社会工作专业人才组织协调、资源链接、宣传倡导的优势,激发贫困群众的内生动力,帮助贫困群众建立健全社会支持系统,支持贫困群众提升自我脱贫、自我发展能力"。

2. 2017年7月,民政部、教育部、财政部、共青团中央、全国妇联联合发布《关于在农村留守儿童关爱保护中发挥社会工作专业人才作用的指导意见》,强调"培育发展社会工作专业人才队伍和服务机构,推广应用社会工作专业人才参与农村留守儿童关爱保护的经验模式,发挥社会工作专业人才的专业优势,促进提升农村留守儿童关爱保护工作成效""明确社会工作专业人才在农村留守儿童关爱保护中的主要任务",具体包括:协助做好救助保护工作、配合开展家庭教育指导、积极开展社会关爱服务。"以留守儿童关爱保护为重点,加大农村地区社会工作专业人才培养使用力度",具体包括:加强社会工作专业人才培养、积极培育发展社会工作服务机构、推进乡镇(街道)社会工作服务站点建设、加强相关单位社会工作专业人才配备使用。

3. 2017年12月,民政部等9部门联合发布《关于加强农村留守老年人关爱服务工作的意见》,强调"探索推动社会工作专业力量参与留守老年人关爱服务。加大农村社会工作专业人才培养力度,支持农村基层组织、为老服务组织根据需要配备使用社会工作专业人才。发挥社会工作人文关怀、助人自助的专业优势,通过设立社会工作站点、政府购买服务等方式,及时为留守老年人提供心理疏导、情绪疏解、精神慰藉、代际沟通、家庭关系调适、社会融入等服务""民政部门牵头做好工作协调,培养壮大农村养老服务和社会工作专业人才队伍,加强农村养老服务设施建设,将农村留守老年人关爱服务体系纳入农村养老服务体系筹考虑"。

【榜样力量】

袁方,1918年出生于湖南省汉寿县安乐乡,1938年进入国立西南联合大学学习社会学,师从陈达、潘光旦、李景汉等著名社会学家;1942年毕业后留校任教,从此开始了漫长的教学生涯。半个多世纪以来,袁方把毕生精力献给了教育事业,在社会学、人口学和劳动经济学等领域都做出了杰出的贡献。

袁方与社会工作结缘,是在20世纪80年代中期。1985年5月27日,《中共中央关于教育体制改革的决定》公布,明确指出要改变高等教育科类比例不合理的状况，加快财经、政法、管理等薄弱系科和专业的发展。之后，高校关于学科专业调整的讨论和研究被提上议程。在此大背景下，北京大学社会学系的教师在系主任袁方的主持下，分两组论证新专业的设置，论证的其中一个新专业是"社会发展计划与管理专业"。于是，北京大学社会学系向国家教育委员会（教育部的前身）提请设置社会发展计划与管理专业。1985年12月，国家教育委员会在广州召开高等学校社会学学科专业调整论证会，会上对新专业的名称有不同看法。雷洁琼、袁方、何肇发等人力主设立社会工作专业，而各种意见协商的结果是采用"社会工作与管理"的名称，并在长时间征求各方意见之后正式公布实施。1986年，国家教育委员会同意增设社会工作与管理专业，北京大学也就成了国家教育委员会批准的首批招收社会工作与管理专业本科生的高等院校。

与此同时，民政部为了推动民政工作的深入发展，借助社会力量来发展社会工作教育事业，培养社会工作专门人才，决定成立社会工作教育研究中心，聘请北京大学、中山大学、南开大学等高校和中国社会科学院的一批专家学者做中心的研究员，袁方就是首聘人选。1987年，民政部社会工作教育研究中心成立，袁方任副主任。社会工作教育研究中心成立后，立即组织专家学者到部属院校和省市民政学校巡回讲课，编写社会工作教材，培训社会工作教学师资，开展学术研讨活动。特别是1989年社会工作教育研究中心在黑龙江省哈尔滨市召开的"中国社会工作教育发展战略研讨会"，是袁方和其他10多位专家对中国社会工作教育的发展战略、发展方向、专业划分、课程设置等问题一次集中的、深层次的研讨，是对1987年"马甸会议"的继续和深化。袁方以饱满的热情全程参加会议，为大会付出了辛勤劳动，使会议取得了圆满的成功。

袁方不但全力推动社会工作专业的恢复重建，主导建立了全国第一个社会工作与管理专业，还对社会工作课程体系建设、社会工作教育共同体建设做出了不可磨灭的贡献。为了更好地协调、组织、推进发展符合中国国情的具有本土特色的社会工作教育，袁方积极推动社会工作教育共同体的建立。1988年12月，北京大学与亚太区社会工作教育协会合作，在北京大学召开了我国有史以来第一次社会工作教育国际研讨会。在这次研讨会上，袁方提议由北京大学社会学系与民政管理干部学院共同发起，筹建中国社会工作教育协会。经过不懈的努力，1994年中国社会工作教育协会正式成立，袁方出任首任会长。在他的主持下，协会积极开展活动，编写教材，组织人员培训，发展会员，主办学术年会，开展国际合作交流，成为推动中国社会工作教育发展的一个重要阵地。

转摘改编自：孟亚男，彭秀良. 袁方：中国社会工作恢复重建的领军人物[J]. 中国社会工作，2017（1）：57-58.

【延伸阅读】

1. 隋玉杰. 个案工作[M]. 2版. 北京：中国人民大学出版社，2019.

2. 许莉娅. 个案工作[M]. 2版. 北京：高等教育出版社，2004.

3. 伍德赛德，麦克拉. 社会工作个案管理：社会服务传输方法[M]. 隋玉杰，等译. 北京：中国人民大学出版社，2014.

4. 谢治菊，刘峰. 论贫困户的心理依赖及社会工作介入[J]. 学术研究，2020（6）：51-57.

5. 姚进忠，林佳玲. 残疾人家庭复原力培育过程的社会工作研究[J]. 中州学刊，2020（9）：80-87.

6. 武艳华，李同，刘杰. 老年精神障碍照顾者风险化解的社会工作干预研究：基于个案管理模式的视角[J]. 社会工作，2019（1）：64-71，111.

7. 刘斌志，王李源. 影像发声疗法：全媒体时代社会工作赋权实践的新路径[J]. 华东理工大学学报（社会科学版），2019，34（5）：28-39.

8. 冯元. 儿童心理虐待行为过程与社会工作干预策略：基于一个儿童受虐案例的分析[J]. 浙江工商大学学报，2017（6）：117-126.

9. 童敏. 生理-心理-社会的结合还是整合？：精神病医院社会工作服务模式探索[J]. 华东理工大学学报（社会科学版），2012，27（2）：1-7，23.

10. 高建秀. 文化、心理与临床技术：灾后临床社会工作探索[J]. 社会，2009，29（3）：197-202.

【影音赏析】

1. 电影《天水围的夜与雾》

导演：许鞍华

主演：任达华、张静初、罗慧娟等

剧情简介：中年离异的"港伯"李森在大陆娶来年少美貌的晓玲，一家四口靠援助在天水围生活。李森平时在家里带孩子，而晓玲则在酒楼做侍应。面对自身工作的不顺心及妻子在工作中的周旋有度，李森总是担心妻子红杏出墙而渐渐埋下妒忌种子。当妒忌转为虐待以后，四口之家便通往悲情的宿命。

2. 电影《心灵捕手》

导演：格斯·范·桑特

主演：马特·达蒙、罗宾·威廉姆斯、本·阿弗莱克、斯特兰·斯卡斯加德等

剧情简介：麻省理工学院的数学教授蓝波在席上公布了一道数学难题，却被年轻的清洁工威尔解了出来。可是威尔是个问题少年，成天和好朋友查克等人四处闲逛，打架滋事。当蓝波找到这个天才的时候，他正因为打架袭警被法庭宣判送进看守所。蓝波向法官求情保释，才使他免于牢狱之灾。蓝波为了让威尔找到自己的人生目标，不浪费他的数学天赋，请了很多心理学专家为威尔做辅导，但是威尔十分抗拒，专家们都束手无策。无计可施之下，蓝波求助于他大学的好友、心理学教授尚恩，希望尚恩能够帮助威尔打开心房。经过蓝波和尚恩的不懈努力，威尔渐渐敞开心扉，而好友查克的一席话，更是让他豁然开朗。

【复习思考】

1. 芮奇蒙德对个案社会工作的贡献何在？
2. 《社会诊断》一书的基本思想和主要内容是什么？
3. 何谓社会工作的"精神医学洪流"？
4. 不同的个案社会工作实务模式是针对哪些具体的群体或问题？
5. 我国个案社会工作应该具有哪些特色和要素？
6. 个案社会工作的价值伦理有哪些？
7. 个案社会工作运用的局限有哪些？
8. 个案社会工作与个案管理的异同有哪些？

【个人成长】

1. 你最喜欢哪一种社会工作实务模式，为什么？
2. 你如何理解芮奇蒙德对于社会工作的贡献，这给了你什么启发？

3. 你原生家庭的家庭结构、家庭关系，以及家庭互动情况如何，对你有何影响？

4. 你认为个案社会工作者的专业核心能力有哪些？

5. 你觉得个案社会工作应该如何促进自身的大学学习和社会适应？

第八章 小组社会工作

▶【课前导读】

作为青少年大学生，同学们可能早就接触过小组社会工作（以下简称小组工作），可能是参加班级小组，可能是参加素质拓展训练小组，也有可能是参加各类交友活动小组。因此，小组工作与大学生有天然的亲近性和契合性，相信同学们会在今后的学习和生活中参加更多的小组工作服务。

本章的主要任务是介绍小组工作的含义、类型及其特征，阐述小组工作的实务模式，并协助同学们学习和掌握小组工作发展的不同阶段及其运用的方法技术。学习好小组工作，不仅有利于同学们积极参与学校以及专业的各类小组活动，更能够提升自己人际沟通以及群体互动的能力。

▶【核心概念】

小组工作、小组情境、小组氛围、小组动力、社会目标模式、治疗模式、交互模式、发展模式、小组阶段、小组规范、小组计划书、计划评估、需求评估、过程评估、效果评估

▶【重点难点】

重点一：小组工作的实务模式及其具体含义。
重点二：小组工作的一般过程及其任务。
难点一：如何应对小组中的冲突。
难点二：小组动力的挖掘与维持。

第八章　小组社会工作

> 【内容精要】

第一节　小组社会工作的主要模式

一、小组社会工作概述

作为社会工作专业方法之一，小组社会工作又称为小组工作或团体工作，是指通过社会工作者的协助与小组成员的互动互助形成小组情境、小组氛围与小组动力，使参加小组的个人获得认知的提升、态度的转变、行为的改变以及社会功能的恢复与发展，并实现小组目标与任务，促进社区与社会发展。一般来说，小组工作具有以下特征：（1）小组组员面临共同性或相似性的问题及需要；（2）小组组员能够民主参与小组活动；（3）形成小组情境、小组氛围、小组互动以及小组动力等治疗性要素，如植入希望、事件的普遍性、资讯和建议、利他主义、自我表露、互相学习、接纳等；（4）小组动力得以形成并能够持续发展作用以改变个体、小组及社区。

1. 小组的类型

根据实际需要，小组类型众多。根据组成形式，小组工作可以分为自然小组、组成小组、强制小组；根据小组导向，小组工作可以分为心理小组、社会小组；根据参与形式，小组工作可以分为自愿小组和非自愿小组；根据成员关系，小组工作可以分为初级小组和次级小组；根据成员自由度，小组工作可以分为开放小组和封闭小组；根据组织结构，小组工作可以分为正式小组和非正式小组；根据成员界限，小组工作可以分为封闭小组和开放小组；根据工作目标，小组工作可以分为社交娱乐小组、教化小组、志愿者小组、兴趣小组、任务小组、意识提升小组、教育小组、成长小组、治疗小组、社会化小组、自助互助小组、社会行动小组等。

2. 小组工作的要素

小组要素是小组工作得以启动、开展并顺利完成任务的基础与前提，一般包括：

(1) 小组性质，即小组为何诞生又为何发展。因为组员面临困境并有改善的需要，小组工作才有存在的必要性。组员的特征、需要以及发展任务，决定了小组存在的类型、目的、任务及其持续时间。因此，小组的性质不仅影响着组员参与和发展的进程，更决定了小组目标和任务实现的方向和程度。

(2) 小组组员。为保证工作顺利开展和有效性，在小组工作准备阶段，社会工作者应尽可能了解潜在组员的社会背景、个人经历、个人特质等特征及他们所需解决的问题等信息。根据小组的目标、组员的需求与特征、小组工作的效果等，对潜在组员进行筛选，选择适合的组员组成小组。一般而言，学习性小组、教育性小组的人数较多，而治疗性小组的人数较少。大多数小组工作的人数在8～12人不等，多则可能达到20人左右。组员人数是由小组的性质、目标、内容等因素决定的。

(3) 小组社会工作者。小组社会工作者往往是小组工作的策划者与设计者，也是小组具体实施的组织者。具体来说，社会工作者根据小组方案筹备资源和招募组员，协助制定规范和协调冲突，促进小组互动与沟通，控制小组进程与方向，推进小组实现阶段任务，最终直接或间接地推动小组目标的实现。虽然社会工作者代表机构主持及参与小组，但并非小组的直接或固定领导，而是根据需要扮演着使能者、协助者、倡导者、资源提供者、行为楷模、协调者、参与者、联络者、教育者、治疗者、专家、调停者等多种角色。

(4) 小组目标。基于组员需求与小组性质的界定，小组会设定相应的总目标和具体目标。总目标一般包括恢复、教育、发展、矫正、社会化与再社会化、预防、社会运动、问题解决、社会价值等。要使小组目标既能满足组员的需求，又能符合机构的服务方向，在操作上通常需要兼顾组员个体差异，将小组总目标细化为小组目标。如提升青少年社交能力的小组中，在小组总目标"提升青少年社交能力和自我效能感"下建立若干具体而可操作的目标。以提升社交能力为例，可以分成如何感知他人情绪、如何表达自身情绪、如何赞美他人、如何拒绝不合理请求等具体目标。

(5) 活动项目。活动项目有很多种，常用的有讨论与分享、练习与情景模拟、难题与制作、运动与游戏等形式，具体要配合活动的内容设置，有目的地围绕目标而展开。一般而言，在设置项目时，既要考虑小组目标的达成，也要考虑对组员是否适宜及安全。如项目的形式和内容是否能被组员接受，是否会对组员造成伤害，组员是否有能力完成等等。

3. 小组工作的功能

根据小组性质和目标的不同，小组也会发挥不同的功能，包括但不限于身心康复、潜能激发、行为矫正、再社会化、社会化、问题预防、问题解决、关系协调、情感支持以及社会发展等。但从类型上看，小组工作的功能可以归纳为：

（1）增强个人的内在功能，包括对个体生理功能、心理功能、社会功能的恢复与发展，比如人格的改善、情绪的疏导、价值的引领、行为的修正、潜能的激发、技能的训练、道德的教化、知识的提升以及角色的扮演等。

（2）增进人际关系的功能，指的是促进组员通过小组学会与他人有效沟通、有序合作以及情感互助，并形成合作共同体。比如困境同感、经验分享、情绪支持、资源共享、行为互助以及集体意识的形成等。

（3）提供环境的功能。对于小组成员来说，小组提供了一种难得的"我们在一起"的安全氛围，以抵御"形单影只"的孤独感。除此之外，小组还提供了更具治疗性的互动、支持、合作以及归属的情境和氛围，由此满足组员的安全、归属和依恋的需求。

（4）群体间的功能。单个组员通过小组形成的团队或群体形式及其心理动力，会继续成为更大范围内不同群体之间交流的基础和动力。对于那些遭遇家庭暴力的女性而言，个体显得如此的渺小、无助和孤单，但具有共同遭遇的女性所组成的反家暴小组，就具有了与其他创业女性小组、女性社区领袖等小组互动的基础与能力，并通过这种群体之间的互动来实现遭遇家庭暴力女性的个体与整个女性群体之间沟通互动的可能。因此，小组工作可以帮助各种不同群体之间增进沟通和互惠交流，相互增进理解与合作，减少疏离。

（5）社会整合的功能。社会工作始终强调其社会性，强调个人的就是政治的。小组工作同样具有很强的社会性和政治性，通过促进单个组员的意识觉醒和能力建设，就可以带来更多的群体观念、互助合作以及社会意识，进而带来整个社会价值、社会行动以及社会政策的改变。[①]

二、小组社会工作的社会目标模式

社会目标模式主要运用于社区发展的项目或领域，注重的是社会责任和

---

① 林万亿. 团体工作 [M]. 台北：三民书局，1997：13-14.

社会变迁，强调培养公民的社会责任、社会参与和社会行动的能力，其目的在于发展和提升社会成员的社会意识、社会良知和潜能，以改变社会成员，推动社会变迁，最终达到社会整合。

1. 社会目标模式的理论基础

社会目标模式以社会冲突论、系统功能论等社会学理论为理论基础，运用文化剥夺、疏离、社会认同、社会变迁、参与、赋权等观点，不仅强调公共的和社会的整合是最终目标，更强调作为个人权利的参与可以减少疏离。①

2. 社会目标模式的焦点

（1）强调小组成员的自治和确立目标的自由权。该模式主张在社会工作者鼓励下的团体成员自我指导，反对社会工作者为组员确立目标。组员既是小组的参与者，更是小组的主人，有权力通过民主讨论和民主议程自己确立具体目标，并决定活动的内容和形式。

（2）强调组员的参与。该模式鼓励组员参与小组的目标设定、行动计划的商讨和策划、小组的自我管理和指导，借此使组员在小组中学习民主的观念，增强其社会意识、社会良知和社会责任感，并通过行动的实施，学习行动的技能。

（3）关注团体中的赋权策略。该模式注重对组员的赋权以提升其公民权利意识，激发其个人潜力，发展积极的和有影响力的自我意识、对社会及环境改变的行动能力以及获得资源的能力，使组员实现其共同商定的具体目标和总目标。

（4）重视多元文化和团体行动的力量。该模式注重不同种族、性别和文化背景的组员的个体差异性，并协助他们在民主过程中主动参与、达成共识并形成凝聚力，最终促成小组行动和实现小组目标。

3. 社会工作者与组员

在社会目标模式中，社会工作者的角色内外有别。对小组内部而言，社会工作者是使能者、赋权者、教育者、行为楷模和提供资源者。尽管社会工作者不为小组决定目标和行动计划，但是他传授知识、提供信息，引导和鼓励组员在小组中参与，帮助小组行动并达成目标，并以身作则为组员做行为示范。对小组外部而言，社会工作者是组员权益的倡导者和联系人，在社区

---

① 林万亿. 团体工作[M]. 台北：三民书局，1997：65.

或相关机构及部门为组员所代表的群体倡导权益，联系和调动资源。

社会目标模式最早运用于青年组织，之后逐渐发展于争取住所等社会行动。组员对象可以是所有的公民、弱势群体或边缘群体、有社会隔离的人群以及社区本土领袖等。在小组中，组员既是民主的参与者，又是小组的主导者和行动者。

4. 社会目标模式的实施原则

（1）致力于培养并提升小组组员的社会意识和社会责任；

（2）致力于发展小组组员的自我发展能力、社会参与和社会行动的能力；

（3）致力于通过小组领袖的培养，培育有利于社区各方面发展所需的领袖人物，提升他们推动社区和社会变迁的意识与能力；

（4）致力于小组工作目标与社区发展目标的一致性。

三、小组工作的治疗模式

治疗模式旨在治疗和解决个人的社会问题，改变个人的社会行为，强调对问题的矫正、治疗或恢复，而非处理日常生活的事务。因而，小组目标通常是明确而特殊的，针对组员存在的较严重的偏差行为、情绪问题、人格问题或者精神异常，不同治疗模式具有不同具体目标。[①]

1. 治疗模式的理论基础

基于社会角色、社会控制和小团体理论等理论，治疗模式一方面强调社会一致性和根除越轨是终极目标；另一方面强调社会工作者有能力消除组员的心理、行为或社会的偏差，恢复并强化其原有的社会功能。

2. 治疗模式的焦点

（1）问题诊断。诊断是对组员存在的问题进行了解和评估，确定组员需治疗和改变的目标问题。量表是诊断可借助的载体，如抑郁量表、焦虑量表和行为量表等。

（2）小组目标确定。在诊断的基础上，了解和整合各个组员的个别目标，并且确定小组的总目标。在具体小组中，每个治疗性小组都会结合组员的具体情况，确定明确而具体的目标。

---

① 林孟平. 小组辅导与心理治疗[M]. 香港：商务印书馆（香港）有限公司，1993：79.

(3) 问题察觉。在小组治疗过程中，通过一些结构式活动，帮助组员反省，使组员认识到问题及其成因，为治疗打下基础。

(4) 注重学习、替代与练习。在小组中提供学习和尝试的机会，使组员通过小组学习积极的、具有正向功能的行为，处理问题的方法或者认知与思维模式，用所学的积极正向方法等替代原有的行为、方法或认知和思维模式，并在小组构成的治疗环境中为其提供改变尝试和练习的机会。

(5) 重视评估。注重可测量的治疗效果，在诊断和终结阶段非常重视目标问题的测量，在诊断和确立目标时建立测量指标，在终结时再次测量并评估小组的治疗成效。

3. 社会工作者与组员

社会工作者是治疗模式的小组中心，承担着治疗任务。社会工作者既是治疗者、组员改变及干预的机制和媒介，也是小组治疗过程的控制者，对内容与活动高度控制，掌控小组的进程和活动项目的实施。

治疗模式中的组员通常是具有特殊问题者，如有心理、社会、行为偏差的人和社交技巧不足者、酗酒者、有行为偏差的青年人、具有暴力倾向或暴力行为的人等。在小组中，组员既是改变的目标，也是在社会工作者领导下的自我启示者和组员之间的互助者。

四、小组工作的互动模式[①]

互动模式被运用在一些帮助组员应对困扰事件的支持性小组和自助团体中，也经常被称为交互模式、互惠模式或中介模式。在小组中，鼓励组员分享共同关心的问题，分享经历和经验，相互给予和获得支持。在医疗性自助团体中，互动模式也很常用，如癌症患者的自助小组。

1. 互动模式的理论基础

互动模式以系统功能理论、场域论、沟通理论等理论为基础，强调人需要在群体中获得相互依存的满足，而通过小组过程的参与和互动，不仅能建立组员间的互助系统，而且能在团体与相关社会系统之间，组员与相关社会系统之间达成系统之间的、开放的、相互支持的系统。

---

① 全国社会工作者职业水平考试教材编写组. 社会工作综合能力：中级 [M]. 北京：中国社会出版社，2009：180-181.

2. 互动模式的焦点

（1）注重整体，建立支持。社会工作者要将小组作为整体，在小组中培育一种对组员有益的环境。在小组中要促进和推动组员建立共同的、互助的和支持的系统。

（2）重视和挖掘组员潜力。注重组员成长和发展的潜在可能性，通过共同支持的效果激发组员潜力。要鼓励组员探索和尝试新的、能适应环境要求的应对方法，以提升组员的适应能力。

（3）注重小组与环境的互动和互惠。一方面，协助组员在自身需求与社会需求间找到共同地带，并借此在小组和环境间建立良性互动关系。另一方面，调动环境资源，尝试营造能更多地响应组员需求的社会环境，从而建立和发展小组与环境的互惠。

3. 社会工作者与组员

在互动模式中，社会工作者在小组内部起到沟通媒介的作用，既是组员的行为楷模，也是资源提供者，更是外部联系人和媒介沟通的桥梁。

互动模式下的组员通常是具有社会隔离、心理困扰和不适应的个人。在小组中，组员是自我导向者和互助者，与社会工作者地位平等。

4. 互动模式的实施原则

（1）开放性的互动。互动模式下的小组目标是促使组员之间、组员与小组和社会系统之间达到开放，实现良性的互动。

（2）平等性的互动。互动模式要求组员在小组中养成平等的关系，通过与其他组员的沟通、理解、互动达成共识，共同实现小组的目标并由此获得个人的发展。

（3）面对面的互动。通过这种面对面的沟通、协商、讨论，促使组员寻找小组的共同需求，挖掘小组的正向动力，实现组员个人及小组的发展目标。

五、小组工作的发展模式

发展模式的小组工作旨在解决和预防服务对象社会功能的衰减问题，恢复和发展服务对象的社会功能。

1. 发展模式的理论基础

发展模式的理论基础主要源于发展心理学、社会发展理论、社会关系和社会结构理论以及小组动力学。发展模式强调以人的发展为核心，关注人的社会功能的提升。

2. 发展模式的焦点

（1）注重沟通和接纳。一方面，鼓励和帮助组员在小组中能充分和有效地表达自我，并培养和鼓励组员给予其他组员以适当回应。另一方面，帮助组员在小组环境中学习处理人际关系的技巧，提升个人在人际关系的处理能力和与他人建立协约关系的能力。

（2）重视问题探讨。以现实为导向，引导组员对其现实生活面临的困难和问题进行探讨，共同探索有效的应对和解决的方法，鼓励组员在讨论中分享经验和相互学习，借此增强个人的决策能力和对自己生活负责的能力。

（3）鼓励相互支持。鼓励组员互相给予支持，建立互助体系。在对他人的贡献中，获得成就感和个人价值感，同时也提高组员的自尊、自信和自我实现能力。

3. 社会工作者与组员

社会工作者在小组中是使能者和自我实现者，其作用是促使团体目标的实现，促进人际互动和个人自我实现。技巧包括：协助组员运用小组环境，发展个人的自我实现能力；在小组进行和发展的过程中，向组员反映小组发展的进程。

发展模式小组的组员通常是遇到发展性问题的个人，这些问题几乎每个人都会遇到，因此该模式适用于各种人群。在小组中，组员既是互助者，也是自我启示者有待提升能力的参与者。

4. 发展模式的实施原则

（1）积极参与原则，即要协调和鼓励组员在小组活动中主动表达自己的困惑或者对发展的建议，积极分享和学习自我发展的经验。

（2）使能者原则，即要支持、帮助小组组员通过各种活动相互关心、相互帮助和分享，并发展认知，激发潜能，提升组员寻求解决问题的办法、整合社会资源及自我发展的能力。

第二节　小组社会工作的服务过程[①]

一、小组筹备阶段

筹备阶段是小组活动正式开始前，就小组工作的性质、目标、组员、资源、场地以及活动安排等进行规划、设计、配备的工作。

1. 组员的招募及遴选

（1）招募组员。组员的需要是小组工作得以开展的最初动力，获得组员就是小组工作筹备的开端。组员的来源包括但不限于以下几种途径：一是个案工作服务过程中的个案发现；二是向社会工作者主动求助的人群；三是其他专业人士转介过来的组员；四是其他人群介绍过来的组员；五是社会工作者主动外展获得的组员；六是其他危机干预事件中的特殊组员。根据来源不同，服务对象的特征、需求及其联络方式也有所差异。

（2）遴选和评估。虽然组员有多重来源，但要想真正成为小组的正式组员，还需要对其进行专门的遴选与评估。遴选的主要指标包括共同的问题和需求、年龄和性别、文化及认知水平、家庭及经济状况、工作和职业状况、小组期望与要求以及是否有其他需要特殊处理的问题等；评估的方法一般包括访谈、问卷、量表、资料查阅以及观察等。

（3）确定组员。在评估的基础上，社会工作者与组员进行面谈以最终确定组员名单，并对未能入选的组员进行情况说明。

2. 确定工作目标

评估除了确定小组成员以外，更重要的是根据评估的结果确定小组的工作目标。此时，社会工作者必须将小组的目标概念化，即思考小组将协助组员达到什么目标，包括：社会工作者的目标是什么，组员的目标是什么，机构的目标是什么，小组的长期目标、中期目标和短期目标是什么，为达到目标组员要多少人才合适，为达到目标小组的聚会要多长时间，采取何种方式

[①] 全国社会工作者职业水平考试教材编写组. 社会工作综合能力：中级［M］. 北京：中国社会出版社，2009：182 - 192.

达到目标等问题。总目标由该小组的类型特征及成员的问题和需求所决定，大致包括指导思想和总体任务。围绕总目标还需要建立具体目标，包括沟通目标、过程目标、实质目标和需求目标等四个部分①。

3. 制订工作计划

小组工作的开展需要有详细的小组计划书，这不仅是小组工作成效的保障，更是获得机构及相应经费资助的前提。小组工作计划书内容包括：（1）理念；（2）目标；（3）组员；（4）小组的特征；（5）明确的目的；（6）初步确定的程序计划和日程；（7）招募计划；（8）需要的资源；（9）预料中的问题和应变计划；（10）预算；（11）评估方法。

4. 申报并协调资源。一个成功的小组活动，除了具有小组成员、目标、活动、互动等内部要素外，还需要相应的机构、场地、时间、经费、后勤物资的支持和配备。因此，社会工作者还需要做好方案申报和资源协调的工作。

5. 小组的规模与工作时间

（1）小组的规模。关于小组规模，米勒提出"7加减2原则"，5人小组比较适合讨论，8人小组最容易完成任务。从小组性质来看，小组的规模宜为：治疗小组5～7人，儿童小组6～8人，活动性、辅导性或教育性小组30～50人，工作小组或会议小组5～9人，讨论性小组不超过15人，督导小组8～10人。

（2）小组的工作时间。小组工作的时间既包括了整个小组持续的次数和频率，也包括每次小组活动进行的时间以及持续的时间。这都要根据组员的年龄、职业、身体状况以及小组任务来加以平衡和商量。

6. 活动场地及设施配备

（1）小组活动场地的选择，一般以安全、安静、舒适为基本考虑，但也可以根据小组性质和组员特征有所调整。比如对于老年小组工作来说，一定要注意地面是否防滑；而对于历奇辅导小组而言，则需要开阔的场地，并具备相应的器材和设施。

（2）活动所需的座位安排，最好是圆形的、面对面的，并能够进行位置的调整与变更。

（3）准备活动所需的其他设施和辅助材料，除了基本的活动器材以外，也要有备份的材料，还要有相应的安全和应急设施。

---

① 刘梦. 小组工作 [M]. 2版. 北京：高等教育出版社，2013：165-166.

二、小组开始阶段

1. 组员的一般特点

（1）矛盾的心理与行为特征，主要表现为初次接触小组及其他组员时内心的期待兴奋和紧张焦虑的矛盾；（2）小心谨慎与相互试探，主要表现为既想与他人互动但又怕触碰他人忌讳；（3）沉默而被动，主要表现为对小组活动、规则和关系的不熟悉而采取的自我保护；（4）对社会工作者的依赖性，主要表现为按照社会工作者的要求和指示采取相应的行动。

2. 社会工作者的任务

（1）协助小组组员彼此认识以消除陌生感，可以安排一些游戏等热身活动。

（2）帮助小组组员厘清对小组的期望，提高他们对小组目标的认识，可以通过更为详细的小组介绍来进行。

（3）讨论保密原则和建立契约。小组契约可以采用书面或口头承诺的形式，大致涵盖小组程序和组员目标两方面的内容。

（4）制定小组规范。社会工作者可以组织组员就小组工作的秩序性规范、角色规范和文化规范进行讨论，并确定小组规范。

（5）营造信任的小组气氛。具体技巧包括主动沟通、创造机会、求同存异、澄清误会以及积极倾听等，以促进组员之间相互熟络、敞开心扉。

（6）形成相对稳定的小组关系结构。社会工作者需要意识到自身的工作风格对小组的沟通结构、权力结构、领导结构和角色结构会有很大影响，因此需要有意识地建立相关的小组风格和氛围。

3. 社会工作者的角色

（1）领导者，即主持开展小组活动，主动引导组员参与活动；（2）鼓励者，即基于组员心理、情绪、关系以及行为上的支持，让组员能够不断开放自己并主动参与小组活动；（3）组织者，即策划热身活动，组织讨论小组契约或规范，促进小组动力形成。

三、中期转折阶段

1. 组员的常见特征

（1）对小组具有较强的认同感，主要表现为对小组契约和规范的认同，对小组目标的期待以及与其他组员之间关系的亲密；（2）互动中的抗拒与防卫心理，主要表现为对小组部分规范持保留态度，以及与其他组员之间的个性、心理以及行为上的对抗；（3）角色竞争中的冲突，主要表现为获得小组的参与权、主导权以及控制权，在组员之间进行的竞争。

2. 社会工作者的任务

（1）处理抗拒行为，主要是引导组员对小组目标、规范以及关系的尊重与接纳，并能够积极融入小组进程和互动之中。

（2）协调和处理冲突，主要是协调组员之间的冲突，包括帮助组员澄清冲突的本质，增进小组组员对自我的理解，重新调整小组规范和契约，协助组员面对和解决由冲突带来的紧张情绪和人际关系紧张。

（3）保持组员对整体目标的意识，主要是引导小组互动、小组关系以及小组内容的焦点回归小组目标和任务。

（4）协助组员重新建构小组，主要是在小组出现抗拒与冲突情况且难以协调时，引导和协助组员重新建构小组的结构、关系与互动，从而形成新的小组权力关系与互动模式，促进小组目标与任务的聚焦。

（5）适当控制小组的进程，主要是在组员自我探索和自我增能的过程中，针对不同组员的自我成长进程不一，适当控制小组进程，引导组员的自我管理和自我决策能力的增长，并引领组员迈向以小组为中心的互动。

3. 社会工作者的角色和责任

社会工作者在小组的权力与地位应逐渐由中心位置向边缘位置转移；社会工作者的角色是小组的协助者和引导者；在处理冲突的过程中，社会工作者的角色是社会工作者、辅导者，更是调解人、支持者。

四、后期成熟阶段

1. 小组及组员的一般特点

（1）小组的凝聚力大大增强并达至最高点，组员之间沟通顺畅并相互接纳、理解与认同，形成了强烈的共同体意识；（2）组员关系的亲密程度更高，形成了信任、安全和温暖的小组氛围，并形成了一些较为次级的亲密小组；（3）组员对小组充满了信心和希望，并在活动中增强了自我意识和自我管理能力，对自我的信心也得到了提升；（4）小组的关系结构趋于稳定，小组决策机制基本成型，权力关系和控制处于相对平衡的稳定状态。

2. 社会工作者的任务

（1）维持小组的良好互动，并通过这种互动来促进组员的团队感、互助精神以及能力建设；（2）协助组员从小组中获得新的认知，并借此提升组员的自我效能感和环境控制力；（3）协助组员采取更为积极的态度和行为，尤其是能够采取新的人际沟通技巧、问题解决策略以及社会正向行为；（4）协助组员解决有关问题，既包括组员内在心理、情绪以及人格发展问题，也包括组员之间的尊重接纳和互助合作问题，还包括促进相应的社会责任、社会融入以及社会发展。

3. 社会工作者的角色和责任

社会工作者的角色逐渐从中心退移到边缘位置。具体角色包括：（1）信息、资源的提供者和链接者，即联络资源为组员活动提供支持；（2）小组及组员能力的促进者，即通过心理和情感支持促进组员的新行为形成；（3）小组的引导者和支持者，即要把握小组发展的方向，避免小组的分化与目标偏离。

五、小组结束阶段

1. 小组及组员的一般特点

（1）浓重的离别情绪，主要表现为否认、退化以及依赖等；（2）小组关系结构的弱化，表现为组员对小组的归属感降低、小组活动参与的弱化以及加入其他小组。

2. 社会工作者的任务

（1）处理组员的离别情绪与感受。社会工作者不仅要对那些存在依赖或退缩的组员进行心理和情绪疏导，还要对那些指责和不满的组员进行澄清，更要对那些准备提前离开小组的组员进行适当的引导。（2）协助组员保持小组的成功经验，即巩固组员从小组中获得心理成长、行为改变以及互动关系，并促进其将自我成长运用到未来的社会生活中，采取的方法包括未来想象、模拟练习、行为迁移、树立信心、寻求支持、鼓励独立、跟进服务等。

3. 做好小组评估

（1）社会工作者自评，包括工作目标是否达成、工作内容是否充实、工作表现是否妥当、工作技巧是否专业、工作过程是否规范等。

(2) 组员自评,包括三方面的内容:一是参与小组的目标是否达成,如带来了哪些个人的改善;二是参加小组过程的感受如何;三是小组的效能如何。

(3) 观察员或督导的评估,不仅包括对组员的观察和评估,也包括对社会工作者服务的观察和评估,还包括对小组效能的评估。

4. 社会工作者的角色和责任

此时,社会工作者的角色又回到了小组的中心地位,引导组员顺利完成最后的分离阶段,具体角色包括:(1) 引导者,即引导组员以适当的方式和形式来结束小组活动,并留下美好的记忆和持续的成长动力;(2) 领导者,即控制小组进程,并妥善安排组员参加小组离别活动,避免组员产生不恰当的行为;(3) 评估总结者,即对整个小组活动进行经验总结、过程评估以及成效评估,并促进组员勇敢地面对未来。

第三节 小组社会工作的原则技巧

一、小组工作实施的原则

具体包括:(1) 目标明确化原则,即目标能被感受和测量;(2) 计划原则,即小组活动需要提前设计,并有相应预案;(3) 接纳原则,即能够包容组员的多样性;(4) 个别化原则,即尊重组员个体的独特性;(5) 建立专业关系原则,即强调与组员信任合作的关系,形成积极的正向关系;(6) 引导小组互动原则,即强调小组的成长在于组员的沟通与互动,并借此促进组员成长;(7) 小组自决原则,即尊重组员的意见,相信组员的能力,实现助人自助;(8) 循序渐进原则,即以发展的态度看待小组的成长,并以阶段性目标来衡量小组成长。

二、沟通与互动技巧

1. 社会工作者与组员间的沟通技巧

具体包括:(1) 营造轻松、安全的氛围;(2) 专注与倾听;(3) 积极回应；(4) 适当自我表露；(5) 对信息进行磋商；(6) 适当帮助梳理；(7) 及时进行小结。

2. 促进组员与组员间的沟通技巧

具体包括：(1) 提醒组员相互倾听，社会工作者要注意保持现场安静，及时提醒组员仔细倾听对方的发言；(2) 鼓励组员相互表达；(3) 帮助组员相互理解；(4) 促进组员相互回馈；(5) 示范引导。

二、小组讨论技巧[①]

1. 小组讨论的事前准备

具体包括：(1) 选择合适的主题；(2) 注意讨论主题的措辞；(3) 选择合适的讨论形式；(4) 安排活动的环境；(5) 挑选合适的参与者；(6) 准备好讨论草案。

2. 讨论草案

主要包括：(1) 每次讨论的目标与任务；(2) 讨论安排的素材与主题；(3) 讨论的场地及设施准备情况；(4) 讨论的时间、要点、问题及具体时间分配。

3. 主持小组讨论

(1) 开场的技巧。社会工作者介绍参与者，促进成员互相认识，介绍讨论的背景、意义与目标、讨论的规则及要求。

(2) 了解的技巧。随时观察和感觉组员的语言、认知、情绪、行为，适时给予支持和鼓励；随时注意小组组员动力的运作，适时将自己对小组的感觉与思考反馈给组员；要给予组员安全的小组气氛，使每一位组员没有戒备地流露真实的自我。

(3) 提问的技巧，包括以下五种：一是封闭式的提问，如"是不是"；二是深究回答型的提问，用"描述""告诉""解释"等词提问；三是重新定向型的提问，如"刚才小李提到了这个问题，其他组员对这个问题是怎样想的?"；四是反馈和阐述型的提问，如"我们已经讨论了一段时间，谁能对此总结一下吗?"；五是开放式的提问，如用"怎样""为什么"等词提问。

[①] 范克新，肖萍. 团体社会工作 [M]. 北京：社会科学文献出版社，2001：363-364.

（4）鼓励的技巧。在小组讨论中，社会工作者需要注意内向的组员，并投以鼓励的眼光，等他们获得了勇气再发言。对他们的发言，社会工作者可以重复他们的意见，对正确的方面给予积极的鼓励，树立起他们的信心和安全感。

（5）限制的技巧。限制手段包括：社会工作者用"是不是"的言辞问询其他善于发言的成员或者其他未发言的组员；及时切断话题，给予适时的打岔；限定发言时间，或者调整发言的次序。

（6）沉默的技巧。一是可以适时在小组中形成真空，使组员自己进行判断；二是在接受意见和建议后，请组员自己进行判断。

（7）中立的技巧。应避免与组员争论，不偏袒或属意任一方；不判断他人意见；仅提供问题，不给予答案；可以提供资料信息，但不予决断，仅作利弊分析或事实论述；随时保持中立的位置。

（8）摘述的技巧。社会工作者的摘要发言一定要简要明晰，在摘要后应该征求发言组员的意见，以确认自己摘要的正确性。

（9）引导的技巧。社会工作者要用某种方式暗示讨论的方向，提示讨论的重点，或再次强调讨论的程序，从而保证讨论会正常有序地进行。

（10）讨论结束的技巧。社会工作者需要对组员所提出的不同问题进行归纳，对组员所提出的各种意见和建议加以组织，形成结论。

三、小组治疗技巧

1. 直接干预法

直接干预法是指社会工作者以治疗者的角色直接影响组员的行为。具体做法有：

（1）作为小组的核心人物，社会工作者可以通过自身的权威和组员对自己的信任，关心组员，鼓舞组员的士气，帮助和影响组员行为的改变。

（2）作为小组规范及规章制度的象征性人物，社会工作者可以通过赞扬、奖励等促成组员正向行为的形成，或用警告、惩罚等措施来抑制和改变某些组员的不良行为。

（3）作为组员角色的分配者，社会工作者可规定组员在特定活动中的角色，以及角色的需要和各角色间的关联；利用社会规范引导组员进入角色，鼓励和训练组员履行角色。

2. 间接干预法

间接干预法是社会工作者通过干预小组过程来间接影响和改变小组组员的工作技巧。可以运用的技巧有：（1）利用小组治疗元素；（2）运用角色扮演的方法；（3）运用行为改变的技巧；（4）使用一些家庭作业；（5）运用结构化组员角色的技巧。

四、小组评估技巧[①]

1. 作为研究方法的小组评估

（1）过程评估，指的是对小组的整个过程进行全程评估。评估的内容包括：组员的表现评估、社会工作者的表现和技巧评估等；

（2）结果评估，通过收集组员对小组内容、工作方法、社会工作者表现等方面的评价，以检测小组是否完成了其预定目标。

2. 作为工作方法的小组评估

（1）组前计划评估，即评估小组的设计和计划过程，主要包括收集相关资料。组前计划评估时社会工作者要掌握下列信息：组员是否自愿参加小组；他们参加小组的动机；组员各自的能力；是否能够帮助小组实现目标等。

（2）小组需求评估。需求评估中，社会工作者考虑的因素有：小组整体需求、组员的需求和小组的环境需求。需求评估的注意事项有：第一，利用多种渠道收集资料，以保证资料的客观性和准确性；第二，避免在需求评估中，给组员贴上诊断性标签；第三，明确评估重点。

（3）小组过程评估。过程评估的注意事项有：第一，评估内容需要根据小组的目标和进程来决定；第二，常用收集资料的方法有标准化测量工具（问卷和量表）、自我报告、行为计量表、口头意见回馈、日记和日志、社会工作者的观察记录、小组过程记录、总结记录、书面评估表、组员作业和作品等。

（4）小组效果评估。常用的方法有：小组结束后的跟进访谈、组员的自我评估报告、小组目标达成表、小组满意度量表、小组感受卡、小组领导技

---

① 刘梦. 小组工作[M]. 2版. 北京：高等教育出版社，2013：234-240.

巧记录表等。

3. 小组评估的一般流程

（1）评估方案的制订；（2）评估体系的建立，评估体系包括过程方面、组员方面、社工方面、效能方面、方案方面等五个部分；（3）各评估要素之间的联系；（4）按照评估流程实施评估；（5）评估后审核；（6）编写评估报告。

4. 评估资料的收集方法

（1）小组记录，包括过程式记录、摘要式记录、问题导向记录、录音和录像等。

（2）利用标准化的量表收集资料，包括自我评估量表、目标达成量表（Goal Attainment Scale，GAS）、任务完成量表（Test Anxiety Scale，TAS）和心理测量量表等。

（3）设计问卷和量表测量。社会工作者可以自己设计或邀请专家设计一系列问题，让组员和组员系统的人填写，从而收集相关资料。

（4）行为计量，即要求服务对象系统的成员（组员本人或与之相关的家长、老师、朋友、社会工作者和其他的观察员）观察被评估者某些行为出现的次数并记录。社会工作者可以事先设计一个记录行为的表格，列出观察的行为和时间。

（5）日志、日记。行为计量着重于统计行为出现的次数，而日志、日记不但强调记录行为出现的次数，还着重记录行为出现的情境、过程与结果，具有描述性。

（6）个人自我报告。小组组员以手写或口头方式呈现自我评价报告。这些自我陈述性报告，让社会工作者从组员的角度了解整个过程和结果，特别是看到小组给组员带来的变化和影响。

（7）分析报告。对与小组有关的各类报告分析，提供与小组进程有关的资料。

【考研真题】

一、名词解释题

1. 小组动力（中国农业大学，2024）
2. 支持性小组（华东政法大学，2024）

3. 团体凝聚力（上海师范大学，2024）

4. 小组互动模式（湘潭大学，2024）

5. 互动模式（山东大学，2024）

6. 支持小组（沈阳师范大学，2024）

7. 小组治疗模式（广州大学，2024）

8. 小组社会工作者的自我披露（广州大学，2024）

9. 开放小组（广东外语外贸大学，2024）

10. 成长向导服务（南开大学，2024）

11. 自愿小组（中南财经政法大学，2024）

二、简答题

1. 简述小组工作的主要阶段。（华东政法大学，2024）

2. 简述小组互动模式的原则。（浙江师范大学，2024）

3. 简述小组工作的社会目标模式的核心思想。（河海大学，2024）

4. 简述小组工作的阶段。（东南大学，2024）

5. 简述小组工作发展模式的理论基础和实践特点。（苏州大学，2024）

6. 简述场域理论观点和对小组的启示。（西南大学，2024）

7. 简述小组动力学理论。（广西师范大学，2024）

8. 简述小组转折时期组员的特点及社工的任务。（山西医科大学，2024）

9. 简述小组工作治疗模式的内容。（辽宁大学，2024）

10. 简述小组动力及对社会工作的启示。（华南师范大学，2024）

11. 简述小组工作过程中如何处理组员之间的冲突。（华南农业大学，2024）

12. 简述小组工作的特点和功能。（广东工业大学，2024）

13. 简述提高小组凝聚力，促进小组发展和实现小组目标的方式。（广东外语外贸大学，2024）

14. 简述小组工作不同阶段社会工作者的任务是什么。（南开大学，2024）

15. 简述小组工作准备阶段的任务。（天津理工大学，2024）

三、论述题

1. 论述镜中我理论对小组工作的启示。（西北农林科技大学，2024）

2. 论述小组动力的程序。（东北师范大学，2024）

3. 论述小组工作的治疗模式。（广东工业大学，2024）

4. 说明小组社会工作中的社会控制。（武汉大学，2024）

【职考真题】

1. 社会工作者小周在社区开展青少年交友技能小组。在某次小组活动中，她邀请组员一起参加"心花朵朵开"的游戏。组员手拉手围成一圈，小周站在圆圈中说"春天到，百花开"，这时组员问"开什么花"，在小周回答一种花后，组员接着问"开几朵"，小周回答几朵时，组员就按所说的数字组队，未能成功组队的组员向大家介绍自己。上述情境，最有可能出现的小组阶段是（　　）。（2023-31）

  A. 准备阶段　　B. 开始阶段　　C. 转折阶段　　D. 成熟阶段

2. 医务社会工作者小李为轻度认知障碍者开设教育小组，旨在帮助他们正确认识病情，学习应对疾病的技能，减缓认知症的发展速度。下列活动中，最适合安排在小组结束阶段的是（　　）。（2023-32）

  A. "大家一起说故事"：根据自己的画像分享生命故事

  B. "我爱记歌词"：根据某几句歌词，说出歌曲的名字

  C. "最佳人缘奖"：分享其他组员对自己的安慰和帮助

  D. "蒙眼画五官"：组员之间合作画出脸的轮廓和五官

3. 在面向社区残障人士开设的支持性小组中，组员在小组中都能敞开心扉，坦然分享自己过去的经历，并且学会了用积极的态度面对挫折，大家纷纷表示愿意参加下一次小组活动。在这一小组阶段，社会工作者应采取的工作策略是（　　）。（2023-33）

  A. 适当控制小组的进程　　B. 营造小组信任的氛围

  C. 维护小组的良好互动　　D. 弱化小组的关系结构

4. "通过讨论大家认识到，自身和周边的力量来源，包括别人的信任和鼓励，家人的爱和朋友的陪伴。"上述社会工作者所运用的小组工作技巧是（　　）。（2023-34）

  A. 示范引导　　　　　　B. 及时进行小结

  C. 对信息进行磋商　　　D. 帮助组员相互理解

5. 社会工作者拟为辖区12～16岁困境儿童开设主题为"心手相牵，同心童行"小组，目的是增强困境儿童自信心，提升其人际交往能力。在开展

小组需求评估的过程中，社会工作者的理解正确的是（　　）。(2023-36)

　　A. 小组需求评估的重点必须聚焦于小组组员现在发生的问题

　　B. 小组需求评估可采用标准化量表，对组员作出诊断性判断

　　C. 小组需求评估需考虑小组整体、组员需求和小组环境需求

　　D. 小组需求评估应该采用单一的资料收集方法以保证准确性

　　6. 社会工作者小赵为社区精神障碍人士开设了旨在提升其自尊与自我效能感的小组。小组活动进入尾声时，需要对小组成效进行评估。评估中可选取的资料有（　　）。(2021-72)

　　A. 对社区精神障碍人士的服务需求调查表

　　B. 组员参与小组活动满意程度的调查问卷

　　C. 最后一次小组服务中组员撰写的自我评价

　　D. 精神障碍人士家属对组员行为表现的记录

　　E. 以往开展过的同类型小组工作的服务档案

　　7. 社会工作者小欣拟为中学生开设预防校园欺凌教育小组，旨在增强中学生对欺凌危害的认知，预防校园欺凌事件。小组开设前期，小欣对中学生进行问卷调查，并选择部分学生进行访谈，了解他们对于欺凌的看法。在小组进行阶段，小欣请组员多次填写欺凌认知量表，监测其认知变化，此外还请组员填写了小组满意度问卷。上述小欣的工作内容属于（　　）。(2022-72)

　　A. 组前计划评估　　　　　　B. 小组需求评估

　　C. 小组过程评估　　　　　　D. 小组效果评估

　　E. 小组目标评估

　　8. 在抑郁症患者支持小组中，组员小梅不太愿意与其他组员主动交流，表现出较低的自我价值感。社会工作者发现这种情况后，从个人层面为小梅提供服务，帮助其提升自信心，提高其自我价值感。社会工作者适宜的做法有（　　）。(2023-72)

　　A. 小组开始前或结束后，找机会与小梅单独面谈，鼓励她敞开心扉

　　B. 关注小梅的表现，发现其积极变化，并在小组中适时地给予赞扬

　　C. 与社区抑郁症康复俱乐部联系，让小梅去参加俱乐部的康复活动

　　D. 利用小组的凝聚力，形成动力，促进小梅与其他组员之间的互动

　　E. 聆听了小梅的分享感受后，立即联结其他的组员，给予即时反馈

9. 某社会工作服务机构应邀参与某城区推进的"15分钟社区生活圈"建设行动,与居委会合作确定该社区实施方案。社会工作者根据社会策划模式,采用不同方法确定社区需要。下列做法中,运用社会指标方法来评估需要的有（　　）。(2023-73)

A. 通过专业认可的标准分析需要　　B. 通过问卷调查服务对象需要

C. 通过社会认可的标准分析需要　　D. 通过焦点小组座谈确立需要

E. 通过深度访谈居民来评估需要

10. "联结"是发展自助组织的重要技巧。下列做法中,体现社会工作者运用"联结"技巧的有（　　）。(2023-74)

A. 家庭照顾者自助小组中,给组员们示范与老人沟通的技巧

B. 残障儿童家长自助小组中,用角色扮演再现亲子互动过程

C. 癌症病人自助小组中,请大家介绍康复阶段存在的共同点

D. 糖尿病人自助小组中,鼓励大家交流日常饮食的注意事项

E. 慢病管理自助小组中,邀请医生讲解自我保健理念和知识

【参考答案】1. B　2. C　3. C　4. B　5. C　6. BCD　7. BCD　8. ABE　9. AC　10. CD

【传统文化】

1. 投我以桃,报之以李。　　　　　　　　　　——《诗经·大雅·抑》

2. 与朋友交,言而有信。　　　　　　　　　　——《论语·学而》

3. 君子和而不同,小人同而不和。　　　　　　——《论语·子路》

4. 三人行,必有我师焉。择其善者而从之,其不善者而改之。

——《论语·述而》

5. （人）力不若牛,走不若马,而牛马为用,何也？曰：人能群,彼不能群也。　　　　　　　　　　　　　　　　　　　　——《荀子·王制》

6. 义理之勇不可无,血气之勇不可有。

——许名奎：《劝忍百箴·勇之忍》

7. 和以处众,宽以接下,恕以待人,君子人也。

——陈录：《善诱文·省心杂言》

8. 人之相知,贵相知心。　　——李陵：《文选》卷四十一《答苏武书》

9. 大其心,容天下之物；虚其心,受天下之善；平其心,论天下之事；

潜其心，观天下之理；定其心，应天下之变。

——金缨：《格言联璧·存养类》

10. 以恕己之心恕人，则全交；以责人之心责己，则寡过。

——金缨：《格言联璧·持躬类》

【原声再现】

1. 两个人比一个人更人性一些。　　　　　　　　　　——恩格斯

2. 只有在集体中，个人才能获得全面发展其才能的手段，也就是说，只有在集体中才可能有个人自由。　　　　　　　　　　——马克思

3. 在人民内部，不可以没有自由，也不可以没有纪律；不可以没有民主，也不可以没有集中。这种民主和集中的统一，自由和纪律的统一，就是我们的民主集中制。在这个制度下，人民享受着广泛的民主和自由；同时又必须用社会主义的纪律约束自己。

——《毛泽东文集》第7卷

4. 我们要树立你中有我、我中有你的命运共同体意识，跳出小圈子和零和博弈思维，树立大家庭和合作共赢理念，摒弃意识形态争论，跨越文明冲突陷阱，相互尊重各国自主选择的发展道路和模式，让世界多样性成为人类社会进步的不竭动力、人类文明多姿多彩的天然形态。

——2020年9月22日，习近平在第七十五届联合国大会一般性辩论上的讲话

5. 百年奋斗历史告诉我们，团结就是力量，奋斗开创未来；能团结奋斗的民族才有前途，能团结奋斗的政党才能立于不败之地。百年奋斗历史还告诉我们，围绕明确奋斗目标形成的团结才是最牢固的团结，依靠紧密团结进行的奋斗才是最有力的奋斗。我们靠团结奋斗创造了辉煌历史，还要靠团结奋斗开辟美好未来。

——2022年1月30日，习近平在2022年春节团拜会上的讲话

【时代之声】

1. 2020年2月，习近平总书记在统筹推进新冠肺炎疫情防控和经济社会发展工作部署会议上指出："要发挥社会工作的专业优势，支持广大社工、义工和志愿者开展心理疏导、情绪支持、保障支持等服务。"

2. 2020年8月，中共中央办公厅、国务院办公厅印发《关于改革完善社会救助制度的意见》，强调"引导社会工作专业力量参与社会救助。通过购买服务、开发岗位、政策引导、提供工作场所、设立基层社工站等方式，鼓励社会工作服务机构和社会工作者协助社会救助部门开展家庭经济状况调查评估、建档访视、需求分析等事务，并为救助对象提供心理疏导、资源链接、能力提升、社会融入等服务。鼓励引导以社会救助为主的服务机构按一定比例设置社会工作专业岗位"。

3. 2021年2月，中共中央办公厅、国务院办公厅印发《关于加快推进乡村人才振兴的意见》，强调"加强农村社会工作人才队伍建设。加快推动乡镇社会工作服务站建设，加大政府购买服务力度，吸引社会工作人才提供专业服务，大力培育社会工作服务类社会组织。加大本土社会工作专业人才培养力度，鼓励村干部、年轻党员等参加社会工作职业资格评价和各类教育培训。持续实施革命老区、民族地区、边疆地区社会工作专业人才支持计划。加强乡村儿童关爱服务人才队伍建设。通过项目奖补、税收减免等方式引导高校毕业生、退役军人、返乡入乡人员参与社区服务"。

【榜样力量】

卢谋华是江西上饶人，出生于1926年12月。中华人民共和国成立之初，卢谋华在内务部城市社会救济福利司工作。适逢法国《人道报》通过外交途径来了解我国改造妓女、流氓的经验与成就，卢谋华受命写就一篇《新中国是怎样取缔妓女、流氓的》的长文，第一次向国外报道了我国解决一些旧社会和资本主义所没有解决的社会问题的经验，这也是卢谋华开始接触到与解决社会问题密切相关的专业思想。

改革开放以后，卢谋华是最早接触社会工作的专家学者之一。1982年，卢谋华作为民政部代表参加中国社会学研究会年会和中国社会学代表会议期间，倾听了雷洁琼关于"民政工作和社会学的关系密切，和社会工作是一家"的说法，深受启发。后来，他又看到费孝通主持编写的《社会学概论》，里面专设"社会工作"一章，并指出各级民政部门是我国社会福利工作的主要行政管理机构，是党和国家解决社会问题的实际工作部门，这坚定了他建立一门中国特色社会工作专业学科的信心。

1984年6月，卢谋华先后应邀到中共中央党校、中央团校讲授"中国社会主义社会工作和社会福利""社会主义社会学与民政工作中的社会问题"等内容,卢谋华提出社会工作是党性很强的社会管理工作,具有广泛的群众性和互助性。他综合分析了民政部门的社会救济福利工作,将其归纳为:改造性的社会福利、治穷性的社会福利、荣誉性的社会福利、保障性的社会福利、建设性的社会福利、康复性的社会福利。这个时期,卢谋华还应邀到香港地区交流研究社会工作,从而对尽快建立内地社会主义社会工作专业学科的必要性和重要性有了一种现实的紧迫感。1985年,中国社会学函授大学邀请卢谋华开设社会工作这门课程,可以说这是新时期中国大陆地区社会工作专业化、学科化起始的一个标志。

卢谋华探索构建中国特色社会工作理论体系,应该是从主编《中国大百科全书·社会学卷》"社会工作分支"时开始的。1986年,《中国大百科全书·社会学卷》"社会工作分支"编写组成立,卢谋华除撰写了开头的《社会工作》条目以外,还对其余67个条目进行了分类。这些条目依次论述了"社会工作的起源与形成""历史发展""性质和特点""内容、形式、方法和实施""社会工作教育""展望"等六个段落,涵盖了社会工作学科的基本内容。

1991年出版的《中国社会工作》一书,可以看作卢谋华学术思想的集大成之作。他在书中提出,中国社会工作是应用社会学的一方面,社会学理论为其主要生长点,同时与社会科学、自然科学、技术科学等各学科知识交叉和互相作用。全书从社会工作的理论、内容、功能、形式和方法到最后的对社会工作的展望作了系统、详尽的阐述,旗帜鲜明地坚持和重申了"社会主义社会工作"的观点,并贯穿始终。

转摘自:彭秀良. 中国社会工作名家小传 [M]. 北京:中国社会出版社,2020.

【延伸阅读】

1. 刘梦. 小组工作 [M]. 2版. 北京:高等教育出版社,2013.

2. 福尔曼. 小组工作导论(第五版)学生手册 [M]. 刘梦,等译. 北京:中国人民大学出版社,2010.

3. 特斯兰,理瓦斯. 小组工作导论 [M]. 刘梦,等译. 北京:中国人民大学出版社,2010.

4. 张霖. 小组工作游戏集 [M]. 北京:中国社会科学出版社,2015.

5. 朱眉华，吴世友，CHAPMAN M V. 流动家庭母亲的心声与社会工作的回应：基于 T 村母亲形象影像发声项目的分析 [J]. 中国青年社会科学，2013，32（5）：86-91.

6. 田国秀. 广域临床取向的学校社会工作探析：以北京 S 中学的"问题学生"为目标群体 [J]. 华东理工大学学报（社会科学版），2013，28（4）：41-53.

7. 费梅苹. 意义建构：戒毒社会工作服务的实践研究：以上海社区戒毒康复服务中的同伴教育为例 [J]. 华东理工大学学报（社会科学版），2011，26（2）：24-29.

8. 彭善民. 篆刻艺术小组：戒毒社会工作的本土创新 [J]. 福建论坛（人文社会科学版），2010（7）：146-151.

9. 李丹，吴帆. 社会信息加工理论视角下流动儿童情绪干预研究：基于小组社会工作行动干预的分析 [J]. 中国特殊教育，2016（3）：44-51.

10. 席小华. 小组社会工作方法运用于行为不良学生教育过程研究：以某工读学校的夏令营为例 [J]. 青年研究，2009（5）：60-70，95-96.

【影音赏析】

1. 电影《空难遗梦》，又名《无惧的爱》

导演：彼得·威尔

主演：杰夫·布里吉斯、伊莎贝拉·罗西里尼、罗茜·佩雷兹等

剧情简介：一架飞往休斯敦的班机遭遇了可怕的空难。死神顷刻间夺走了迈克斯·莱恩的好友杰弗的生命，年轻的母亲卡拉在残骸中撕心裂肺地寻找已经无法再回到自己身边的孩子。"空难"，这突如其来的打击，令他们不敢相信发生的一切。迈克斯和卡拉渴望人们的安慰，但又恐惧触及那残酷阴冷的记忆，一直沉浸在痛苦之中。然而，在经历了一段艰难的心路历程后，迈克斯和卡拉终于走出了困境，回到了各自亲人的身边，更加珍爱平凡而又珍贵的生命。

2. 电影《亲爱的》

导演：陈可辛

主演：黄渤、佟大为等

剧情简介：田文军和鲁晓娟曾是一对恩爱的夫妻，然而，两人之间的感

情却被时间和争吵消耗殆尽,最终,他们选择了离婚。如今,联系着两人的唯一枢纽就是可爱的儿子田鹏。某一天,这唯一的纽带也断裂了,田鹏于一次外出玩耍时无故失踪,绝望和崩溃之中,田文军与鲁晓娟踏上了漫漫寻子之路,并在途中结识了许多和他们一样无助的父亲和母亲。时光匆匆流逝,一条关于田鹏的线索浮出水面,促使田文军和鲁晓娟来到了一处偏僻的村落,在那里,他们看到了酷似田鹏的男孩,然而,男孩口中的"妈妈"却并非鲁晓娟,而是一位名叫李红琴的村妇,这错位的一切究竟是怎么回事?

【复习思考】

1. 面对新时代的服务对象,小组工作的治疗要素有何新变化?
2. 网络社会中的小组工作动力有什么新特征?
3. 整合模式如何整合已有小组工作模式并取得实效?
4. 促进小组工作不同阶段顺利转变的核心动力是什么?
5. 如何组织互联网中的小组?
6. 面对家庭暴力施暴者的小组工作有何独特之处?

【个人成长】

1. 作为青少年的你,曾经参加过哪些类型的小组工作,感受如何?
2. 如果让你现在选择,你愿意参加什么类型的小组工作,为什么?
3. 请你为大学新生组织一次小组工作,应该注意什么事项?
4. 请问面向即将毕业的大学生,应该组织什么类型的小组活动?
5. 你觉得你目前所处的寝室氛围如何?有何可以改进之处?
6. 你认为你所处的班级互动的动力因素是什么?

PPT 课件	考研真题	职考真题	法律法规

第九章 社区社会工作

> 【课前导读】

作为中国特色社会工作的一个重要载体和形式，社区社会工作既有西方社会工作的专业特征，又有中国本土经验的积极探索。早在1926年，晏阳初就在河北定县（今定州市）开始乡村平民教育实验，并于1940年至1949年在重庆歇马镇创办中国乡村建设育才院（后改名乡村建设学院），任院长，组织开展华西乡村建设实验，成为当时世界范围内较为著名的社区社会工作的源头之一。中华人民共和国成立以后，全国各地居委会社会工作者通过守望相助，创造了各具特色的本土社区工作的宝贵经验，并成为习近平新时代中国特色社区社会工作的有机组成部分。站在新时代，无论是取得巨大成功的精准扶贫事业，还是继往开来的乡村振兴战略，都需要社区社会工作的积极参与和专业贡献。因此，学好社区社会工作不仅可以奔向广大农村地区参与乡村振兴事业，也可以积极参与城市社区治理和服务创新，更可以投身于方兴未艾的街镇社会工作站的建设。

本章将在厘清社区社会工作基本概念和特质的基础上，一方面着重分析社区组织的三大实务模式、社区发展的四大模式，特别分析了作为整合工作模式的社区营造模式，另一方面重点对社区社会工作实施原则以及服务技巧做分享与讨论，以期为中国特色社区社会工作实务和理论的发展奠定基础。

> 【核心概念】

社区、共同体、虚拟社区、功能社区、任务目标、过程目标、社区组织、社区发展、社区照顾、社区社会工作、地区发展模式、社会策划模式、社区照顾模式、在社区照顾、由社区照顾、对社区照顾、整合式社区照顾、创新改革模式、改变习俗模式、行为改变模式、过程取向模式、社区总体营造、社区治理、社会工作站、社区支持网络、社区教育

> 【重点难点】

重点一：社区社会工作的实务模式及其具体内容。
重点二：社区社会工作的常用技巧及其具体运用。
难点一：社区总体营造的具体内容及其经验。
难点二：社区照顾模式的具体类型及其实施。

第九章 社区社会工作

> 【内容精要】

第一节 社区社会工作的基本概念

一、社区社会工作的特点

社区在社会工作是一个众说纷纭的概念。德国人腾尼斯最早提出社区的概念。在他看来，社区是由共同价值观的同质人口组成的关系亲密、富有人情味的社会关系和社会团体；人们加入该团体并非有目的选择之结果，而是在社会生活中自然形成；包含地缘共同体（如邻里）、精神共同体（如宗教团体）和血缘共同体（如宗族）等三种类型。学者李增禄认为社区有三类：一是地理的、结构的、空间的和有形的社区，指生活在特定地区的一群人或这些人所在的地区（如街区）；二是心理的、过程的、互动的和无形的社区，指共同利益、共同命运、共同愿望、共同背景、共同职业的人群（如社区青少年）；三是社会的、组织的、行动的和发展的社区，指基层自治自决的行动单位或称地方性社区（如集体行动者）。李增禄认为，社区归属感即社区意识是其核心特征[①]。可见，社区具有较为丰富的内涵与外延，更是社会工作服务的重要场域与对象。

社区社会工作最早起源于睦邻组织运动，是在西方城市社区开展的社区组织工作，后来发展成为社会工作专业方法之一。在第二次世界大战之后，联合国为了帮助许多发展中国家的农村地区，倡导兴起了一项世界性的社区发展运动，通过有计划的社会变迁来解决经济、社会文化落后的社会问题，我国学者晏阳初正是这一计划的积极推进者。而与此同时，为了配合《贝弗里奇报告》的实施，英国也不断推进对社区中弱势群体的照顾，不断完善和发展社区照顾的工作方式。因此，社区社会工作具有很大的包容性和多样性，相应的定义也就更为多元。英国的《高本汉报告书》、哥信斯、美臣、布托、谭马士，美国学者罗斯、邓肯、毕加与史伯、胡宾，我国香港地区的社会福

---

① 李增禄. 社会工作概论 [M]. 台北：巨流图书公司，1986：174.

利署、香港社会服务联合会,我国台湾地区的学者徐震、林万亿、廖荣利,我国大陆地区的王思斌、王刚义、宋林飞、徐永祥、周沛、李迎生、顾东辉等都从不同角度对社区社会工作有相应的界定。

参考以上学者、机构等的定义,作为社会工作基本方法之一,社区社会工作是在中国传统文化与现实处境的基础上,根据社区整体及其全体居民的实际需要与综合状况,通过社区服务、社区组织、社区照顾、社区建设以及社区更新改造等适切性方式方法。社区社会工作一方面挖掘社区居民的潜能与优势,提升社区居民的能力,促进社区居民的参与,推动社区居民的集体行动;另一方面挖掘社区的资源,促进社区内外的网络沟通与联结,形成社区意识与集体活动,解决社区问题,最终促成社区居民自助、互助和自决的精神和能力,推动社区公平正义以及可持续性发展。

作为专业方法的社区社会工作具有以下特点:(1)强调基于中国传统文化与现实需求,突出党的领导与人民社区的理念;(2)以整个社区为对象,分析问题的视角更加趋于结构取向;(3)着眼于整体的改变,介入问题的层面更为宏观;(4)强调居民的集体参与,具有社会行动性;(5)合理运用社区的网络与资源;(6)既强调可见的社区问题解决的任务目标的达成,更强调过程中能力、意识以及关系等过程目标的改善。

二、社区社会工作的目标

社区社会工作的目标是一个体系,既有根本的总体性目标,也有细化的具体目标;既有当前的近期目标,也有未来的中期目标与长远的规划目标;既有改变居民的直接目标,也有促进居民人际关系的中间目标,还有社区整体与社会发展的间接目标。此处,介绍罗斯曼从目标性质方面考察的任务目标与过程目标。

1. 任务目标,是指解决一些具体的、特定的社会问题,主要表现为解决具体可见的社区经济、环境以及生活问题,完成社区规划、改造以及更新等设施建设,实现对社区中儿童、老年人、妇女以及残疾人的照顾等。比如修桥铺路、安置无家可归者、解决社区环境污染问题等。

2. 过程目标,是指促进社区居民、相应团体以及整个社区的能力、意识、态度、技巧、行动以及文化意识等。比如提升居民的参与意识和能力,促进居民的团结和社会行动，促进社区关系，提升社区归属感，构建社区支持网络与资本，提升社区总体信心等。

三、社区社会工作的发展历史①

1. 19世纪70年代至20世纪10年代，慈善组织会社时期

当时欧美建立了不少睦邻服务中心与慈善组织、会社，它们大多以都市里的邻里等区域单位为服务对象，用协调合作的方式将社区内各慈善团体与救济机构组织起来，共同行动以解决共同面临的问题，推动了社会福利工作的发展，为社区工作的最终形成奠定了基础。

2. 20世纪10年代至20世纪30年代，美国社区基金会及联合会建立时期

第一次世界大战后，战时的"战事基金会"转变为各地的社区联合募捐组织"社区基金会"。它们联合社区内各团体、机构，定期举行有计划、有组织的募捐，并设计彼此相互配合的发展方案，通过方案的实施促进整个社区的福利。

3. 20世纪30年代至20世纪50年代，政府介入时期

受1929年开始的世界经济危机的影响，美国政府开始积极介入社会福利领域，社会福利的基本责任主体亦由志愿团体转向政府。与此同时，政府在推进公共福利计划时也大量引用了社区组织的原则与方法。1939年，社区组织在美国正式被确定为社会工作的专业方法之一。

4. 20世纪50年代至20世纪60年代，社区发展兴起时期

1951年，联合国推出"联合国技术援助推广方案"，1952年正式成立"社区组织与社区发展小组"，推动社区发展。这种以教育过程为主的方法，被联合国于20世纪60年代大力推行。20世纪60年代是美国推广社区发展的黄金时期，政府赞助有关反贫穷、开展市区重建、反青少年犯罪、反失业、推进市民参与及服务协调等计划，将社区社会工作的范围不断扩大。

5. 20世纪70年代以后，社区社会工作重点转移时期

这一时期，政府对社区社会工作的热情有所减弱，资助亦有缩减。因此，

---

① 李迎生. 社会工作概论[M]. 3版. 北京：中国人民大学出版社，2018：242-243.

与前一阶段几乎包罗万象的社区社会工作相比，这一时期的社区社会工作由专业机构和社会工作者推动，主要针对社会的一些弱势人群。

在美国，自20世纪80年代开始，社区社会工作转向为一些有特别需要的人士服务，如少数民族、妇女、精神病患者及老人等。同时，也出现了一些"社区发展公司"，其目标在于改善贫民区的居住条件、服务素质和就业情况。在英国，当时的情况和美国也差不多，社区社会工作受政府的资助减少，社区社会工作的重点不得不转向为一些脆弱人士提供服务等方面。

第二节　社区社会工作的主要模式

一、社区组织的实务模式

（一）地区发展模式[①]

根据罗斯曼所做的界定，地区发展模式作为社区社会工作的介入模式之一，针对的是社区居民归属感不强、互助性不足以及行动力不够的问题，其目标就在于提升社区居民的自助互助能力以及社区整合与社会行动的水平。社会工作者的主要任务就是推动社区的居民及团体充分认识到自身的问题与需要、潜能与资源、责任与义务，并通过社会动员、宣传教育、行为促进以及资源链接，协助社区居民及团体通过自力更生、守望相助以及集体行动的策略，去提升社区意识，改善社区关系，提升社区能力，解决社区问题，促进社区变迁。

1. 基本假设

（1）关于个人的假设。每个人都是社区的人，都与社区在经济、社会以及文化方面有千丝万缕的联系，对社区问题有切身的感受，并愿意关注自身所处社区的发展与变迁。由于现代社会飞速发展的现代化、工业化以及城市化以及由此带来的组织科层化、个体孤立化、文化功利化以及社会资本化，

[①] 甘炳光，梁祖彬，陈丽云，等. 社区工作[M]. 香港：香港中文大学出版社，1994：117-130.

居民在社会机器、官僚主义以及资本市场面前显得更加软弱无力，对于个体及社区公共问题的改变处于更为严峻的失能、失声以及失权状况。

（2）关于社会构成的假设。社会正在变得越来越丧失传统社区的自然的、有机的以及基于认同关系的联结，变成一种更为正式、工具理性、制度化、科层制以及以资本或权力为纽带的行政性、组织化和利益交换的关系。这种资本和权力运作的逻辑，造成了更为严峻的社会关系的资本化、社会阶层的疏离化、社会沟通的官僚化、社区生态的板结化、居民关系的个体化，不仅降低了社会和社区的活力，更降低了社区居民参与的动力和能力。

（3）关于行为动机的假设。社区居民具有守望互助的原始动机与需求，更倾向于团结和合作，而非竞争与对抗。虽然个人行动是理性追求个人利益最大化的，但是只要能够在集体行动中照顾到个人的需求和动机，并且能够培养一种集体归属和认同感，个体会在情感和价值层面上有动机参与社区基层组织的活动，并在社区参与中实现个体利益与集体利益的有机统一。同样，社区天然具有自身的有机生态，并给予社区居民参与和行动的空间。

（4）关于发展和变迁的假设。社区发展基本上接受现代化理论中关于发展的概念，认为发展是在不掠夺自然资源基础上的可持续发展，应该以人为中心，满足社区的需求。

2. 介入目标

地区发展模式虽然强调解决社区问题和促进社区更新等任务目标的完成，但更关注社区居民能力提升和社区意识增强的过程目标。因此，该模式的主要介入目标包括：居民社区生活的改善；居民潜能的挖掘与激发；居民解决问题的能力提升；居民及团体之间的沟通与合作改善；居民对社区的认同和归属感增强，并由此带来社区问题的解决。

3. 介入策略

（1）促进社区居民的沟通、互动与交流，以形成社区公共空间，并对社区共同议题发生兴趣。

（2）促进社区邻里团结、守望互助，推动合作共事，提升居民爱护和维护公共空间的意识，并借此形成问题解决的平台。

（3）开展社区宣传与教育，提升社区居民对社区问题的理性认知和积极态度、对社区资源的了解与利用知识、对社区问题解决之道的理性认知以及对于社区参与价值的认同。具体来说，可以通过乡土教育、公民教育、生命教育以及科普教育等方式进行。

（4）促进社区资源的开发和利用，不仅要协助居民认识社区的地理资源、政治资源、人口资源、经济资源以及文化资源等，还要促进居民对社区的共享、整合以及有效利用，从而有效促进社区变迁。

（5）促进社区参与和集体行动，增进社区居民对社区的认同感、参与感以及掌控感，让居民在参与中认识到自身及集体行动的力量，并通过参与促进行动，通过行动促进改变。

4. 社会工作者的角色

（1）组织者的角色，是指社会工作者把社区居民组织起来，帮助居民表达他们的需求，辨别社区的问题，讨论形成社区的公共需求和发展目标，形成良好的社区人际关系，团结起来解决社区问题。

（2）使能者的角色，是指社会工作者负责发动并提高人们的创造性，鼓励居民通过参与导向的过程，习惯负责任、习惯理智、习惯面对各种敏感问题等。

（3）联结者的角色，是指社会工作者要在社区组织之间、社区组织和外界组织之间、不同社区之间等进行联络沟通，增加彼此的了解，争取团结、合作和支持，甚至是联合。

（4）经纪人的角色，是指社会工作者要协调、动员社区内外的资源，并投入社区居民的发展项目中来，帮助社区居民组织发展项目，解决社区问题，改善社区生活质量。

（5）协调者的角色，是指社会工作者要充分认识到社区居民之间的个体差异以及群体差异，在促进社区居民沟通互动过程中，有效化解居民对社区的对抗、居民之间的冲突以及社区之间的矛盾纠纷，从而为社区的集体行动营造和谐稳定的氛围。

（6）教育者的角色，是指社会工作者需要通过宣传、教育以及咨询等策略，促进居民的理性认知、科学观念以及正向行动，并进而养成社区守望相互、和谐安定的氛围与文化。

5. 适用范围

地区发展模式适用于不存在紧急情况的社区，且社区居民背景比较相似，社区内不同群体之间虽存在分歧，但没有根本的利益冲突，且居民对政府比较信任。

(二) 社会策划模式①

社会策划模式也称为社会计划模式、社区计划模式。该模式认为，每一社区都存在这样或那样的问题，但大部分问题都可以通过制订科学、合理的行动计划来解决。社区社会工作的任务就是针对社区所存在的主要问题，收集、分析有关资料，制定规划，并通过有步骤的理性策略最终解决问题。

1. 基本假设

（1）关于人的假设。人是理性追求自我利益最大化的，人际关系一般都是理性选择的工具性交换关系，在理性原则指导下的人际互动会带来社会活动效率的提高、个人需求的满足等。

（2）关于社会的假设。社会系统是建立在个人之上的相对客观、独立的一个系统整体，有自己的边界，有自己的平衡机制。当有外部冲击的时候，会带来社会系统的失衡，但是系统会通过调整渐渐恢复平衡，并提升原来的系统平衡的水平。

（3）关于行动动机的假设。人是理性的，有认识能力和实践能力，会在价值、利益等诱导下理性地追求个人、社会利益的最大化增长。社会策划模式认为，必须对人进行管理和规范，这样才能带来社会秩序和合力。

（4）关于发展和变迁的假设。社会策划模式主张通过对社会发展规律的系统研究认识，掌握社会发展的内在规律，然后统一计划、管理、组织和实施，以此促进社会的发展和变迁。要达到这种社区变迁，必须依靠专业人员的专业技术，即专家通过理性规划、科学技术以及管理流程的运作，最终解决社区问题，实现社区发展的目标。

2. 介入目标

社会策划模式最关注的就是社区中急需解决的问题，因此聚焦在任务目标，并根据社区的内外环境、问题的性质、自身的条件以及问题受关注的程度来进行问题解决流程和方法的规划，直接解决社区所面临的问题，实现预定发展目标。

3. 社会策划的内容和程序

社会策划模式依据的是科学管理的理念及方法，工作流程依次为：了解

---

① 全国社会工作者职业水平考试教材编写组. 社会工作综合能力：中级 [M]. 北京：中国社会出版社，2009：215-218.

组织（社会工作、社会福利组织）的使命及目标、分析环境及形势、自我了解（自身机构的特点及能力等）、界定及分析问题、确定需要（工作对象或社区的需要）、建立目标并确定实现目标的标准、选择可行性方案、测试并最终确定方案、执行方案并持续监督、评估方案实施结果、调整方案直至问题最终被解决。

4. 社会工作者的角色

（1）项目规划者。社会工作者担当专家角色，完全依靠技术理性来调查社区问题，分析社区事实条件，评价各种服务方案，规划社区服务。

（2）项目管理者。社会工作者主要担当已经决策的项目的管理人员，负责项目整个执行过程的业务操作、财务、人事、物资等管理工作，保证服务项目得到有效的执行。

（3）方案实施者。社会工作者主要扮演项目执行过程的监督、反馈、协调角色，监察业务的执行进度，收集业务执行过程中的意见和信息，反馈给决策者和经理人员。

（4）团队协调者。社会工作者本人不是扮演专家角色，而是主要服务各个专业的技术人员，协调好不同专业技术人员的协同合作，共同完成社区任务。

（5）居民动员者。社会工作者虽然偏重居民的组织和能力建设，但主要是组织居民参与相关部门的社区建设策划过程中、接受相关的服务并就服务方案提出改进意见等。

（6）技术专家。社会工作者以自己的专业知识和方法来分析和服务社区，并通过社会调查、信息咨询、项目实施以及项目评估来控制社区行动的方向、进程与结果。

5. 适用范围

社区策理模式适用于存在紧急和重大问题的社区，且社区处于积极变迁之中，问题也急需得到解决，但仅仅依靠一般民众或社区自身的力量往往难以应对，比如地震灾后重建、重大疾病风险、新冠肺炎疫情等。

（三）社区照顾模式[①]

社区照顾是社会工作者针对社区中存在的弱势群体无人照顾的问题，积

---

① 徐永祥. 社区工作［M］. 北京：高等教育出版社，2004：138-146.

极动员和整合社区内在各类非正式网络和资源,并联合正式网络和资源,让需要照顾的群体不离开社区就能得到适当的照顾,从而解决社区的问题。

1. 基本假设

(1) 关于人的假设。人类是多样性的,儿童、老年人、残疾人、精神障碍人士都是人类的一分子,都需要得到社会的尊重,并且都需要得到适当的照顾。

(2) 关于社会的假设。个体的问题大多是社会性原因引起的,因此个体需要回归社会,并得到社会的照顾。而社会是众多个体的结合,且有责任和义务去照顾其中的个体,尤其是那些处于弱势境地的个体。

(3) 关于行动动机的假设。社区是社会管理、社会控制以及社会关照的基本单位。生活于其中的个体都会相互关怀和守望互助,并对其中处于弱势的个体抱有强烈的同感和关怀之心。唯有如此,人作为社会性存在的价值和尊严才能得以彰显,生命意义也因此得以体现。

(4) 关于发展和变迁的假设。社区的发展以及对社区中弱势群体的照顾,有赖于一些大型专业机构的技术支持,但由此也会带来"社会排斥"以及"标签化"的弊端。而基于社区情境、社区服务以及社区文化的照顾,能够更好地促进弱势群体的正常化、社区参与以及社区回归,也更符合人性化的服务设计。

2. 介入目标

社区照顾模式强调对社区弱势群体照顾问题的解决,但注重的是发挥社区内部力量。因此,该模式既强调任务目标的完成,也更注重对社区生命共同体意识、社区非正式照顾能力、社区群体之间守望相助行为的倡导与促进,强调过程目标的引导。因此,社区照顾模式强调社区守望互助的责任,强调挖掘社区自身非正式社会支持的资源并实现其特有价值,强调协助服务对象融入社区,提倡建立相互关怀的社区。

3. 社区照顾模式的实施策略

(1) 在社区照顾,是指将一些服务对象留在社区内并向其提供服务。"在社区照顾"的核心是强调服务的"非机构化",即将照顾者放在社区内进行照顾,在他们熟悉的社区环境中生活,协助他们融入社区生活。

(2) 由社区照顾,是指由家庭、亲友、邻里、志愿者等所提供的照顾和服务。"由社区照顾"的核心是强调动员社区内的资源,发动社区内的亲戚、朋友和邻里协助社区提供照顾。"由社区照顾"的重点是积极协助困难群体和有需要人士，在社区中重新建立支持网络，包括：①提供直接服务的网络；②服务对象自身的互助网络；③社区紧急支援网络。

（3）对社区照顾。"对社区照顾"包括日间医院、日间护理中心、家务助理、康复护士、多元化的老人社区服务中心、暂托服务、关怀访问及定期的电话慰问等。

（4）整合式社区照顾，是指将正式照顾和非正式照顾相结合的照顾和服务。非正式照顾通常由服务对象的家人、朋友、邻居来承担，正式照顾的提供方包括政府部门、非营利的社会组织和市场上的营利性机构。

（5）为家庭照顾者提供服务，包括：①为家庭照顾者提供一些具体的和实际的帮助；②协助家庭照顾者善用服务资源，并鼓励他们参与社会服务机构的活动；③为家庭照顾者提供能够稍事休息的支援；④针对家庭照顾者的压力提供情绪及专业上的支援；⑤为服务对象提供高质量的服务，减轻家庭照顾者的负担，缓解困难和焦虑。

（6）社区倡导，即社会工作者需要鼓励被照顾者和提供照顾者积极参与有关服务的决策和资源分配，促进关怀性社区的建设。

4. 社会工作者在社区照顾中的角色

（1）治疗者，即社会工作者为需要照顾的弱势群体提供相应的心理治疗、行为矫正、家庭治疗以团体治疗等，以促进被照顾者形成健康的行为方式与生活习惯。

（2）辅导者，即社会工作者为需要照顾的弱势群体及其家庭提供心理辅导、情感支持、技能训练、认知转变、生活照顾以及家庭辅导等，以促进被照顾者得到生理、心理以及社会的综合性照顾。

（3）经纪人，即社会工作者为保障社区照顾的质量和水平，为被照顾者寻找各种正式和非正式的社区资源，包括为特殊儿童联络特殊教育资源，为居家老人联系居家送餐服务，为残障人士联络相应的康复训练设备等。

（4）倡议者，即社会工作者为有特殊需求的服务对象倡议和争取合适的服务，替照顾者向有关方面提出意见和争取改善措施，通过教育和培训鼓励照顾者自主争取权益等。

（5）咨询者，即社会工作者为需要照顾的弱势群体提供信息咨询和政策解答等方面的服务，并为其他社区照顾者提供程序协调以及政策咨询服务。

（6）教育者，即社会工作者为社区照顾者提供关于被照顾者的身心特点、多元需求、服务内容、服务技术以及技巧方面的培训与训练，以保障非正规照顾的质量与成效。

二、社区发展的实务模式[①]

1. 创新改革模式

创新改革模式强调社区变迁必须经历一段时间才能完成。这种社区变迁的过程有"开始"及"结束"阶段。在开始的时候，由社区变迁的推动者或社区发展社会工作者，提出一个新的理想或计划给社区居民；在结束的时候，这个理想或计划已经整合到社区居民的文化或行为之中。在整个变迁过程中，有两股力量在理想或计划与整合间相互对立、相互作用。一股是改革者的新理想、新技术或革新行动，另一股是社区居民对改革者的新理想、新技术或革新行动的响应行动。经过这两股力量的互动，理想或计划要么成功，要么失败。创新改革模式强调的是社会工作者的理想或计划与社区居民之间的整合，即被后者所认同。

2. 改变习俗模式

关于社区发展的途径，有两种不同的看法：一种强调应集中改变社区居民的环境或物质条件；另一种强调改变社区居民的风俗习惯。由于社区居民风俗习惯的改变经常会带动物质环境的改变，因此有人将改变习俗视为社区发展的重中之重。改变习俗的目的在于使社区不受拘束地成长或发展，通过增进居民的新知识与新技术，或通过社会工作者的协助，以更有效的方法完成社区的各种决定。促进习俗改变的途径很多，如可经由工艺上、政治上、经济上、社会上、法律上、意识形态上以及宗教上的改变来达成等。对于改变物质环境，居民是否参与并非特别重要，但对于改变居民习俗，非由居民的参与、合作不可。因此，不断努力以争取居民的合作，是变迁的推动者或社区社会工作者的基本任务。该模式强调通过居民习俗的改变以实现社区发展。

3. 行为改变模式

行为改变模式认为，社区发展的成败可由社区居民行为改变的情形来判

[①] 李迎生. 社会工作概论[M]. 3版. 北京：中国人民大学出版社，2018：247-248.

定。居民行为举动的改善本身就是社区发展的目标。由此，该模式对物质的改变或外在环境的改善不太注重。它将社区社会工作者视为社区变迁的推动者。由于改变行为的前提是改变居民的价值观念与态度，因此，社区社会工作者的主要任务是运用教育技术改变社区居民的价值观念、态度及行为模式等。可见，行为改变模式强调的是通过改变居民行为以推动社区发展。值得注意的是，在个案社会工作理论与方法中也有行为改变模式，但二者涉及的对象不同。个案社会工作是针对个别案主，社区社会工作则是针对全体社区居民。

4. 过程取向模式

过程取向模式强调社区社会工作者同社区居民之间的沟通，通过教育及组织的过程，改变居民的态度及行为，使他们更积极地参与社区发展。社区发展的基本目标是过程目标，如增进居民参与、做决定及合作的能力；而不是任务目标，如物质的改进、设备及服务的提供等。在这一模式中，社区社会工作者是变迁的推动者、有能力的协调者及解决问题的指导者。该模式特别重视居民参与的功能，并实际加以推动。居民参与既可作为社区发展的目标，也可作为方法。它既可实现更高程度的社区改善，亦可达到改善居民生活条件的目的。

三、社区营造模式[①]

我国台湾地区的"社区总体营造计划"始于20世纪90年代，经过了三十多年的努力，已成为营造"魅力台湾"的基础工程。其概念则来自日本的"造町运动"，但在性质上又与日本和西方国家同类型工作有相当程度的差异，可谓是融合日本与欧美各种理论与实务的综合体。英美等国的"社区培力"或"社区复兴"，较着重社会福利照顾和住宅环境的议题，日本的"造街、造町、造村"，则偏重于实质环境空间与产业振兴。而我国台湾地区社区营造中的社区不只是一个地缘社群而已，它还代表了一种"生活方式"，一种地方的和社区的"生活形态"和"生活价值观"。社区营造在意义上指涉的是更基层的居民组织，强调的不仅是居民的自助、互助能力，更冀望因共同生活而产

---

① 李迎生. 社会工作概论[M]. 3版. 北京：中国人民大学出版社，2018：248-251.

生的共同意识和价值观念，形塑公民社会；在推动方法上则透过文化艺术形式激起居民自主意愿，改造社区生活风貌。所以，在实施范围方面，社区总体营造的涵盖面有时会远超过原有社区的范围，甚至以一个县市或是一个乡镇为单位，而使社区营造更有总体性的思考，与早期推动社区发展关注点迥然不同。因此，社区总体营造被视为是一种思维模式的转变，是在进行一场基层民主治理，从营造一个新的观念和模式开始，进而营造一个新的基层社会治理与发展体系。

综合而言，社区总体营造尝试从社区的人与人、人与社会、人与环境、人与文化、环境与历史多方面切入，促进社区居民的自信、自觉、自强与自助、凝聚社区意识，重构人与人、人与环境、人与历史、环境与历史彼此的和谐关系，并透过文史、环境改造与保护、产业振兴等不同社区议题的共同参与，带动社区全面经营、改造的契机与行动，营造永续发展的家园。社区总体营造从一开始的着重基础设施建设，从"点"做起，以单一的地理范围或团体组织为执行对象，树立成功运作的示范性社区，到借鉴欧美经验建立社区规划师制度，使社区与专业人员成为社区建设协作伙伴，以文化活动来凝聚社区意识，促进社区的发展。

社区营造的主要工作在于发掘社区居民的共同利益与共同需要，以及促进社区居民的团结，唤起社区居民参与社区事务的热忱与兴趣。具体来说，社区营造具有以下特色[①]：

（1）在急剧的工业化和城市化变迁中，在社区发展的经验基础上，依据具体的社会政治经济与文化脉络，社区营造呈现出阶段性发展特点。

（2）社区营造有着多样化的议题与多面向的活动。社区营造既可能通过民俗技艺、地方文史、文化产业、产业文化议题开展工作，也可能通过健康发展、医疗照顾、社会福利开展活动，更可能通过学习活动、社区交流等凝聚共识。

（3）参与和推动主体多元化。社区营造虽然是由相关社会福利部门推动，但依然需要相应的文化建设、环境保护、经济商务、教育文化、社会保障以及各级地方政府的配合和支持，同时也需要基层社区及社会组织、社会工作者、志愿者、相关学校和企业等社会力量的支持。

---

① 陈亮全. 今年台湾社区总体营造之展开［J］. 住宅学报. 2000，9（1）：61-77.

（4）逐渐呈现出居民与社区的自主性以及民众的自发自治。在社区营造的发展过程中，许多行动或基于居民对环境破坏的觉醒而自行成立相应的组织，凝聚共识并促进行动；或由于民间文史工作者累积在地工作经验，进而逐步带动居民参与和集体行动；也可能是通过基层政府资源的资助，在专业认识的协助下，社区居民开展一连串的社区改造工程。社区居民逐渐成为推动社区进步的主力军与生力军。

（5）采取共同参与、协商协同的推进方式与过程。由于社区营造以居民为主体，强调居民的自主性，因此常有各种不同的意见产生，其工作内容也需要涉及不同单位的配合。因此，社区营造必须通过协商以及协同合作的方式与过程，其中至少要包括社区居民、专业人士、行政单位以及社会力量的参与和合作。

（6）强调实践与学习的过程，最终达成总体性目标。如前所述，社区营造的最终目标是所谓的共同体，包括生活共同体、文化共同体、照顾共同体以及自治共同体，因此需要不断提升居民的沟通、表达、规划、设计以及参与的能力，促成社区形成为生命共同体。

（7）具有在地性、本土性以及情境性，强调社区特色。因为社区所在环境与社会条件的不同，社区营造具有本土性，而且强调社区与居民的主体性，由居民共同参与、讨论与实践而成，因此容易形成与其他社区有别的在地性或特色性。尤其是在具有竞争性质的社区营造中，地方产业的振兴、商店街的活化以及一区一品等，都强调找出并创造该社区的传统与特色。

（8）目标具有总体性，但介入策略往往是具体和阶段性的。虽然社区营造目标具有总体性，但实际操作过程和介入策略是具体的，比如从保护社区中的老树或小溪、改善邻里公园或人行步道、探访社区中的独居老人、改善社区垃圾回收程序等具体而微的议题介入。这些议题在推动过程中或完成之后，还会继续产生其他的影响，带来诸如社区学习、资源开发、建立社区特色等议题，逐渐形成总体性的营造。

（9）推动与操作的方法有别于传统的专业技术。由于社区营造采用居民参与方式，重视沟通、协调，同时其内容具有总体性，可能涉及不同的议题，因此采用的方法与传统的行政性推动方法有较大差异。其中，工作手册的出版、工作坊操作技术的引进、行动研究方法的引用等，都是较为常见的专业技术。

第三节 社区社会工作的常用技巧

一、社区分析的技巧[①]

1. 认识社区

一是认识社区的类型,包括了解社区是地域性社区还是功能性社区。如果是地域性社区,需要确定是单位小区还是社会小区,是城市小区还是农村社区,是工业区还是生活区等。如果是功能性社区,则需要了解社区群体的年龄、性别、职业以及面临问题的特征。

二是全面了解社区状况,包括探索社区背景、探索工作方向、探索社区动力等。探索社区背景应该包括社区的基本资料、社区居民及团体的关系、权力分布、社区问题以及社区需要。探索工作方向,则包括确定哪种社区需要或问题要优先处理、工作目标包括哪些、用何种工作方法去达成目标等。探索社区动力,则需要了解社区内的权力分布及个人、团体之间的交往模式等。

三是多渠道认识社区的方法,包括家访、街头漫步、拜访社区领袖、居民大会、文康活动、特定的工作小组、社区调查、政府统计资料以及地区图书馆等文档资料的查阅。

2. 社区动力分析

社区动力是指社区内的个人、团体或组织之间的互动,以及由此而衍生出来的关系。社区动力分析框架主要包括社区体系分析以及社区互动分析。其中,社区体系分析包括分析社区体系的目标、组成、可用的资源、期望、资源来源以及其他领袖人物的风格特征等;社区互动分析则主要是针对社区内各种互动关系的梳理,包括交换关系、权力依赖关系、授权式关系以及联合组织等。

3. 社会政策分析

社会政策分析的风格各异,大致可以分为:一是政策内容分析,着重探

---

① 甘炳光,胡文龙,冯国坚,等. 社区工作技巧 [M]. 香港:香港中文大学出版社,1997:3-35.

索政策内容的目标厘定、政策主体设计、政策受益对象及其认定、政策传递及服务设计、服务提供架构设定、财务及资源安排等环节；二是政策过程分析，即政策过程中的政策制定及执行过程分析，具体可包括问题发掘及界定、政策制定或规划、政策执行或落实、政策评估及反馈等。

二、建立和发展社区关系的技巧[①]

1. 了解各类组织的运作情况

首先要了解影响组织内部运作的因素。在分析单个组织的运作时，社会工作者既要了解其正式（外显）的模式，更要注意观察其非正式（内隐）的模式。

2. 分析组织间的关系

不同组织之间的关系分为三种类型：一是交换关系；二是权力依赖关系；三是授权式关系。

3. 把握组织间交往准则

（1）组织间交往的一般准则。①尽早与各组织交往，为未来可能的合作奠定基础；②交往时要协助各方了解各自可获得的利益，促进利益共同体的形成；③交往各方可以签订合作协议，表达合作期望、目标和守则，强化和规范合作关系；④要注意主动维系组织间的交往关系。

（2）组织间交往的特殊准则。①具有交换关系的组织间的交往准则；②具有权力依赖关系的组织间的交往准则；③具有授权式关系的组织间的交往准则。

4. 活用组织接触的技巧

（1）注意组织形象的平衡和统一；（2）增加接触的机会；（3）求同存异，加强沟通。

三、发展社区支持网络的技巧

1. 社区支持网络的功能

（1）提供对话与沟通的渠道，增进了解与信任；（2）提供分享信息及学

[①] 甘炳光，胡文龙，冯国坚，等. 社区工作技巧 [M]. 香港：香港中文大学出版社，1997：87－120.

习和创新的机会；（3）促进社区的凝聚力；（4）促进社区增权。

2. 发展社区支持网络的目标和策略

（1）增进情感与关怀；（2）促进沟通与理解；（3）促成信任与尊重；（4）维持弹性与适应性。

3. 发展社区支持网络的方法

（1）网络分析。①网络形态，指网络的广度和强度；②网络功能，指网络发展的作用。

（2）发展自助小组。①发展自助组织的技巧：联结、鼓励与正面强化、组织活动与体验式学习和同辈榜样四项技巧；②自助组织发生问题时的应对技巧：自助组织出现问题时的应对策略，自助组织出现问题时成员的处理方法，正面看待问题、积极解决问题、学会总结反思。

（3）发掘和培育志愿者。①主动邀请，由近及远；②建立平等合作关系；③提供参与和成长的机会；④明确方向、提供资源、回应需要、多加鼓励。

四、社区教育技巧①

1. 社区教育的目标

社区教育的目标是为了培养和塑造有知识、有能力、以社区发展为己任的优秀居民。因此，必须在态度、知识和行为三个方面促进社区居民的改变和进步。

2. 宣传工作的技巧

（1）宣传教育的过程。（2）宣传的方法。①采用有吸引力的方法；②信息明确，目标具体化；③重复信息；④多媒体推广；⑤正面宣传和负面宣传。

3. 社区带头人的培训技巧

（1）社区带头人培训的目标。①鼓励积极参与；②提升当家作主意识；③建立总结和反思习惯；④协助建立民主领导风格；⑤建立权责分工的意识。

（2）社区带头人培训的内容。核心内容有：一是沟通技巧与人际关系技巧；二是筹备、主持会议与演讲技巧；三是小组带领技巧；四是组织和管理技巧；五是谈判、游说等政治技巧；六是运用战略及战术技巧；七是与传媒

---

① 徐永祥. 社区工作 [M]. 北京：高等教育出版社，2004：191-196.

接触技巧；八是资源动员技巧。

（3）社区带头人培训的注意事项。在培训时应注意以下几方面的事项：一是每次学习的内容宜小不宜大，宜少不宜多；二是每次学习宜集中学习一两种技巧，不宜过多；三是从经验中学习得到的技巧效果最佳，所以应把学习的技巧尽可能应用于日常生活中；四是学习的课题必须是社区带头人有兴趣的；五是学习的目标是扬长避短，故学习的内容应根据不同带头人的特点而有不同的设计。

五、动员群众技巧[①]

1. 直接接触途径

（1）已知居民的姓名及联络方法：可以通过信件、家访和电话联络等渠道与群众直接接触。

（2）不知道居民的姓名及联络方法：如果社会工作者没有群众的姓名和联系方式，可以通过其他方法与居民直接接触。常见的方法有：设立街头宣传站、逐户拜访、户外喊话、召开居民大会以及动员现有的社区团体和组织的成员参与。

2. 间接接触途径

间接接触途径是指通过大众传媒、展架、广告、宣传册、海报、横幅等途径将信息传递给居民。

3. 选择动员方法应考虑的因素

（1）参加动员工作的人力；（2）动员居民参与的事务是否已经引起居民的广泛关注；（3）动员对象的覆盖范围；（4）动员对象的参与动机。

4. 说服居民参与的技巧

社会工作者要注意掌握居民的参与动机，了解阻碍他们参与的因素，针对不同情况采取不同的说服策略，才能起到事半功倍的效果。

5. 注意事项

（1）不要言过其实；（2）推动群众参与时既不宜用力不足，也不宜用力过猛；（3）注意分辨动员对象的真实想法；（4）不要与持相反意见的居民争辩。

[①] 甘炳光，胡文龙，冯国坚，等. 社区工作技巧［M］. 香港：香港中文大学出版社，1997：135-151.

第九章 社区社会工作

> 【考研真题】

一、名词解释题

1. 社区营造（中国人民大学，2024）
2. 表达性需要（复旦大学，2024）
3. 社区照顾（浙江师范大学，2024）
4. 社会照顾（南京理工大学，2024；吉林大学，2024）
5. 社区资源（西北农林科技大学，2024）
6. 社会策划模式（广西师范大学，2024）
7. 地区发展模式（华南师范大学，2024；中南财经政法大学，2024）
8. 社区韧性（南开大学，2024）
9. 社区矫正（中南民族大学，2024）

二、简答题

1. 简述中国社区社会工作的发展演变过程。（中国人民大学，2024）
2. 简述地区发展模式及其工作重点。（中央民族大学，2024）
3. 简述社区工作的三大模式。（中国农业大学，2024）
4. 简述地区发展模式中社工的角色。（苏州大学，2024）
5. 简述罗斯曼社区工作三大模式的内容。（西南大学，2024）
6. 简述社会工作与社区矫正的统一性。（四川外国语大学，2024）
7. 简述社区社会工作理论模式的阶段。（重庆工商大学，2024）
8. 简述我国社会工作在社区服务领域中的功能及发挥的作用，至少三点。（厦门大学，2024）
9. 简述社会策划模式的特点。（山西医科大学，2024）
10. 简述社区工作动员群众时的注意事项。（华南农业大学，2024）
11. 简述威尔和甘布的社区工作八分法。（深圳大学，2024）
12. 简述社区工作的基本技巧。（广州大学，2024）
13. 简述社会照顾模式。（广东工业大学，2024）
14. 简述地区发展模式的实施策略。（华中农业大学，2024）
15. 简述社区照顾的目标。（华中师范大学，2024）

三、论述题

1. 论述社会工作介入乡村振兴的路径。（中国农业大学，2024）

2. 论述社会工作介入社区居家养老的必要性。（中国农业大学，2024）

3. 参与是社会参与的关键，谈谈社会工作者在社区工作中促进社会参与的角色和策略。（华东理工大学，2024）

4. 论述社区工作的实施原则。（河海大学，2024）

5. 论述社会工作介入基层治理的必要性和途径。（西南大学，2024）

6. 论述社区工作的介入手法有哪些，并就其中两种重点展开论述。（湘潭大学，2024）

7. 结合社区照顾模式的基本内容，谈谈适合我国城市养老的发展路径。（安徽大学，2024）

8. 论述我国基层治理的社会工作实践推进的方式及其具有的基本特征。（厦门大学，2024）

9. 说明农村社会工作的特点，并且结合农村社会工作的特点说明社会工作在参与乡村振兴中发挥的作用。（西安交通大学，2024）

10. 根据乡村振兴背景设计一份研究计划，内容包括：研究题目、研究内容、研究理论、研究目标、研究具体步骤。（广西师范大学，2024）

11. 说明地区发展模式的基本假设和其在社区社会工作中的实施。（山东大学，2024）

12. 结合具体案例，阐述地区发展模式的实施策略。（大连海事大学，2024）

13. 论述在乡村振兴的大背景下，如何建设与发展农村社会工作。（吉林大学，2024）

14. 论述什么是社会资本，社会工作怎样建构更加丰富的社区工作资本。（华南师范大学，2024）

15. 结合案例说明社区治理中多元主体联合和资源整合的重要性。（南开大学，2024）

16. 论述建设乡村社工站的意义、挑战和建议。（华中农业大学，2024）

17. 结合我国老年社会工作，论述正式照顾和非正式照顾结合的路径。（华中师范大学，2024）

18. 论述乡村振兴的中心任务与目标。（武汉科技大学，2024）

第九章　社区社会工作

> **【职考真题】**

1. 社会工作者在儿童友好社区建设中，除了要关注社区儿童活动设施、场地的建设，更重要的应关注儿童对社区的认识，引导其参与社区事务，鼓励其承担社区责任，培养其成长为具有社区关怀精神的新一代"社区人"。关于社区工作目标的说法，正确的是（　　）。(2023－37)

   A. 社区工作的过程目标应更加具体、明确且实际

   B. 社区工作的最终理想是帮助社区建立集体能力

   C. 社会工作的过程目标与任务目标在实践上完全契合

   D. 促进社区居民参与社区建设是社区工作的任务目标

2. 某社区周边有几处野草丛生的空地，堆满了杂物和垃圾，居民要求整治的呼声较高。为此，社会工作者小李邀请物业公司和居民代表进行议事协商，共同设计了空地整治和美化方案，并动员居民一起参与杂物清理、花草种植和后期认养，以及花园维护制度建设。从地区发展模式的角度看，小李在上述工作过程中所扮演的角色是（　　）。(2023－38)

   A. 顾问　　　B. 协调者　　　C. 技术专家　　　D. 方案实施者

3. 社区社会工作者老李走访了辖区 40 余位失能失智老人家庭，评估了老年人能力，请家庭照顾者填写了《照顾者负担量表》，并对负担程度是"中度"和"重度"的家庭照顾者进行重点关怀。老李链接专业护理机构和社区志愿服务团队资源，组建了由护理人员与志愿者组成的服务小组，配对支援重点家庭，提供规范和可持续的喘息服务。上述开展的服务，老李运用的社区照顾实施策略是（　　）。(2023－39)

   A. 由社区照顾　　B. 正式的照顾　　C. 非正式照顾　　D. 对社区照顾

4. 社会工作者计划在某社区开展专业服务。他们通过走街串巷，了解社区周边的医院、学校、便利店和公共交通车站等情况。社会工作者这样做的目的是（　　）。(2023－40)

   A. 分析社区的人口结构　　　　B. 分析社区的人力资源

   C. 分析社区的地理环境　　　　D. 分析社区的权力结构

5. 某社区业主委员会换届选举面临难以达到法定最低投票率的情况。为了确保足够多的居民参与投票，社会工作者小张努力协助居委会积极开展居民动员工作，但仍然无法与近一半的居民取得联系。接下来，小张最适宜采

用的动员方法是（　　）。(2023-43)

A. 给每个社区居民发信件　　B. 逐门逐户当面进行说明

C. 在居民家门口张贴通知　　D. 在社区的中心花园喊话

6. 某社会工作服务机构与社区居委会合作，通过动员居民参与的方式，将社区卫生死角改造成小花园，并邀请辖区内园区设计工作室给予技术指导。在与该工作室接触时，社会工作者发现工作室将居民参与限定在为花园建造出工出力，这与机构希望居民全程参与的初衷不一致。为了求同存异，社会工作者在与工作室接触时适宜运用的技巧有（　　）。(2022-74)

A. 挖掘各自优势，减少有分歧的话题

B. 重申服务居民立场，力争达成共识

C. 持续施加压力，提高彼此沟通效率

D. 争论不休时，坚持对事不对人原则

E. 适时运用妥协，限定居民参与范围

7. 社会工作者小余拟针对社区青年失业问题设计服务计划。为了对社区青年失业问题进行全面深入的了解和分析，小余适宜的做法有（　　）。(2022-76)

A. 运用资源点存法和使用分析法，了解社区可以动用的资源状况

B. 设计评估方法，检验服务活动是否能够有效满足服务对象需求

C. 根据青年失业的关键性影响因素，确立服务目标及其优先次序

D. 通过"问题认识工作表"了解目标对象数量，评估问题严重性

E. 开展头脑风暴，识别和讨论导致社区青年失业问题的主要原因

8. 某社会工作服务机构应邀参与某城区推进的"15分钟社区生活圈"建设行动，与居委会合作确定该社区实施方案。社会工作者根据社会策划模式，采用不同方法确定社区需要。下列做法中，运用社会指标方法来评估需要的有（　　）。(2023-73)

A. 通过专业认可的标准分析需要　　B. 通过问卷调查服务对象需要

C. 通过社会认可的标准分析需要　　D. 通过焦点小组座谈确立需要

E. 通过深度访谈居民来评估需要

9. "联结"是发展自助组织的重要技巧。下列做法中，体现社会工作者运用"联结"技巧的有（　　）。(2023-74)

A. 家庭照顾者自助小组中，给组员们示范与老人沟通的技巧

B. 残疾儿童家长自助小组中，用角色扮演再现亲子互动过程

C. 癌症病人自助小组中，请大家介绍康复阶段存在的共同点

D. 糖尿病人自助小组中，鼓励大家交流日常饮食的注意事项

E. 慢病管理自助小组中，邀请医生讲解自我保健理念和知识

10. 某社会工作服务机构在易地搬迁集中安置社区开展服务，帮助搬迁群众融入新生活。最近，该机构对社区服务点的工作进行效果评估，主要内容应包括（　　）。(2023-76)

A. 评估安置社区居民的数量变化

B. 评估社区居民社区融合的改善情况

C. 评估社区居民对于服务的需求

D. 评估服务社区居民的总体经费支出

E. 评估社区居民对服务的满意度

【参考答案】1. B　2. B　3. D　4. C　5. B　6. ABD　7. DE　8. AC　9. CD　10. BE

【传统文化】

1. 天时不如地利，地利不如人和。　　——《孟子·公孙丑下》

2. 积土成山，风雨兴焉；积水成渊，蛟龙生焉；积善成德，而神明自得，圣心备焉。故不积跬步，无以至千里；不积小流，无以成江海。

——《荀子·劝学》

3. 君民建国，教学为先，移风易俗，必自兹始。

——《隋书》卷三《炀帝纪上》

4. 民有性，有情，有化，有俗。情性者，心也，本也。化俗者，行也，末也。末生于本，行起于心。是以上君抚世，先其本而后其末，顺其心而理其行。心精苟正，则奸匿无所生，邪意无所载矣。

——王符：《潜夫论·德化》

5. 土相扶为墙，人相扶为王。　　——《北齐书》卷十五《尉景传》

6. 和得邻里好，犹如拾片宝。　　——《增广贤文》

7. 故人具鸡黍，邀我至田家。绿树村边合，青山郭外斜。开轩面场圃，把酒话桑麻。待到重阳日，还来就菊花。

——孟浩然：《孟襄阳集·过故人庄》

8. 明月别枝惊鹊，清风半夜鸣蝉。稻花香里说丰年，听取蛙声一片。七八个星天外，两三点雨山前。旧时茅店社林边，路转溪桥忽见。

——辛弃疾：《稼轩词编年笺注·西江月·夜行黄沙道中》

9. 草长莺飞二月天，拂堤杨柳醉春烟。儿童散学归来早，忙趁东风放纸鸢。

——高鼎：《拙吾诗稿·村居》

10. 林尽水源，便得一山，山有小口，仿佛若有光。便舍船，从口入。初极狭，才通人。复行数十步，豁然开朗。土地平旷，屋舍俨然，有良田、美池、桑竹之属。阡陌交通，鸡犬相闻。其中往来种作，男女衣着，悉如外人。黄发垂髫，并怡然自乐。

——陶渊明：《陶渊明集·桃花源诗》

【原声再现】

1. 如果需要进行改革来消除个人利益和公共利益之间的矛盾，那么为了进行这种改革，就必须根本改变人的意识。

——马克思

2. 生产劳动和教育的早期结合是改造现代社会的最强有力的手段之一。

——马克思

3. "三个臭皮匠，合成一个诸葛亮"，这就是说，群众有伟大的创造力。中国人民中间，实在有成千成万的"诸葛亮"，每个乡村，每个市镇，都有那里的"诸葛亮"。

——毛泽东：《组织起来》

4. 社区工作是一门学问，要积极探索创新，通过多种形式延伸管理链条，提高服务水平，让千家万户切身感受到党和政府的温暖。

——2015年2月13日至16日，习近平在陕西考察时的讲话

5. 社区是城市治理体系的基本单元。我国国家治理体系的一个优势就是把城乡社区基础筑牢。要加强社区党组织建设，强化党组织的政治功能和组织功能，更好发挥党组织在社区治理中的领导作用，更好发挥党员先锋模范作用。要把更多资源下沉到社区来，充实工作力量，加强信息化建设，提高应急反应能力和管理服务水平，夯实城市治理基层基础。

——2022年6月28日，习近平在湖北武汉考察时的讲话

【时代之声】

1. 2021年4月28日，中共中央、国务院发布《关于加强基层治理体系和治理能力现代化建设的意见》，明确提出"完善社会力量参与基层治理激励

政策，创新社区与社会组织、社会工作者、社区志愿者、社会慈善资源的联动机制，支持建立乡镇（街道）购买社会工作服务机制和设立社区基金会等协作载体，吸纳社会力量参加基层应急救援"。

2. 2021年4月，民政部办公厅印发《关于加快乡镇（街道）社工站建设的通知》指出：要加紧制定政策，将乡镇（街道）社工站建设纳入民政重点工作。要加强资金保障，统筹社会救助、养老服务、儿童福利、社区建设、社会事务等领域政府购买服务资金及彩票公益金中用于老年人、残疾人、儿童和社会公益等支出资金，优先用于购买乡镇（街道）社会工作服务。要把握推进步骤，抓紧制定时间表和路线图，建设条件好的地方，争取2021年年中前启动建设，2023年底前完成建设任务；建设条件不完备的地方，争取2021年启动试点建设，2025年底前完成建设任务。要强化资源整合，联动民政管理员、社会救助经办人员、儿童督导员和儿童主任等民政部门服务力量，司法、人力资源和社会保障等政府部门和工会、团委、妇联、残联等群团组织的基层服务力量，社区社会组织、公益慈善组织和志愿者等社会力量共同开展服务。

3. 2022年2月，民政部、国家乡村振兴局发布《关于动员引导社会组织参与乡村振兴工作的通知》，强调"民政部门要会同乡村振兴部门推动'五社联动'，创新社会组织与社区、社会工作者、社区志愿者、社会慈善资源联动机制"。

【榜样力量】

徐永祥，1955年1月出生于江苏苏州，1982年于南京大学哲学专业硕士毕业后到华东理工大学（其前身为华东化工学院）任教。徐永祥教授是中国社会工作重建的开拓者，中国社会工作教育协会会长，国际社会工作教育联盟委员，上海高校智库"社会工作与社会政策研究院"院长。

徐永祥教授是华东理工大学（下文简称华理）社会学与社会工作学科的奠基人，他一直致力于探索社会学、社会工作的学科自觉和实践建构，1995年与曹锦清等老师一起开始筹建应用社会学研究所和社会工作系，并于次年正式建立系所，招收社会学硕士研究生和社会工作本科生。华理社会工作系，是教育部直属高校首个社会工作系，社会工作系的成立体现了徐永祥教授和曹锦清教授等老一辈学科带头人的高瞻远瞩，为社会工作在华理的发展奠定了坚实的基础。在徐永祥教授和曹锦清教授的带领下，社会学科逐渐凝练出"国情、实证、介入"的办学宗旨。

2000年以来，他大力倡导"参与式行动研究"，注重对社会科学实践自觉的提炼和学术话语权的倡导，旨在通过发挥社会学和社会工作学科的社会建构功能，以更好地应对中国社会发展所面临的深层次问题。徐永祥教授专门论述了大变革时代社会学、社会工作的学科使命，强调二者都是以"社会"为中心，研究和解决市场经济条件下的社会问题、追求社会秩序与团结、实现社会公平正义、提升人民群众福祉的科学。他一直认为，在中国，社会学、社会工作学自诞生以来就是天然、内在地联系在一起的学科。他强调，社会学、社会工作应立足自己学科的"社会"属性，在研究中国和世界问题的过程中做好理论自觉和理论建构；在面向现实社会问题时致力于实践的建构，在实践中不断推动社会建构、社会进步和社会发展。社会学、社会工作在本质上是实践的，它们不仅仅解释世界，更改造世界。

徐永祥教授毕生致力于探索形成一种实践社会科学范式。他直面中国社会转型的重大问题，致力于以科学研究和专业介入寻求宏观改变，并对这些改变保持了足够的理论自觉，发表了不少有影响力的学术成果，承担了国家社会科学基金重大课题，提出了"社会体制改革""政社分工与合作"等一系列重要的前瞻性论断。徐永祥教授是社会学、社会政策和社会工作领域的著名学者，他早年提出的"社会体制改革"思想对推动十六届六中全会《中共中央关于构建社会主义和谐社会若干重大问题的决定》中的"推进经济体制、政治体制、文化体制、社会体制改革和创新"具有直接或间接作用；他最早提出的"三社互动"（后改为"三社联动"）论点于2005年被上海民政系统采纳，目前已在全国范围内得到推广实践。在全面深化改革背景下，徐永祥教授提出"以经济建设为基础、以社会发展为中心、以民主法治为保障"作为中国今后改革开放和现代化进程的基本方略，是具有实践智慧的创新。

转摘改编自：求索实践取向的社会科学：深切悼念中国社会工作教育协会会长徐永祥教授[J]. 社会工作与管理，2019，19（2）：107-108.

> 【延伸阅读】

1. 夏建中. 社区工作[M]. 3版. 北京：中国人民大学出版社，2015.
2. 徐永祥. 社区工作[M]. 北京：高等教育出版社，2004.

3. 高琦，李卫华. 社区工作案例教程［M］. 北京：中国人民大学出版社，2014.

4. 香港·社会服务发展研究中心. 社区社会工作实务手册［M］. 广州：中山大学出版社，2013.

5. 张和清，杨锡聪，等. 社区为本的整合社会工作实践：理论、实务与绿耕经验［M］. 北京：社会科学文献出版社，2016.

6. 吴越菲，文军. 从社区导向到社区为本：重构灾害社会工作服务模式［J］. 华东师范大学学报（哲学社会科学版），2016，48（6）：101-110，167.

7. 张和清. 中国社区社会工作的核心议题与实务模式探索：社区为本的整合社会工作实践［J］. 东南学术，2016（6）：58-67，247.

8. 王海洋. 社会工作"关怀伦理"意涵与实践：以珠三角工伤群体社区工作为例［J］. 湖南社会科学，2016（3）：104-110.

9. 张和清. 社区文化资产建设与乡村减贫行动研究：以湖南少数民族D村社会工作项目为例［J］. 思想战线，2021，47（2）：21-29.

10. 徐选国，杨絮. 农村社区发展、社会工作介入与整合性治理：兼论我国农村社会工作的范式转向［J］. 华东理工大学学报（社会科学版），2016，31（5）：8-17.

【影音赏析】

1. 电影《星月无尽》

导演：唐振瑜

主演：杨贵媚、陈意涵、陈正伟等

剧情简介：我国美丽的金门岛上，蔡继浯（阿浯）、黄星君和阿劲是青梅竹马的好友，阿浯与阿劲对于星君都有一份不便言说的情愫，他们都害怕打破这份美好的友谊，立志继承金门文化的阿浯同时也有一个担心星君和阿劲离岛的心结。星君的姐姐得月，年轻时曾与一位驻扎金门的士兵有过一段没有结局的爱情，得月受伤之深以致她至今都无法再接受男人。而有着"贡糖西施"之称的星君如今也是驻岛士兵们追求的对象，士兵张翰威苦追星君不舍，不惜加入阿浯主持的文史工作室做义工，张翰威的坚持令星君有所松动，然而这段关系使星君的家庭和朋友感受到了威胁……

2. 电影《十八洞村》

导演：苗月

主演：王学圻、白威、陈西贝、陈瑾、墨阳

剧情简介：故事发生在湘西一个偏僻的小山村，从十八洞村贫困户杨英俊拒绝政府扶持展开。这位贫困户年轻时是一名战机维修师，退伍后，种了一辈子的土地，到头来，却被国家识别为贫困户。他不服，他倔强，觉得无颜面对曾经的战友。从一开始自己并不认同贫困，到后来转变思想带头填土造田率领"杨家班"实干脱贫，这也反映了十八洞村整体脱贫意识的转变。杨英俊只是一个代表。

【复习思考】

1. 比较自然社区和虚拟社区的区别与联系。
2. 睦邻组织运动中简·亚当斯的事迹及其对社区社会工作的贡献有哪些？
3. 我国乡村建设运动的发展历史及其对当代的启示有哪些？
4. 晏阳初或陶行知等前辈的事迹及其对我们的启示有哪些？
5. 我国开展汶川大地震后灾后重建的经验与启示有哪些？
6. 地区发展模式的主要原则及技巧有哪些？
7. 社会计划模式的主要原则及技巧有哪些？
8. 我国台湾地区社区总体营造的经验与启示有哪些？
9. 请论述社区社会工作在乡村振兴战略中的意义与参与空间。
10. 请论述社区社会工作在我国街镇社工站建设中的意义与参与空间。

【个人成长】

1. 作为美国历史上第一位获得诺贝尔和平奖的女性，也是社区社会工作专业方法的开创者，劳拉·简·亚当斯有着传奇而又平凡的为广大民众服务的一生，真正践行了社会工作利他主义的价值观。请你通过查阅资料了解劳拉·简·亚当斯的事迹，并思考我们应该如何规划自己的一生？

2. 作为中国平民教育家和乡村建设家，晏阳初以毕生精力践行"大学之道，在明明德，在亲（新）民，在止于至善"的道理，并协助菲律宾、泰国、危地马拉、哥伦比亚及加纳等国建立乡村改造促进会，成为世界范围内社区发展的先驱。作为当代青年，我们可以从晏阳初的事迹中收获哪些宝贵的财富？

3. 作为祖国宝岛，我国台湾地区在社区社会工作方面也有宝贵的实践与经验。请你了解我国台湾地区社区总体营造的发展过程，总结其对我国大陆地区乡村振兴战略的启示有哪些。

4. 作为一名社会工作专业的大学生，我们可以以什么方式参与国家乡村振兴战略？

第十章 社会工作行政

【课前导读】

作为一门新兴的专业，社会工作不仅包括面向个人及家庭服务的个案工作，也包括为各类群体和社区提供服务的小组工作和社区工作，更包括宏观层面的社会行政服务以及社会政策倡导等，还包括促进专业发展的社会工作教育、督导以及研究工作。可以说，作为一级学科的社会工作专业，对学习者的兴趣、规划具有极大的兼容性与助益性。

在论述个案工作、小组工作以及社区社会工作之后，本章将聚焦如何促进社会工作者在项目管理、机构管理、行政协调方面的理论素养和能力提升。一方面，本章将依照管理的基本原则，重点论述和讨论社会工作行政的计划、组织、人员配置、领导、协调、报告、预算以及评估等基本过程及其具体内容；另一方面，本章重点探讨社会工作督导的相关内容以及社会工作咨询的基本含义。通过本章的学习，同学们在社会工作项目开发与设计、服务开展与评估、机构运作与管理方面的能力与技术将得到提升。

【核心概念】

社会行政、社会工作行政、社会政策、福利资源、服务机构、战略规划、方案设计、组织培育、人员配备、领导风格、沟通协调、项目报告、预算管理、机构评估、方案评估、需求报告、项目报告、社会工作督导、同事督导、社会工作咨询

【重点难点】

重点一：熟悉社会工作行政全过程及其具体工作要求。
重点二：掌握社会工作督导和咨询的基本内容。
难点一：社会工作行政中如何做好沟通和协调工作。
难点二：社会工作督导如何适应本土情境和文化脉络。

【内容精要】

第一节 社会工作行政的基本概念

一、社会工作行政的定义

随着社会转型的深化以及社会福利体系的不断完善，现代社会治理体系与能力得到不断拓展，社会工作行政也越来越重要。虽然社会工作行政已成为现代社会福利体系的重要输送机制，但各国对其的定义却因应各国福利思想、政治体制以及管理理念的不同而丰富多元。英国的社会工作将行政重心放在"社会政策"的执行与落实，认为社会工作行政不仅是将社会政策转化为社会服务的过程，更是积累经验和修订社会政策的过程。美国的社会工作将行政重心放在"管理方法"运用方面，认为社会工作行政是机构内的工作人员通过计划、组织、指挥、协调和控制过程，将机构政策转换为服务的行动。而我国学者对社会工作行政的理解则综合了英美的相关思想，强调社会工作行政与相应的政治体制和管理模式有关。比如，我国台湾地区学者江亮演认为社会行政就是现代国家的公共行政部门之一，是被应用于社会机构的行政程序；白秀雄则认为社会行政有狭义和广义之分，狭义的社会行政是被运用于社会服务机构的行政程序，而广义的社会行政是与民众一起工作以建立并维持协同努力的体系的过程。因此，社会工作行政又被称为社会行政、社会福利行政，本书采取社会行政的简明概念。

本书综合王思斌教授等的观点，认为社会行政是依照行政程序，通过合理地配置人力、物力、财力资源，通过计划、组织、指挥、协调以及控制的过程和方法，将社会政策转变为社会服务，以实现政府或机构特定社会福利目标的过程。社会行政有广义和狭义之分：

1. 广义的社会行政涉及政府福利行政与社会服务组织的日常管理工作，主要是政府层面的政策实践与管理实践，强调的是将社会政策变为社会福利具体服务。这是宏观层面的社会行政，主要是政府的社会行政。

2. 狭义的社会行政主要是指社会服务组织的日常管理工作，具体指社会服务机构的工作人员根据国家社会政策，综合运用行政学、管理学、社会学、社会工作等多学科知识，确立社会服务机构的目标，获取并妥善利用资源，通过计划、组织、领导和控制等环节来协调人力、物力和财力资源，以保证服务机构的效率和效果的活动和过程①。这是微观层面的社会行政，主要是机构社会行政。

二、社会行政的构成要素

1. 社会行政的主体，即依法获得实施社会行政权力，承担社会行政责任的机构及人员。组织机构是直接从事社会服务的组织，是社会福利传输的主体，包括非正式社会福利系统、正式社会福利系统以及社会性社会福利系统；组织和机构全体管理人员包括机构领导者、中层管理者和团队成员，他们对有效地实施社会政策、实现政策目标负有直接责任；服务人员是直接将社会福利资源传送到社会政策受众的工作人员，他们与服务对象之间的互动直接决定了社会服务的效果。

2. 社会行政的客体，即社会行政的对象，包括被管理的人和具体事务。这既包括社会行政过程中涉及的人、财、物，也包括组织和机构内人员人事的安排、人际关系的协调及团队组织的建设等，还包括组织和机构财务资源维持与机构硬件设施维护等工作。

3. 社会行政的资源，即社会行政所要传达的社会政策与福利资源。其中，社会政策是社会行政和其他社会服务活动的基础，福利资源是可以用来改善或增进人们的社会福利的资源，具体包括物质性资源和服务性资源。

4. 社会行政的环境，即社会行政所得以开展的内外环境，不仅包括社会、政治、经济、文化、技术、法制、人口等宏观层面环境，也包括组织服务对象、组织资源、提供模式、组织架构、社区环境以及相关利益群体等特定环境因素，还包括组织和机构所处的物理环境、地理位置、人力资源、人际环境、组织文化以及组织技术等具体环境。

---

① 李迎生. 社会工作概论 [M]. 3版. 北京：中国人民大学出版社，2018：269.

三、社会行政的范围[①]

1. 三层次说

按照帕森斯的意见,可将社会行政划分为制度、管理和技术三个层次。

(1) 制度层次:属于宏观控制,包括制定社会工作整体规划,制定社会政策和法律法规,确定各级行政组织的职责范围等。

(2) 管理层次:包括筹措与安排各种资源的运用;设计组织结构,协调各组织间的关系;指导机构成员充分发挥作用,以人尽其才;招聘、培训职员等等。

(3) 技术层次:包括向受助者提供咨询服务、个案转介、案主辅导、社会资源,制定工作目标、选择工作方案,人员的具体配置,执行、评估,资金预算等。

2. 二层次说

(1) 宏观社会行政,指在政府的社会行政系统中和在大型社会福利组织(非营利组织)中,从事社会政策的执行设计、为其建立条件及规则并全面地推动政策实施的活动。具体内容包括:①对社会问题的调查研究;②社会政策的决定及社会立法的创制、修订等;③社会福利制度与方法的研究实验;④社会福利工作制度与标准的建立;⑤社会福利经费的预算与筹措、分配、保管、运用等;⑥社会组织与社会建设的促进发展与社会资源的利用等等。

(2) 微观社会行政,指在政府部门或社会福利机构中最接近具体服务的基层机构从事的社会行政活动。具体内容包括:①研究社区及确定机构目标以为受助者提供选择的基础;②发展机构的政策方案程序以实践机构目标;③提供财力资源预算及会计;④选择专业及非专业人员,并与董事会志愿服务人员与机构领导者一起工作;⑤提供并维护机构的设施;⑥发展一套计划并维持有效的社区关系;⑦保有完整及正确的机构作业资料,并定期提出报告;⑧评鉴方案计划与人员,并进行有关研究。

[①] 李迎生. 社会工作概论[M]. 3版. 北京:中国人民大学出版社,2018:271-272.

四、社会行政的功能

1. 理论层次功能

社会政策是社会福利理论具体化的层次,社会政策的执行则是社会福利理论在社会实践中得到检验进而被证实或证伪的过程。

2. 社会层次功能

一是检验社会政策制定的科学性、可行性与可及性,促进社会政策的完善;二是不断完善社会福利制度与体系;三是通过社会行政实现社会矛盾的调解、社会风险的化解以及社会公正和谐的维持。

3. 实践层次功能

一是将抽象的社会政策转变为具体可及的社会服务,满足困难群体中弱势群体的现实需要,切实维护和保障社会弱势群体的基本权益;二是提升机构在目标、架构、人员、服务以及成效管理方面的效率,从而提升资源的配置与利用成效。

第二节 社会工作行政的基本过程

一、社会服务计划

计划是对未来目标及行动的方案体系,是人们试图规划和控制事件、社区或社会的发展进程的一种干预方法。社会服务计划就是在社会政策转变为社会服务的过程中,对于目标、行动、过程及其方法的一种假设和干预,借此为机构成员指明方向,为机构预测未来变化,为目标达成进行控制。作为一种广义的社会服务计划,包含了战略规划、计划制定以及决策等方面的内容。

(一)社会服务计划的形式[①]

按照期限的长短,社会服务计划可以分为长期计划、中期计划和年度计

---

① 全国社会工作者职业水平考试教材编写组. 社会工作综合能力:初级[M]. 北京:中国社会出版社,2010:163.

划,长期计划一般是 5 年以上的计划,中期计划一般是根据长期计划而制订的 1~2 年的计划,而短期计划一般为 1 年之内的具体安排。

根据可操作性和具体性,计划可以分为具体、明确、清晰的目标性计划和灵活、权变性的方向性计划。而根据制定的程序,计划又可以分为决定机构方向和政策等最基本、最重要的策略性计划和强调资源管理和具体配置的管理性计划。

当然,也可以按照计划的形式,将社会服务计划分为:

1. 战略性策划

其主要过程是:需求评估→明确机构的使命→预测→设计可行的战略→选择机构的战略→将战略转变为服务方案目标→方案发展→评估。

2. 方案发展策划

其主要过程是:需求评估→目标制定→考虑机构的总目标→方案目标的修订→探索各种可行方法→认识机构的局限性→选择可行性方法→方案活动的详细发展。

3. 问题解决策划

其主要过程是:认识现有的问题→界定问题→探索可行的解决方法→认识各种可能的限制→选取解决办法→设计完整的计划→发展评估计划。

4. 创新策划

其主要过程是:认识特殊问题或状态→列出清楚的目标→收集其他机构创新的方法→提供资讯给机构的决策者思考→考虑政治、经济、社会方面的阻力→选择理想的方法→发展计划用作评估和拓展。

(二) 社会服务计划的过程

一般认为计划编制包括调查研究、设定目标、分析目标、战略规划、具体运作以及反思计划等过程。根据社会工作服务及机构管理的特点,结合斯基德莫尔计划编制的七步骤,可以将社会服务计划过程归纳为:

1. 问题认识和需求分析阶段

社会服务计划的基础在于对问题的认识与需求的评估,具体包括:认识问题、确定需求、寻求解决问题的资源、根据问题的严重性排列优先次序、开展方案策划等。一般来说,问题认识的方法包括"问题认识工作表"和"分支法"。需求评估主要是评估某种需要的人群范围与程度,包括界定处于危机的人口、目标对象人口以及求助者或受影响的人口，并形成需求分析报告。

2. 目标制定阶段

一方面，计划制订者要从目标对象人口中找出要介入提供服务的受影响人群，并指定要达到的总体性目标、具体的影响性目标、可行的服务性目标以及系统的支持保障目标。这既可以采用传统的根据最高层面层层细化和分解为子目标的方法来确定目标，也可以通过现代目标管理方法来确立目标。另一方面，计划制订者还需要根据已经确定的"问题清单"和"需求报告"，进一步确立目标的优先秩序，并考虑可拥有和可动员的资源。

3. 评估机构资源阶段

目标既是问题与需求导向的，更是资源导向的。目标的取舍，不仅取决于提供服务的组织和机构的经济状况、硬件资源、机构宗旨等，还要考虑机构所在的社区以及相应政策的支持力度，更要考虑机构人力资源的多寡、人员素质和能力、各部门相互配合度等因素。只有评估结果理论上能够支撑目标实现，方可进入下一阶段，否则需要强化机构的资源配备。

4. 厘清所有可行方案阶段

俗话说"不怕不识货，就怕货比货"。解决服务对象的问题，不是只有一种可行方案。此时，社会服务计划的主要策略就是面向问题需求制定各种可行方案，并通过头脑风暴法、德尔菲法等来尽量穷尽问题解决之道，并提出各种创新性的方案，为进一步的方案最优化提供基础。

5. 预估可行方案结果阶段

对方案的考量不仅包括方案本身的可行性、完备性与成本，更重要的是方案可能带来的成效，以及成效与成本比较的效率。因此，可以考虑用不同指标与公式来多角度比较各种可行方案的优劣，并充分考虑未来可能发生的变化因素。

6. 确立最优方案阶段

作为最具挑战性也最考察计划制订者能力的一个步骤，选择最优方案不仅是管理学的经典命题，更有来自运筹学等数学学科的多元智慧。虽然最优方案未必一直是最优的，但计划制订者仍然需要为可行方案的主要指标进行赋值考核，以确定一个暂时最优的方案，并充分考虑到该方案可能取得成效与可能面临的损失。

7. 制定具体详细的行动方案阶段

在确定最佳方案后，就需要对这一最佳方案进行周全的布置以勾画出能够按部就班的行动蓝图。这一行动蓝图需要包括具体行动、具体时间安排、定期报告以及紧急情况等，而甘特图表则是一个较为可行的工具。

8. 修订完善方案阶段

俗话说"计划不如变化快"。虽然如此，确定好的行动方案依然需要按部就班地遵照执行，除非有事实改变或者其他更优化的方案出现。当然，为执行的方案做一些补丁或紧急预案仍然是计划应有之意，比如增加一些特殊情况、例外说明、计划修订或者版本更新等。

二、社会服务组织

社会工作不仅是一种有计划的服务，也是一种有组织的服务。为了有效地实施社会工作计划，推进社会福利服务，应当根据实际需要设置正式的组织，建立科层体系，安排适当的人员，以便分工合作，分层负责。

（一）社会服务机构的类型

1. 社会服务机构的性质

具体包括：（1）社会服务机构是非营利机构；（2）社会服务机构一般都具有明确和清晰的使命、宗旨、目标、服务重点和服务承诺、服务策略，作为自我评估和社会评价的依据，强调社会使命和社会责任；（3）社会服务机构的主要功能是提供福利服务，从业人员以社会工作者为主，也包括其他专业人员。

2. 我国社会服务机构的主要类型

根据我国目前的实际情况，按照举办主体的性质来分，可以将社会服务机构分为社会公益类事业单位和社会服务类民间组织[1]。

（1）社会公益类事业单位，主要是政府主办的各类旨在满足社会公益服务需求的部门，具体可以分为两类：一类主要承担政府规定的社会公益性服务任务，如儿童福利院、社会救助管理站，主要是政府全额拨款事业单位；另一类主要面向社会提供公益服务，如普通高等教育院校、非营利性医疗机构、街道层面的社区服务中心，主要是一些差额拨款事业单位。

（2）社会服务类民间组织，主要是民间主办的面向社会弱势群体以及其

---

[1] 付立华，陈为雷. 社会工作行政 [M]. 济南：山东人民出版社，2012：112.

他群体特殊需求的组织,具体可以分为三类:第一类是政府支持的民间组织,主要由政府推动成立,并享有政府的行政动员力量的持续支持,民间性体现为没有国家公共财政的固定拨款支持。目前这一类民间组织主要包括中华慈善总会、中国青少年发展基金会、中国扶贫基金会、中国社会工作协会等。第二类主要是纯民间组织,也就是完全依靠社会捐助和收费服务支持的社会服务机构。比如服务民工和打工者的"协作者文化传播中心",服务妇女的"红枫妇女热线"等。第三类是契约型社会工作服务组织,主要是在"政府购买服务"改革趋势下成立的组织,如上海市自强社会服务总社、深圳市鹏星社会工作服务社、济南山泉社会工作服务社等。其特点是政府提供服务场地、社会工作者工资,政府还为部分机构提供了服务经费。其服务内容包括政府资助要求的"公共服务",以及根据服务对象需求提供自主性的"专业服务"。

(二)社会服务机构的结构①

1. 社会服务机构的一般结构类型

(1)直线式组织结构,是指组织层级间只有直线和垂直关系。直线式的职权是赋予主管指挥其下属的权力,是一种由上而下的指挥关系,主管在其所属的范围内具有绝对的指挥权,各级部署都必须绝对服从其主管。

(2)直线参谋式组织结构,是指组织层级之间存在着水平和垂直的关系,而参谋作为专家有责任来协调直线部门的管理者。

(3)职能式组织结构,是指职能部门在特定工作范围内,可以直接对其他管理人员下达命令的结构。

(4)事业部制组织结构,是指由相对独立的单位或事业部门组成的较为复杂的联合结构。其中机构总干事负责监督、协调和控制各个事业部的活动,而事业部的负责人有战略和决策的权利,下属的每个独立单位或部门具有较大的自主权,但只对本部门的业绩负责。

2. 社会服务机构的团队式结构

(1)问题解决型团队。这种类型的团队结构一般由来自同一部门的5~12个员工组成,解决工作中某些具体问题。(2)跨专业团队,是由来自不同部门、不同专业领域的专业人员组成的一个群体,他们组成团队的目的是完成

---

① 全国社会工作者职业水平考试教材编写组. 社会工作综合能力:初级[M]. 北京:中国社会出版社,2010:167.

一项共同任务,或是通过建立跨专业团队来为服务对象提供个案管理,提高服务质量。(3)自我管理型团队,是指团队员工自主性较强、自由度较高以及互助合作成效较好的服务团队。

三、社会服务人事

管理的使命是在组织与人之间建立一种"最佳"的价值关系,发挥人的价值创造能力,共同进行价值创造,最终实现价值最大化。因此,管理的本质就是人的管理、物的组织以及关系的协调。社会服务机构中人的管理不仅包括员工的管理,也包括志愿者的管理,还有实习生的管理。

(一)人力资源管理

所谓人力资源管理即是在人本主义理论、激励理论以及人力资本理论的指导下,通过一系列对人的价值的挖掘、培养、评价、使用以及激励等措施,促进人与组织价值最大化的过程与活动。由于人是第一资源,因此人力资源管理是现代社会行政工作的核心要义。

1. 社会服务机构中人力资源管理的意义

(1)从员工角度而言,人性化的人力资源管理不仅能防止和缓解员工的职业倦怠,而且可以有效激发员工内在潜能与专业技能,更可以有效增进员工对组织的参与感、效能感、归属感和价值感,进而达到最佳的自我实现状态。

(2)从组织角度而言,科学的人力资源管理不仅能有效应对机构人员的频繁流动问题,而且有助于组织凝聚力的形成和组织创新,最终提升社会服务机构的核心能力和核心竞争力。

(3)从服务使用者角度而言,良好的人力资源管理不仅有助于服务对象的问题和需要得到持续性重视,也能够促进更具发展性的专业关系建立,最终提升服务对象的满意度和受益率。

2. 社会服务机构人力资源管理的主要内容

在传统人事管理、劳动人事管理、基于能力的人力资源管理、战略性人力资源管理以及人力资本管理等模式的基础上,现代人力资源管理的流程与内容包括:(1)人力资源战略;(2)人力资源规划;(3)组织设计与分工;(4)员工职位体系设计;(5)工作分析与设计;(6)员工甄选与招聘;

(7)员工培训与教育；(8)目标绩效管理；(9)薪酬激励与员工福利；(10)劳资关系与协调；(11)员工安全及保健；(12)工作环境改善；(13)员工满意度评估；(14)企业文化建设；(15)人才盘点与风险管控；(16)员工管理优化与创新等。

（二）志愿者管理

随着现代公益慈善事业的发展，志愿者服务精神得到弘扬与倡导。社会服务机构中既有注册志愿者，也有未注册志愿者，既有管理型志愿者，也有业务型志愿者和项目型志愿者。无论哪种类型，志愿者都越来越成为社会服务机构的重要人力资源之一，并发挥着难以替代的作用。

1. 志愿者需要管理的原因

（1）志愿服务的普及化。机构的志愿者越来越多，志愿服务的内容也日益多元，相应的服务质量保障就越来越高，也就要求机构对志愿者的管理日趋严格，以确保社会服务质量、机构效率和社会效益。

（2）服务交代的社会化。随着社会服务的专业化与规范化，社会也越来越要求机构对服务质量、服务成效以及服务价值有所交代，也就对志愿服务所带来的负面效果更为敏感。这些都推动社会服务机构不断强化对志愿服务项目、服务过程以及服务质量的管理与控制。

（3）志愿服务的专业化。随着志愿服务水平的不断提升，志愿者在奉献时间、知识和技能的同时，更加注重服务项目的专业化、服务过程的规范化以及服务中的自我收获。这就要求社会服务机构必须为志愿者提供更为规范、专业和深入的专业训练和支持。

2. 志愿者管理的内容

志愿者的管理与一般员工管理基本流程相似，但也有其自身的人性化、柔性化与多元化的特色。具体来说，志愿者管理的流程和内容包括：(1)志愿服务体系的规划；(2)志愿服务内容、人员以及相应资质的需求确定；(3)志愿服务工作设计与说明书制定；(4)志愿者需求的发布、招募与甄选；(5)志愿者的个别面谈与签约；(6)志愿者的专业培训；(7)志愿服务的督导；(8)志愿者的激励和表彰；(9)志愿服务的评估与总结；(10)志愿者骨干的培养与提升等。

四、社会服务领导

所谓领导,就是社会服务机构的主导者组织、带动和影响员工,实现所规划的目标和任务的过程和活动。社会服务机构的领导既包括领导者、被领导者以及领导方式等内在微观要素,也包括机构环境、文化氛围以及社会制度等外在宏观要素。

1. 社会服务机构领导的特征

不同于行政管理领导的权力性和企业管理领导的经济性,社会服务领导依靠的主要是人文性,所具有的影响力来源有三方面:一是人格魅力;二是程序权力;三是专业能力。很多著名的社会服务机构领导更强调其"社会情怀、人格魅力或者服务能力"。因此,社会服务机构的领导具有以下突出的特征:(1)较少运用职位赋予的合法权利领导下属;(2)较多运用指导、诱导方式影响下属;(3)注重使用影响他人的关系性能力和技巧,将愿景领导和参与式管理结合起来,唤醒机构员工的主人翁意识。

2. 社会服务机构的领导方式类型

为了实现更好的领导效能,发展出了领导特质理论、领导行为理论以及领导权变理论等。相应的领导方式和类型也呈现出多元性。

(1)根据领导活动的侧重点,领导方式可以分为任务取向、人员取向和人事并重;

(2)根据领导活动组织的方式,领导方式可以分为命令式、说服式、激励式和示范式;

(3)根据领导者与被领导者的关系,领导方式可以分为指令型、参与型和自由放任型,也可以分为专制命令型、温和命令型、协商民主型和群体参与型。

3. 社会服务机构领导者的职责

作为社会服务机构的领导者,需要承担以下职责:

(1)落实国家社会福利政策,领导全体员工制定机构发展愿景和战略规划,负责机构的重大决策。

(2)确定机构的工作目标并制订具体工作计划,领导机构的日常运作,并整合机构内外部资源,提升社会服务的质量。

（3）负责机构人力资源的管理，制定机构的人力资源管理战略，协调员工的培养、评价、使用和激励。

（4）负责机构资源配置，主要是链接外部社会资源，合理配置内部资源，做好筹资管理、财务管理以及效益管理。

（5）负责机构的外部联系与形象塑造，主要通过社会宣传、社会倡导以及外部联系等方式，维护机构的社会公信力和公共关系。

4. 优秀社会服务机构领导者的特质

为了实现高质量的社会服务机构领导，领导者需要具备以下特质：

（1）内化社会工作核心价值观，并恪守社会工作专业伦理守则；

（2）积累专业知识和工作知识，提升社会工作专业核心能力；

（3）增强人际沟通与社会交往能力，能够给予员工心理情绪支持；

（4）提升战略规划与组织设计能力，能够优化机构组织结构与运作程序；

（5）具备理性和开放的人格品质，不断提高机构和员工对环境的适应性。

五、社会服务协调

1. 授权

作为一种有效的领导技术和协调手段，授权是领导者通过为员工和下属提供更多的权力和权利，以增强被授权者的主动性、创造性以及效能感的科学化和艺术化的过程与活动。

为了不同的社会行政目标，授权既可以是授予任务和职责，也可以是授予权力和能力，但无论如何都必须强调授权的有限性，即明确所授予的权力和职责仅限于某一特定任务或场景。因此，授权也就有了不同的方式和类型。

根据授权媒介的不同，可以分为口头授权、书面授权与数字授权；根据授权规范性程度不同，可以分为正式授权与非正式授权；根据授权目的不同，可以分为专有授权、普通授权、代理授权和法定授权；根据工作内容的重要性，可以分为充分授权、不充分授权、制约授权和弹性授权等。

科学而规范的授权，不仅有利于被授权者潜能激发与能力发挥，也有利于发现和培养潜在领导者，更有利于领导者从具体事务中得以解脱并聚焦于战略规划与科学决策，还有利于提升机构运作的效率和工作士气，提升机构服务的总体效能。

2. 沟通

沟通是人与人之间、人与群体之间以及群体与群体之间，通过语言、文字、符号以及表情等形式，进行信息、思想和情感的传递、反馈与互动的过程，以最终达至双方或多方的认知、态度以及行为的一致性和协调性。沟通的基本要素包括沟通者、沟通信息、沟通媒介、沟通结构等。

社会行政的沟通是指在社会行政执行活动中，行政组织体系与外界环境之间，行政组织体系内部各部门之间、层级之间、工作人员之间，为实现共同的行政目标，用语言、文字、图片、动作等传递思想、观点、情感、信息等，以期达到相互了解、支持与合作，谋取体系和谐有序运转而做出的信息上的传递、交流与联系的行为或过程[1]。

根据边界的不同，沟通可以分为内部沟通和外部沟通；根据线路结构的不同，沟通可以分为正式沟通和非正式沟通，也可以分为线性沟通和交流沟通；根据信息流动方向的不同，沟通可以分为下行沟通、上行沟通、斜行沟通、平行沟通和横向沟通；根据符号系统的不同，沟通可以分为语言沟通和非语言沟通；根据方向的可逆性，沟通可以分为单向沟通和双向沟通。

在社会行政实践中，组织沟通的具体方式包括：会议记录或纪要、员工会议、信件和笔记、非正式会议、时事通讯、公告栏、社交活动、意见箱、打电话、网络电子邮件以及评论留言等。尤其是随着数字社会的发展，网络沟通与数字沟通的形式越来越多样化，朋友圈、评论区、留言板等都成为沟通的具体实践平台。

3. 协调

协调是将社会服务机构中各部门及其工作人员的活动化为一致性行动的过程，通过发挥联合优势和团队精神，促使不同部门、不同人员、不同工种、不同工序、不同工时之间能够协调配合，最终实现共同目标。

根据对协调活动的设计划分，社会服务机构协调可分为：（1）程序性协调，是在制订机构的活动计划时对不同部门、人员的相关活动在时间、过程方面的合理搭配，使服务活动在进行过程中实现互助支持、互助配合，这种协调是在活动设计过程中进行的。（2）工作性协调则，是指在服务进行过程中，领导者去具体地联系、调节各方面的行动，以使它们互相配合的活动。

---

[1] 时立荣. 社会工作行政 [M]. 2版. 北京：中国人民大学出版社，2020：110.

根据协调对象划分，社会服务机构协调可以分为：（1）关系协调，是指使组织中的不同部分、不同成员之间建立有序分工、精诚合作的关系。（2）工作协调，是指对组织相关工作内容、工序以及工作职责的分工与安排，以促进工种、工序以及工时方面的有序衔接。

4. 控制

控制是保持机构运行有序化的手段。它包括两个方面：

（1）机构工作进程的控制，即依照某种计划对相关部门、成员的工作进度、效果进行的综合控制和影响。

（2）机构中冲突的控制，最典型的处理方法是缓和策略与彻底解决策略。所谓缓和策略即尽量减少、模糊冲突双方所认为的差距，而强调双方的共同点，强调团结；所谓彻底解决策略即在冲突难以调节情况下，公开冲突，从根本上解决问题，包括重新设计组织等。

六、社会服务信誉

社会行政是运用社会资源专业化解决社会问题的一种程序性安排与协调，因此必须要向社会相关部门报告其工作过程及其成效，以保证社会服务的公信力和公共关系。因此，社会服务信誉需要通过社会公信力的建立和机构公共关系管理来具体实现。

（一）公信力

社会服务机构的公信力，是指其获得政府、社会、市场以及公众信任的程度与水平。社会服务机构要想获得公信力，必须向利益相关方提供足以证明其服务质量和效果的记录与报告，即向利益相关方做好交代工作。

1. 社会服务机构公信力的向度

一是财政交代，主要是向提供或赞助服务经费的政府、基金会、捐款人提供财政报告，证明资金使用的适当性和效益。

二是政治交代，主要是向立法和权力机构、社会媒体交代机构履行社会责任和义务的情况。

三是专业交代，机构要证明其聘用的社会工作者在服务中遵守社会工作守则、坚守专业操守，并提供了达到良好专业水平的服务。

四是服务交代，社会服务机构不仅要向服务对象提供服务，而且要提供令其满意的服务,而服务对象满意度的评估不但要反映问题的解决程度,也要证明服务是在机构内部严谨的行政监督、专业督导下提供的。

五是行政交代,主要说明机构内部管理制度和程序的正常运作,包括向董事会、管理人员和前线工作人员等做交代。

2. 社会服务机构公信力的内容

一般来说,为证明社会服务机构的公信力,就需要向相关利益方交代以下具体内容:

(1) 服务宗旨情况,主要是社会服务机构的使命、愿景和规划是否符合资助方所确立的资助方向,并考察具体服务计划、具体方案与机构使命的一致性与实践性。

(2) 治理结构规范性,主要考察社会服务机构是否建立内外部监督结构与机制,以及相应监督体系运作及其成效情况。

(3) 经费使用情况,主要是指社会服务机构所接收资金数量、使用方向、使用记录以及相关证明。

(4) 财务管理透明度,主要是机构内外部对经费使用情况的知晓程度、反馈效能以及机构改进状况。

(5) 服务成效情况,主要是机构开展服务的数量、质量、成效以及服务对象的满意度,同时也包括对于服务成效的改进措施和风险防范等。

(二) 公共关系管理

在现代网络社会,公众形象是个人及组织发展极为重要的影响因素。公共关系管理即是社会服务机构为了促进社会公众对自身的认识、了解、理解与支持,树立自身良好组织形象与社会美誉度,促进社会服务进一步深化拓展,而采取的关系性活动与策略。任何社会服务组织要想持续发展与壮大,必须与其周围的各种内部、外部公众建立良好的关系,因此必须做好公共关系管理。

1. 社会服务机构公共关系的特点

不同于政府机构、公司企业,社会服务机构的公共关系突出表现为以下特点:

(1) 言行一致。社会服务机构的宣传必须以事实为依据,如实地反映服务对象的问题和需要,反映服务的过程与成效,而不能盲目夸大或脱离事实,更不能有意误导公众。

(2) 形象至上。社会服务机构的宣传和关系维护必须坚持人民中心、以人为本、服务群众以及仁爱为怀的形象，要坚持社会服务机构解困救难、公平正义、团结互助的正面导向，弘扬社会正能量。

(3) 多方互动。社会服务机构除了要与服务对象及其家属、结构内部员工、志愿者、实习生等建立信任合作的关系，更要面向社会大众、政府组织、企业以及其他社会组织等建立相互信任与合作的关系，还要积极听取不同主体的反馈意见并有效做出回应和改进。

(4) 创新创意。社会服务机构需要采取更为现代化、多元化以及创意化的方式进行宣传和报告，通过与艺术结合、与故事结合、与数字技术结合、与社区结合以及与大众生活经验结合的方式，加深社会公众对自身的认识与了解。

(5) 全息媒介。社会服务机构既要面向现实中的相关利益方进行宣传和报告，更要充分发挥现代数字媒介的作用与优势，充分运用公众号运营、朋友圈、平台点评、网络连接以及短视频直播等方式进行公众形象的建构与维护。

2. 社会服务机构开展公共关系的具体实施

当社会服务机构明确了公共关系的目标之后，就需要有针对性地确定目标公众，并通过具体的公共关系项目和活动，运用媒介把目标和设想变成行动，最终形成理想的公共形象。具体来说，包括以下五个步骤：

(1) 公共关系调查。公共关系管理的目的是树立机构的良好信誉与形象，首先需要了解自身目前的形象，通过公共关系调查充分了解组织自身的情况、组织知名度和美誉度、组织社会环境以及公共关系活动的效果。具体可以采用个人接触法、深度访谈法、公众代表座谈法、观察法、文献分析法、抽样调查法、网络调查法以及网络民族志等方法。

(2) 公共关系策划。在调查的基础上，社会服务机构需要确定自身所要展现的形象以及达成的效果，对此进行公共关系的战略性策划与方案性策划。战略性策划主要是确定机构长期性、整体性的形象规划和设计；而方案性策划则是对社会服务机构具体某一个项目、某一个部门、某一段时间、某一个事件所要达成的形象与影响进行的设计与安排，并制订具体的行动计划。

(3) 公共关系实施。公共关系实施主要以传播性活动为主，因此也叫公共关系传播，其最重要的策略就是制作富有创意的传播素材以及选择适当的传播媒介。公共关系的传播媒介既有大众媒介（广播、电视、报纸、杂志等），又有群体媒介（联谊会、新闻发布会、茶话会等）和人际媒介（具体的个人）；既有符号媒介（掌声、姿态、图画等），也有实体媒介（公共关系礼品、象征物、购物袋等）和人体媒介（社会名流、新闻人物、舆论领袖等）；既有种类众多的传统线下媒介，更有日新月异的线上虚拟媒介（如朋友圈、公众号、直播平台、评论区等）。由于是在有意识、有计划地开展各种信息传播活动，因此这种自觉的传播活动比自发传播要高效得多。

（4）公共关系评估。公共关系是一种建构性关系，受诸多内外因素的影响，因此必须加以持续性的跟踪和评估，才能把握公共关系的演变方向。对此，公共关系评估是关键的一步，不仅需要评估受众的媒体覆盖率、社交媒体互动率、在线搜索情况、受众反应、知名度以及美誉度等情况，还要对传播的策略与方法进行评估。

（5）公共关系反馈。作为公共关系管理的最后一步，社会服务机构在收集和分析受众反馈的基础上，不仅要对反馈者进行相应的回应、感谢和激励，还要对反馈情况进行社会报告与交代，更要对公共关系实施的主体和过程进行改进，做到社会服务机构与社会公众之间的积极沟通与良性循环。可以说，公共关系反馈本身就是公共关系宣传内容的应有之意和创新之道。

七、社会服务资金

资金是社会服务机构的生命线和开展社会服务的基础。做好社会服务资金管理，既要做好资金筹措，又要做好财务管理和成本控制，还要做好财务审计。良好的资金和财务管理不仅能充分体现机构的服务宗旨，提高机构资金利用效率，防止机构发生经济腐败，更有利于化解机构面临的风险，提升机构的社会公信力。

（一）筹资管理

根据各国政治经济体制的不同，社会服务机构的资金来源也有所不同。我国社会服务机构目前依然以政府购买服务和政府补助为主，但是服务收费、自营性活动收入和公众捐赠的比例也在不断提升。因此，筹资能力的提升是社会服务机构面临的重要议题。

1. 筹资来源

社会服务机构的筹资来源主要包括：

(1) 政府资助或补助。当前，我国政府不断加大民生投入，政府购买社会服务的力度不断加大，社会服务机构可以通过以下方式获得政府资助：一是政府直接财政划拨；二是政府购买服务付费；三是政府津贴；四是社会服务的免税待遇；五是政府提供场所，实施公办民营或公建民营。

(2) 接受社会捐赠。社会捐赠主要指社会中的个人、社会组织、企业以及基金会以现金或实物的形式向社会服务机构提供直接或间接的支持。直接捐赠主要包括向慈善筹款机构、慈善执行机构以及受助人等提供资金、物质、消费机会以及活动参与等；间接捐赠则指通过劝募基金组织进行募捐，然后再按照申请分配给社会服务机构。

(3) 服务收费。服务收费，顾名思义，即社会工作服务机构直接按照低偿微利的原则向服务对象进行收费，具体方式可以是第三方支付费用，也可以是经营营利性的附属机构收费或者直接出售商品收费，还可以是转让特许经营和特许权使用的收费。

(4) 国际组织资助。我国社会福利事业得到了一些合法的国际组织的资助与支持。联合国下属的各类组织、国际金融组织、海外政府开发援助以及国际非政府组织，往往通过项目支持、资金援助、低息或无息贷款、技术援助、能力建设服务、志愿者援助、国际交流合作等方式，为社会服务机构提供资金支持、物质援助以及能力训练。

(5) 利息收入和投资收益。部分社会服务机构在保障社会服务运转经费的情况下，往往会通过较为稳妥的银行利息以及投资收益来增加收入。

2. 筹资过程

公益筹资既是一项经济活动，更是一项社会活动。因此，筹资固然追求筹得资金的多少，但更重要的是通过筹资宣传机构服务与形象，提升员工资金管理意识，并维持与相应潜在捐赠者的关系。因此，筹资是一个评估资源、了解资源、挖掘资源、整合资源与资源配置的过程，更是一个公共关系的过程，并需要经历以下七个步骤：一是研究潜在捐赠者；二是确定筹资的目标对象；三是培养可能的捐赠者；四是介绍社会服务业务；五是提出捐赠的议题和请求；六是促进捐赠者的态度和行为；七是对捐赠者的认可肯定或行为追责。

3. 筹资方法

筹资的方法因人而异、因时而异、因事而异，但有一些共同的方法可供参考：

(1) 项目申请，即社会服务机构通过招投标的方式申请政府资助或基金会赞助。具体来说，社会服务机构通过项目申请书的方式，向资助方说明服务的需求、服务的计划、服务的方法、服务的成效、服务的评估以及经费支撑与使用情况，以此获得经费支持。

(2) 私人恳请与电话劝募。私人恳请是充分利用募捐者个人的生活网络和社会关系，通过私人聚会、集体活动、节庆活动等表达募捐需求的方式；而电话劝募则主要是招募志愿者或雇佣专门工作人员，通过密集的电话拜访来开展募捐的行为。

(3) 特别事件募捐。无论是各种节假日，还是一些重大事件的纪念日等，都可以成为社会服务机构鼓励和倡导社会公众参与社会公益慈善活动的机会，并由此成为募捐的重要方式。比如，助残日、母亲节、儿童节、99公益日等年度性时间节点，一些重大灾难和社会危机事件的纪念日，以及机构的纪念日等特殊的日子，社会服务机构都可以通过召开记者会、发布会、研讨会、展览会、义卖会、演唱会、纪念日活动等，提高社会服务机构与潜在捐赠群体的接触机会，提升筹资能力与成效。

(二) 财务管理

1. 财务预算管理

财务预算是指社会服务机构的理财主体或者其他委托任命的管理人，为了正确设计其预算和全面实现核算目标，运用科学的理论和方法，对预算的编制、审批、执行、调整、监督过程，实施计划、组织、控制、分析、评价的一系列活动[①]。

(1) 预算管理的内容

一是收入预算，即社会服务机构对年度内机构可能获得用于各项开支的非偿还性资金的一份尽量准确的收入计划，主要用来汇集该年度内机构可能获得的用于各项事业支出的全部资金收入。

二是支出预算，即社会服务机构对年度内机构可能用于各项事业活动的预计支出计划。

三是现金流量预算，即社会服务机构对现金流入和现金流出时间的预算，

---

① 谢晓霞. 民间非营利组织财务管理理论与实务[M]. 北京：经济管理出版社，2013：12.

并以月或年为时间单位进行预算编制。

(2) 预算管理的步骤

一是预算编制，即社会服务机构根据战略目标和服务计划，对机构未来一段时间内的收入、支出、资产和负债进行合理的估计和计划。

二是预算执行，即社会服务机构根据国家相应法律法规以及机构内部财务制度，把预算由计划变为现实的具体实施过程。

三是预算分析考核，即社会服务机构对各级预算责任单位或责任中心执行结果进行的考核和评价，既包括对整个预算管理体系和服务绩效的考评，也包括对预算执行者执行能力的考核。

四是预算调整，即社会服务机构对执行过程中由于特殊情况需要增加支出或者减少收入，使原有预算的总支出超过总收入，并对原有预算项目的额度进行变更。

(3) 预算管理的方法

一是零基预算法。社会服务机构每年开始制订下一年度的预算时，以没有钱为出发点，根据机构在来年的实际需要而做出预算。

二是递增预算法，即以当年的预算作为规划来年预算的基准，以渐进的方式为基础规划来年的预算。

三是方案预算法，即以某项活动计划为基础，根据方案的需要列明各项开支和资源设备等，编成一份预算方案，适用于向某些基金会申请资助。

四是弹性预算法，即在不能准确预测服务量的情况下，将未来的收支预算值看作一个概率比分布，按照一系列业务量水平编制的有伸缩幅度的预算编制方法。

2. 社会服务机构的财务审计

审计是对财务收支的真实性、合法性和效益性进行审查和监督，一般可以通过内部审计、国家审计和社会审计来实现。社会服务机构外部审计常用的方法是选择具有法定权威的、有资质的中介机构做第三方审计，通常由会计师事务所接受委托并按照法律法规的规定制定相应的标准，对委托机构的财务收支情况和项目收支情况进行审计，并在此基础上确认或否定被审计机构自己所做的审计结果。审计结果的规范与公开，不仅有利于机构内部的财务规范，更有利于提高社会服务机构的公信力。

(1) 审计的准则

一是政策法规性准则，即审计活动要以国家的财政政策及与社会组织相关的法令法规作为判断和评估审计对象的标准。

二是独立客观与公正准则，即任何人和组织不得干预会计师独立行使审计监督权，客观公正地出具审计报告，并对审计报告负法律责任。

三是质量控制准则，即会计师事务所需要运用相应的控制政策与程序来确保审计的规范性、科学性与专业性，确保审计质量。

(2) 审计的程序

社会服务机构执行外部审计的程序如下：一是使机构财务记录保持完整并依次整理好以备审查。二是机构财务会计提前做好内部审计工作，设计、实施和维护财务报表情况的内部控制，选择和运用恰当的会计政策，做出合理的会计估计。三是挑选合适的注册会计师事务所。四是签订审计委托协议，以此确认审计业务的委托与受托关系，明确委托目的、审计范围及双方应负责任等事项。五是在审计过程中配合审计师提供证明材料。审计师不仅要审查财务报告，对财务报告的缺陷提出建议，也要按会计原则提供对机构财务人员的技术型支持，查阅工时表等原始记录，分析各个账户，分析机构的投资，查阅捐赠记录，最终提交审计报告和建议。六是取得审计结果。七是公布审计结果。

八、社会服务评估

社会服务评估是对社会服务实施过程及其效果的测评与反馈。王思斌把社会服务评估界定为用科学的思考、方法、测量和分析，评估社会服务组织绩效和服务方案绩效的过程和工具，其目的在于提升社会服务的效率、效益和品质[①]。一般来说，社会服务评估既包括对服务过程的评估，也包括对服务组织的评估。

伴随管理主义及问责时代的到来，社会服务机构为了应对复杂技术、赞助单位、服务对象以及专业发展的多重要求，越来越重视社会服务评估工作。这不仅有利于检验服务效率、效益和品质，也有利于合理高效地配置资源，

---

① 王思斌. 社会行政 [M]. 北京：高等教育出版社，2006：179.

更有利于决定机构与服务发展的方向,最终实现良好的社会交代。

(一)社会服务过程评估的类型

根据不同的维度,社会服务评估有不同的分类和类型。根据时间因素,社会服务评估可以分为事前评估、中期评估以及事后评估;根据评估者的身份,社会服务评估可以分为内部评估和外部评估;根据评估的对象,社会服务评估可以分为方案评估、责信评估和组织能力评估。此处,重点介绍社会服务过程中四个环节涉及的评估。

1. 需求评估

需求评估是指社会工作者或社会服务机构对现有或潜在服务对象及其群体所面临的需求进行的测量、分析、判断与界定,并最终形成需求评估报告。

2. 方案评估

方案评估是指社会服务机构及其专业人员根据科学性、规范性、可行性、成效性与创新性等原则,对多个社会服务介入方案进行成本、收益以及效率等多方面的权衡,最终选择最优方案的过程。

3. 过程评估

过程评估是对社会服务项目活动覆盖面、服务质量、活动产出、服务者表现、服务方法以及技巧等方面的持续性考察与评价的活动。

4. 结果评估

结果评估是在服务项目结束后对服务目标的达成、服务绩效的水平、服务对象的满意度等进行总结和评价的活动。因此,结果评估又称终结性评估,一般可以分为效果评估、影响评估以及效率评估。效果评估是对社会服务所达到的效果的评估,旨在考察服务对象在状况、地位、行为、态度、情感等方面的变化;影响评估是要评估项目的净产出,尤其是项目介入前后的差别以及项目组与对照组的差别;效率评估是对社会服务投入与产出之间的关系的评估,旨在了解和确定社会服务资源的使用效率。

(二)社会服务组织评估的类型[①]

1. 社会服务机构的责信评估

责信评估主要是社会服务机构向社会大众和资源赞助人提交服务表现和

---

① 付立华,陈为雷. 社会工作行政 [M]. 济南:山东人民出版社,2012:237-241.

成果，以此证明其服务的专业性、成效性以及可信度。责信评估的内容包括社会服务机构的治理结构、财务与信息的透明化、服务与组织使命的一致性、资金的合理使用等。

2. 社会服务机构的基本条件评估

基本条件评估主要是对社会服务机构是否具备相应的服务能力与资源条件进行考察和评价，以保证机构服务能如期开展。基本条件评估内容包括机构管理人员及专业人员的数量和质量、机构的资金来源及支出状况、机构的办公场所与设备情况以及机构管理架构和风格等。

3. 社会服务机构的使命与战略规划评估

使命和战略规划评估属于组织的自我评估，主要来源于组织领导者的卓越意识、组织变革决心以及外部竞争压力。其中，使命评估主要考察使命是什么、服务对象是谁、服务认知价值是什么、服务追求的结果是什么、具体计划是什么等；战略规划评估主要通过对机构的SWOT分析做出战略规划。

4. 社会服务机构的结构与资源网络评估

结构与资源网络评估主要对社会服务机构的组织结构、组织能力以及组织所具有的资源调动能力进行考察与评价。其中，结构评估要了解组织结构与机构使命的关系、组织内部各角色职责分工情况、组织层级及控制管理的范围、员工之间的沟通与合作情况、团队的工作效率等；资源网络评估则主要考察机构与政府部门、企业、捐赠者、其他社会服务机构、服务对象、当地社区以及大众媒体之间的互动关系。

5. 社会服务机构的管理能力与筹款能力评估

管理能力与筹款能力评估主要是社会服务机构对人财物以及关系等要素的组织与协调能力。其中，管理能力评估重在评估社会服务机构对员工、志愿者以及相关人员的岗位培训、职责履行、服务成效以及信息沟通方面的水平；筹款能力评估则主要评估机构在资源挖掘、资源链接以及资源配置的能力和水平。

（三）社会服务评估的过程

评估的主要目的在于总结经验、反思不足并以评促改。社会服务评估的过程主要为准备、实施、总结以及具体运用。综合王思斌、顾东辉等学者的观点，将社会服务评估的过程归纳为：

1. 评估准备阶段

评估准备主要为评估确立方案,具体包含明确评估的主体、对象、目标、内容、方法与技术等核心要素,主要任务包括:确定评估的目的与目标,聚焦评估的问题,确定评估的方法,制订评估的计划,以及签订评估的协议等。

2. 评估实施阶段

评估实施即评估者按照评估方案的指引,对评估对象及其内容进行具体入微的跟进、了解、记录和分析,主要任务包括:以适当的方式进入评估环境,收集评估的相关资料,审核和筛选评估的资料,分析和处理评估的资料等。

3. 评估总结阶段

评估总结即在资料分析的基础上,评估者按照评估目标和原则得出评估结论、撰写评估报告以及提出评估建议等。其中,评估报告是评估的最终表现形式,一般采用书面报告形式,具体内容包括:标题、摘要、目录、引言、评估目标、评估方法、评估发现、结论与建议、评估局限与反思、参考文献以及附录等。评估建议的内容一般包括:目前存在的问题、问题的成因分析、对项目实施的建议、对评估机构的建议、对评估本身的建议等。

4. 评估运用阶段

评估的最终成效在于以评促改、以评促建。因此,评估运用是评估的最终归属,更是评估的价值所在。评估运用阶段的主要任务是将评估中存在的问题、原因及其改进对策反馈给机构,并促成机构将之细化为具体的行动方案,实现对服务项目与服务机构的改进。

第三节　社会工作督导与咨询服务

一、社会工作督导的对象与类型

社会工作督导是一种专门的社会工作方法或程序。社会工作督导通过督导者对被督导者的指导、督促,使被督导者能够更有效地运用专业知识和技能并按照专业伦理开展工作,以提高服务质量,保证服务取得预期的效果。

1. 社会工作督导的主要对象

一是新进入社会服务机构的社会工作者；

二是服务年限较短、经验不足的初级社会工作者；

三是在社会服务机构实习的社会工作专业学生；

四是社会服务机构的非正式人员，主要是志愿者。

2. 社会工作督导的类型

（1）师徒式督导。督导者扮演师傅的角色，提供教育训练。

（2）训练式督导。被督导者被认为是学生或受教育者，在具体实务服务中，督导者负责部分工作。

（3）管理式督导。督导者是被督导者的上级或主管，具有"上司与下属"的关系。管理式督导强调的是实务工作的完成及其服务质量。

（4）咨询式督导。督导者与被督导者及其工作没有直接关系和责任，是纯粹的咨询角色①。

二、社会工作督导的内容②

1. 行政性督导

行政性督导的内容包括：（1）社会工作者的招募和选择；（2）安置和引导工作人员；（3）工作计划和分配；（4）工作授权、协调与沟通；（5）工作监督、总结和评估；（6）督导者扮演多种角色，包括缓冲器、倡导者、机构变迁推动人等。

2. 教育性督导

教育性督导的内容包括：（1）教导有关"服务对象群"的特殊知识；（2）教导"社会服务机构"的知识；（3）教导有关"社会问题"的知识；（4）教导有关"工作过程"的知识；（5）教导有关"社会工作者本身"的知识；（6）提供专业性"建议和咨询"；（7）缓解社会工作者压力。

3. 支持性督导

支持性督导的内容包括：（1）社会工作者最常面临的压力来源：一是来

---

① 全国社会工作者职业水平考试教材编写组. 社会工作综合能力：中级［M］. 北京：中国社会出版社，2009：285.

② 全国社会工作者职业水平考试教材编写组. 社会工作综合能力：中级［M］. 北京：中国社会出版社，2009：288.

自服务对象的压力;二是来自工作的压力;三是来自服务机构的行政压力;四是来自社会对社会工作认识的压力。

(2) 缓解社会工作者的压力感受,提升工作士气的督导原则,主要有:一是充分认识、把握被督导者的性别、年龄、工作年限、人格特质等特性因素;二是善于激励、催化,妥善处理冲突紧张的关系。

(3) 支持性督导的工作内容包括疏导情绪、给予关怀、发现成效以及寻求满足。

三、社会工作督导的方式及其技巧

1. 个别督导

个体督导指一位督导者对一位被督导者用面对面的方式,定期、定时举行讨论。个别督导的技巧要点包括:

(1) 督导者要诚恳地倾听被督导者的表述;

(2) 督导者应仔细研究和批阅被督导者的工作记录、服务报告,以便发现被督导者的不足,提出教育的重点;

(3) 督导者应采取接纳的态度,接纳被督导者的感受,经常鼓励被督导者对服务对象的问题和需求进行评价和判断,培养其自主思考和批判反思能力,最终实现推动被督导者自我学习和自我训练的目的;

(4) 督导者在提出评价和建议时语气应委婉,以免被督导者出现抗拒心态;

(5) 督导者要根据自己丰富的经验和扎实的理论知识基础,及时提供示范,建议可行的方法和技术,帮助被督导者更直接地处理客观情境下服务对象的需求和问题。

2. 团体督导

团体督导指一位督导者和数位被督导者以小组讨论的方式,定期举行讨论会议,人数2~8人不等。团体督导技巧包括:

(1) 督导者须熟悉团体成员的姓名、性格,并与之建立良好关系;

(2) 督导者必须能引导团体成员集中注意力和形成向心力;

(3) 督导者应尽可能促使团体成员自动自发和自由自在地提出问题、观点和建议;

(4) 督导者虽然事先有所准备,但在讨论过程中宜富有弹性地进行适当修正;

(5) 督导者应敏锐地察觉团体成员的潜在感受，并加以适当的处理和引导；

(6) 督导者应善于应对"社会感情型"（感性）和"问题解决型"（理性）的成员所表述的观点，给予及时的回应和引导；

(7) 督导者应在讨论的每个段落作"段落总结"，形成结论，并在督导结束时进行归纳，形成清晰、具体的结论，以便被督导者能够领悟，并应用于服务实践中。

3. 同事督导

同事督导是指具有相同需求、观点或技术层次的个人和一群社会工作者，通过个别互惠方式或团体讨论方式进行的互动过程。同事督导的技巧包括：

(1) 要注意价值的共同性；

(2) 团体成员一般不超过 7 人；

(3) 团体成员要签订明确的契约；

(4) 注意同事督导会议的反馈；

(5) 设定基本规则；

(6) 安排一定时间让所有成员表达他们对团队的希望和需求；

(7) 安排一些非正式交流时间。

四、社会工作咨询服务[①]

1. 社会工作咨询的特征

除了开展个案工作、小组工作、社区工作以及社会行政以外，社会工作者还肩负为其他相关专业提供咨询服务，具体是由资深的咨询者向受咨询者提供所需要的社会工作知识、技术的指导，以帮助受咨询者解决工作中的问题，提高服务的质量。

2. 社会工作咨询的目标

通过咨询者的专业指导，使受咨询者充实其应当具备的知识和技术，增进其工作能力，能对案主的处境和问题作出适宜的反应并加以妥善处理，能以比较弹性、明智、灵活的方法去适应可能碰到的各种新问题、新情境，能对复杂、疑难的问题做出正确判断并能创造性地加以解决，并能在开展服务

---

① 李迎生. 社会工作概论［M］. 3 版. 北京：中国人民大学出版社，2018：291-292.

的过程中与同事密切配合、充分协调，从而达到提高服务素质、增进服务对象福利的最终目标。

3. 社会工作咨询的原则

由于社会工作者对受咨询者并不具有强制性与约束力，为了使咨询能取得实效，社会工作机构或有关部门应当创造一种舒适、轻松、热情的环境或条件，使受咨询者愿意接受咨询，主动学习，自觉改变。同时，由于受咨询者都是成人，成人学习的主动性和选择性均较强。因此咨询者在开展工作时，应当运用科学的教学原则，以启发、引导为主，促使受咨询者产生改变的意愿和专业职责感，并不断地付诸行动之中。

4. 社会工作咨询的类型

（1）以服务对象为标准，社会工作咨询可以分为以社会工作者为对象的咨询、以其他专业人员或公众为对象的咨询、以社会工作案主为对象的咨询。

（2）综合性划分，社会工作咨询可以分为以案主为中心的咨询、以受咨询者为中心的咨询、以方案为中心的咨询、以支持为中心的咨询、以研究为中心的咨询。

【考研真题】

一、名词解释题

1. 集中式实习（中国社会科学院大学，2024）
2. 组织管理（西南石油大学，2024）
3. 社会组织（厦门大学，2024）
4. 社会行政（广西师范大学，2024）
5. 支持性督导（山西医科大学，2024）
6. 团队控制力（深圳大学，2024）
7. 社会工作行政（天津理工大学，2024）
8. 组织管理（华中农业大学，2024）

二、简答题

1. 简述社会服务评估的类型。（中央民族大学，2024）
2. 简述社会行政的层次。（浙江师范大学，2024）
3. 简述社会工作督导的功能。（浙江师范大学，2024）
4. 简述社会服务组织的结构。（重庆工商大学，2024）

5. 简述社会工作督导的方式。（云南大学，2024）

6. 简述非营利组织在社会治理中发挥的作用。（云南大学，2024）

7. 简述社会行政的功能。（西北农林科技大学，2024）

8. 简述社会服务机构的组织结构模式。（山东大学，2024）

9. 简述社会工作督导的功能。（沈阳师范大学，2024）

10. 简述社会行政的含义。（广东工业大学，2024）

11. 简述社会工作实习督导的功能。（华中农业大学，2024）

12. 简述社会组织发展对社会治理的意义。（江汉大学，2024）

13. 论述社会工作参与社会治理共同体系的行动逻辑。（华南理工大学，2024）

三、论述题

1. 论述社会工作行政如何监督工作效率和效果的一致性。（辽宁大学，2024）

2. 论述社会工作督导的内容。（大连海事大学，2024）

3. 论述我国社会行政体制的发展特点。（广州大学，2024）

4. 论述社会工作实习督导的功能。（天津理工大学，2024）

【职考真题】

1. 某社会工作服务机构新招聘的社会工作者服务经验较少，其负责人邀请资深社会工作者老王对新入职的社会工作者进行督导。老王在"督导前期"应做的工作是（　　）。（2022-52）

　　A. 与督导对象交流督导的目的

　　B. 帮助督导对象充分认识自我

　　C. 分享服务实践经验，支持督导对象做好服务

　　D. 了解督导对象的家庭、教育背景及从业经历

2. 社会工作者小王在与督导者老李会谈时，表示自己在为辍学青少年提供个案辅导过程中看不到服务对象的改变，因此感到沮丧，甚至害怕再接触此类个案。从支持性督导的角度看，老李的督导重点是（　　）。（2022-53）

　　A. 协助小王发现工作成效

　　B. 向机构申请先暂停小王的个案服务

　　C. 帮助小王分析介入思路

　　D. 为小王示范与服务对象的沟通技巧

3. 社会工作者在某社区深入开展助老服务，组建了多方参与的志愿服务队伍，并进行管理。在志愿服务人力资源管理的规划中，社会工作者评估志愿者队伍现状，设定中长期发展目标，制定了服务方案。接下来，社会工作者还需开展的规划工作是（　　）。(2023-46)

　　A. 编制志愿服务预算　　　　B. 编写志愿服务说明书
　　C. 起草志愿服务章程　　　　D. 制定志愿服务伦理守则

4. 某社会工作服务机构本年度预算为 100 万元，计划在来年开展新项目。在制订来年财务预算时，理事会讨论决定以 100 万元作为基础，渐进提高预算金额，规划预算金额为 120 万元。上述机构制订财务预算所采用的方法是（　　）。(2023-48)

　　A. 单项预算法　　　　　　　B. 直线预算法
　　C. 方案预算法　　　　　　　D. 零基预算法

5. 在社会工作者小林为某困境儿童家庭服务时，孩子的奶奶因为小林没有给予物质帮助，对他十分冷淡，甚至恶语相向，还不断投诉他，导致小林在社区开展工作时困难重重。小林觉得自己不被理解，很委屈，向督导者老张求助。老张帮助小林分析了孩子奶奶的个人成长历程、情绪和认知状况，讲解了如何与服务对象建立专业关系的方法和技巧。从教育性督导的内容看，老张教导的是（　　）。(2023-52)

　　A. 工作过程知识　　　　　　B. 社会问题知识
　　C. 情绪管理方法　　　　　　D. 时间管理方法

6. 社会工作督导者在社会工作服务机构中是行政管理的联结点，在督导的过程中扮演着多种角色。下列社会工作督导者的做法中，体现"倡导者"角色的有（　　）。(2021-78)

　　A. 帮助机构管理者清楚地了解被督导者的利益、问题，提出改善的意见
　　B. 依据被督导者提供的社区服务缺失信息，向机构提出拓展服务的对策
　　C. 依据被督导者从直接服务中获取的信息，向机构提出改善程序的建议
　　D. 引导被督导者熟悉机构环境和服务环境，减少不确定性带来的压力感
　　E. 处理服务对象的申诉，避免让被督导者直接面对服务对象的不满情绪

7. 某社区工作站建立初期，面对社会工作发展的新需求，一线社会工作者感到压力很大，有时会产生焦虑、挫折和无意义感，影响了工作积极性。针对此种情况，社会工作督导者老李开展了每周一次的团体督导，并在督导

过程中充分运用了团体督导的技巧。下列老李的做法中，属于采用团体督导主持技巧的有（　　）。(2022-79)

A. 根据督导的议题决定团体督导的规模

B. 每次督导结束时都及时完成督导纪录

C. 把握督导的进度、谈论的广度和深度

D. 针对所提出的问题采用温和、轻松和幽默的方式去处理

E. 在每个环节结束时都恰到好处地进行段落总结形成结论

8. 社会工作者老王担任某乡社工站站长，带领新入职的驻站社会工作者开展工作。为了与他们建立良好的关系，促进团队合作，老王可以组织开展的工作有（　　）。(2023-77)

A. 带领大家探讨实现社工站服务目标的途径

B. 推动大家建立并认真落实社工站工作准则

C. 调整同事之间合作不畅的社会工作者岗位

D. 劝告主管部门勿更改社工站既定工作计划

E. 协助大家理解社工站与机构、乡镇的关系

9. 督导者老邱结合年度评估对某街道社工站进行本年度最后一次督导。下列督导内容中，属于行政性督导的有（　　）。(2023-78)

A. 解读街道社工站建设的相关政策文件

B. 推动街道社工站内工作人员团队合作

C. 教导时间管理、人际沟通以及冥想等技巧

D. 检查是否按照考核标准配备站点工作人员

E. 考核是否完成计划规定的个案和小组数量

10. 社区社会工作者老张负责社区社会组织培育和管理工作。社区环保志愿服务队队长吴大爷反映，最近部分志愿者参与热情降低，尤其是指导垃圾分类的志愿者抱怨，一些居民虽经多次指导但仍然"旧习不改"，还经常说志愿者多管闲事。为此，老张决定对志愿者进行团体督导，并与吴大爷商量定期举办志愿服务经验分享会，其目的有（　　）。(2023-79)

A. 疏导因服务而产生的负面情绪　B. 监测评估志愿服务质量和效果

C. 增强自我功能并协助建立自信　D. 了解居委会对志愿服务的期待

E. 激励和维护志愿者的工作士气

【参考答案】1. D　2. A　3. A　4. A　5. A　6. AC　7. CDE

8. ABC 9. DE 10. ACE

【传统文化】

1. 政者，正也。子帅以正，孰敢不正。 ——《论语·颜渊》

2. 其身正，不令而行；其身不正，虽令不从。 ——《论语·子路》

3. 得道者多助，失道者寡助。寡助之至，亲戚畔之；多助之至，天下顺之。 ——《孟子·公孙丑下》

4. 无欲速，无见小利。欲速，则不达；见小利，则大事不成。
——《论语·子路》

5. 运筹策帷帐之中，决胜于千里之外。 ——《史记·高祖本纪》

6. 以恕己之心恕人，是谓大公；以责人之心责己，是谓大勇。
——钱琦：《钱公良测语上》

7. 居庙堂之高，则忧其民；处江湖之远，则忧其君。
——范仲淹：《范文正公集》卷七《岳阳楼记》

8. 大事难事看担当，逆境顺境看襟度，临喜临怒看涵养，群行群止看识见。 ——吕坤：《呻吟语·修身》

9. 操之以诚，行之以简，待之以恕，应之以默，吾道不穷。
——《关尹子·九药》

10. 心不妄念，身不妄动，口不妄言，君子所以存诚；内不欺己，外不欺人，上不欺天，君子所以慎独；不愧父母，不愧兄弟，不愧妻子，君子所以宜家；不负国家，不负生民，不负所学，君子所以用世。
——金缨：《格言联璧·持躬类》

【原声再现】

1. 单个人必须正确地分配自己的时间，才能以适当的比例获得知识或满足对他的活动所提出的各种要求。 ——马克思

2. 从群众中集中起来又到群众中坚持下去，以形成正确的领导意见，这是基本的领导方法。在集中和坚持过程中，必须采取一般号召和个别指导相结合的方法，这是前一个方法的组成部分。
——毛泽东：《关于领导方法的若干问题》

3. 从原则上说，各级党组织应该把大量日常行政工作、业务工作，尽可

能交给政府、业务部门承担，党的领导机关除了掌握方针政策和决定重要干部的使用以外，要腾出主要的时间和精力来做思想政治工作，做人的工作，做群众工作。　　　　　　——邓小平：《贯彻调整方针，保证安定团结》

4. 党的群众路线是实现党的思想路线、政治路线和组织路线的根本工作路线，必须贯穿于党的全部工作中。各级领导干部要坚持工作重心下移，经常深入实际、深入基层、深入群众，真诚倾听群众呼声，真实反映群众愿望，真情关心群众疾苦，拜群众为师，向群众问计，从群众的实践中汲取营养、增长智慧，不断提高新形势下做好群众工作的本领。

——习近平：《始终坚持和充分发挥党的独特优势》，《求是》2012年第15期

5. 健全共建共治共享的社会治理制度，提升社会治理效能。在社会基层坚持和发展新时代"枫桥经验"，完善正确处理新形势下人民内部矛盾机制，加强和改进人民信访工作，畅通和规范群众诉求表达、利益协调、权益保障通道，完善网格化管理、精细化服务、信息化支撑的基层治理平台，健全城乡社区治理体系，及时把矛盾纠纷化解在基层、化解在萌芽状态。

——2022年10月16日，习近平在中国共产党第二十次全国代表大会上的报告

【时代之声】

1. 2022年8月，国家卫生健康委印发《"十四五"卫生健康人才发展规划》，强调：要开发社区健康社会工作者和医务社工，动员社会力量参与社区卫生健康工作，开展人文关怀和提供社会支持；充分发挥社会组织和中介机构的作用，完善卫生健康人才市场体系建设和社会化服务；统筹加强精神卫生专业人才、卫生健康监督人才、医务社工等各类人才队伍建设；开发社区健康社会工作者和医务社工，动员社会力量参与社区卫生健康工作，开展人文关怀和提供社会支持。

2. 2023年1月，民政部会同财政部、国家卫生健康委、中国残联印发《关于开展"精康融合行动"的通知》，强调："科学规划精神障碍社区康复服务体系建设。综合精神障碍流行病学调研数据、精神卫生服务机构数量、社区康复设施状况、社会工作者等专业人才规模等要素，统筹规划精神障碍社区康复服务体系建设，合理布局精神障碍社区康复服务机构。"

【榜样力量】

王思斌，北京大学社会学系教授、博士生导师，著名社会学家、社会工作学家、农村问题研究专家。1949年生，河北泊头人。1982年于北京大学哲学系毕业，留校任教，同年考入北京大学社会学系研究生，1985年获硕士学位。1989年晋升为副教授。曾任北京大学社会学系系主任，中国社会学会副会长，中国社会工作教育协会会长。国务院学位委员会第六届学科评议组成员，民政部全国社会工作者职业水平评价专家委员会常务副主任委员，教育部高等学校社会学学科教学指导委员会副主任委员。以下为王思斌教授接受学者访谈，整理而成的口述实录：

这么多年下来，我对社会工作也有了感情和认同，它比较务实，能帮助贫弱群体解决一点实际问题，这是一个有追求、有实践、讲良心的实践性学科。至于我与社会工作结缘，我在《我与社会工作的缘分》那篇短文里说过：家风的影响和人性的根基，学科发展的要求和我的教学行政方面的际遇，还有我所学的哲学、社会学与社会工作的高度亲和性，使我进入社会工作而没觉得有任何困难。至于我在多大程度上进入了社会工作，那只有靠行家们去评价。可能，我一直在社会学、社会工作的交叉地带游弋着，我可以做"纯"社会学的研究，也可以做一点有较多社会工作味道的研究，近20年来我还进入社会政策领域，做一些分析和倡导性的研究和工作。我觉得，我的学术实践没有离开社会学，我认为社会学、社会工作、社会政策是密切地联系在一起的。我的学术领域是从传统社会学往外多走了一步。我总记得，在南开班，林南老师开讲座，介绍美国社会学发展的新趋势，有一次讲的是"社会学与公共卫生和健康"，我现在做的社会工作研究关注弱势群体，关注人们的基本生活，与林老师讲的是合拍的。

为了使中国的社会工作能尽快立起来，我尽量拿出时间在社会工作理论和知识的建设上做工作。社会工作重建之初，一些知名的社会学者不愿移步进入社会工作，社会工作教育界多是转行过来的和一些年轻人，社会工作的学术共同体迟迟建立不起来，社会工作学科建设及其推进充满困难，为此我花了大量精力和时间推动社会工作学科建设。我尽量把社会学的相关理论引入社会工作领域，并结合我国社会工作的发展实践进行阐述。在这方面，《混合福利制度与弱势群体社会资本的发展》和《底层贫弱群体接受帮助行为的理论分析》是花了时间和精力的，在概念和理论上也试图创新。这种努力在我撰写的《中国社会福利的内卷化及发展》和《中国社会工作的嵌入性发展》等文章中也有表现。我希望我国的社会工作研究能跟上社会学研究。

在发展社会工作的过程中，既不拘泥于国外社会工作的已有理论，又不简单地排斥国际经验，而是立足我国实际，着眼于我国社会发展的要求，这是我的基本的学科建设思路。建构社会工作体系是一项重要任务，我认为作为一个学者有责任在理论上对此作出说明。2006 年 10 月，中共中央十六届六中全会作出《中共中央关于构建社会主义和谐社会若干重大问题的决定》，这在我国社会工作发展史上是具有里程碑意义的重要事件。在这一背景下，如何发展社会工作成为政府和学术界普遍关心的问题，我撰写了《和谐社会建设背景下中国社会工作的发展》等文章，对这一问题进行分析，并表明了我的一贯思想。我还想通过自己的学术研究来促进我国的社会发展，为此撰写了一系列文章讨论社会政策与政府治理能力建设，以及如何将社会工作用于"服务型治理"。

可以说，30 年来我在社会工作方面所做的努力，一方面是与政府等多方合作实际推动它的发展，另一方面就是对社会工作的发展做出理论论证。当然，我国社会工作的发展是社会工作同仁共同努力的结果。

转摘自：周晓虹. 重建中国社会学：40 位社会学家口述实录［M］. 北京：商务印书馆，2021.

【延伸阅读】

1. 王思斌. 社会行政［M］. 北京：高等教育出版社，2006.

2. 张曙. 社会工作行政［M］. 北京：社会科学文献出版社，2002.

3. 时立荣. 社会工作行政实验教程［M］. 北京：中国人民大学出版社，2019.

4. 张洪英. 社会工作督导理论与方法［M］. 北京：中国社会出版社，2019.

5. 黄红，李晓凤. 社会工作督导实务案例分析［M］. 北京：中国社会出版社，2019.

6. 李晓凤. 社会工作督导：理论与实务及本土经验反思［M］. 北京：中

国社会出版社，2016.

7. 卡杜山，哈克尼斯. 社会工作督导 [M]. 4 版. 郭名琼，译. 北京：中国人民大学出版社，2008.

8. 塞登. 社会工作实务中的咨询技巧 [M]. 2 版. 沈黎，周琳琳，谢倩，译. 上海：格致出版社，2011.

9. 童敏，周燚. "半专业"的专业性：本土社会工作督导清单及知识观考察 [J]. 社会工作，2020 (3)：16-26，109.

10. 杨慧，闵韵霖. 社会工作与行政工作：医疗纠纷处理中的超越与融合 [J]. 东北师大学报（哲学社会科学版），2016 (2)：252-256.

【影音赏析】

1. 电影《铁腕校长》

导演：约翰·G. 艾维尔森

主演：摩根·弗里曼、贝弗利·陶德、罗伯特·吉尔劳姆等

所有的老师和校长听到"布兰登学校"的大名都会暗自在心中捏一把冷汗，这所学校因为黑恶势力的潜伏和极高的校园犯罪率而在教育界臭名昭著，如今，人生遭遇了全面滑铁卢的约翰即将成为这所学校的新一任校长。看着校园里此消彼长的歪风邪气，约翰心里充满了愤怒，他制定了严格的规章制度，希望能够以此重振学生和老师们的信心。约翰的决心逐渐地影响了信任他的学生们，然而，校园内的暴力团伙亦开始找起了约翰的麻烦，他们不仅袭击了听从约翰指挥的老师和学生，更对约翰发出了直接的威胁，约翰明白，一场旷日持久的拉锯战即将展开。

2. 电影《中国合伙人》

导演：陈可辛

主演：黄晓明、邓超、佟大为等

剧情简介：20 世纪 80 年代，三个怀有热情和梦想的年轻人在高等学府燕京大学的校园内相遇，从此展开了他们长达三十年的友谊和梦想征途。出生于留学世家的孟晓骏渴望站在美国的土地上改变世界，浪漫自由的王阳尽情享受改革开放初期那蓬勃激昂的社会气息，曾两次高考落榜的农村青年成冬青以孟晓骏为目标努力求学，并收获了美好的爱情。然而三个好友最终只有孟晓骏获得美国签证，现实和梦想的巨大差距让成冬青和王阳备受打击。偶

然机缘,被开除公职的成冬青在王阳的帮助下办起了英语培训学校,开始品尝到成功的喜悦。在美国发展不顺的孟晓骏回国,并加入学校,这无疑推动三个好友朝着梦想迈进了一大步。只是随着成功的降临,他们的友情也开始承受严峻的考验……

【复习思考】

1. 公共行政、社会行政以及社会工作行政的关系如何?
2. 社会行政的构成要素在当代中国不同地区有何异同?
3. 我国社会工作行政体制的层级及特征如何?
4. 我国社会行政改革面临的主要问题有哪些?
5. 社会工作行政与公共行政、工商管理有何异同?
6. 请比较四种社会工作督导的优势和劣势有哪些。
7. 请比较三种社会工作督导方式的优势和劣势有哪些。
8. 请问什么情况需要开展社会工作咨询?

【个人成长】

1. 请问从事社会工作行政需要哪些核心素养或能力,个人在这方面有哪些优势?
2. 当前有不少社会工作专业的大学毕业生选择自创社会工作服务机构,你作何评价?
3. 作为社会工作专业的大学生,你是否了解中国国际"互联网+"大学生创新创业大赛及其重要性?
4. 请你通过网络查阅,举一个大学生创新创业的成功案例。
5. 作为一名社会工作专业的大学生,你未来的职业规划是什么?

PPT 课件	考研真题	职考真题	法律法规

第十一章 社会政策分析

【课前导读】

社会工作不仅是一个专业和职业，更是一种提升民众社会福祉的制度安排。因此，社会福利政策不仅为社会工作服务提供了制度基础与资源保障，更是社会工作服务中的一种宏观方法与策略。只有社会福利制度不断完善和发展，社会工作服务才能够得以持续推进与提升。因此，社会福利政策不仅是社会工作的百宝箱，更是社会工作方法的一部分。具体来说，社会福利政策包括社会工作人才队伍建设、社会救助、特定人群权益保护、婚姻家庭、人民调解和信访、突发事件应对、社区矫正、禁毒戒毒、烈士褒扬、优抚安置、城乡基层群众自治、社区建设、公益慈善、社会组织发展、劳动就业与劳动关系、健康与计划生育、社会保险等方方面面的法规与政策。熟练掌握和运用相关福利政策及其具体标准，可以为社会工作服务提供有力的制度保障与资源支撑。因此，本章除了厘清社会政策含义和类型以外，重点介绍和分析社会政策理论与实践的发展进程，社会政策的规划、实施、分析与评估等一般过程的具体内容。

【核心概念】

社会政策、公共政策、社会政策主体、社会政策对象、社会政策资源、社会政策运行机制、《贝弗里奇报告》、马克思主义、新保守主义、第三条道路、民主社会主义、社会政策过程、社会政策议程、社会政策方案、社会政策实施、社会政策评估、社会政策调整

【重点难点】

重点一：社会政策的主要理论及其具体内容。
重点二：社会政策一般过程及其具体内容。
难点一：如何将社会议题转变为社会政策。
难点二：如何开展有效的社会政策分析。

> 【内容精要】

第一节 社会政策的含义与类型

一、社会政策的定义

一般社会政策可以定义为政府或其他组织在社会公平等价值目标的指导下，为了达到满足民众基本需要、解决社会问题，进而维护社会稳定和提高社会生活质量等社会目标而采取的各种福利性社会服务行动的总和。社会政策的实质是政府在社会福利事务领域中的干预行动，具体来说是在原来的社会福利制度体系中实施干预，即通过在社会福利事务上建立必要的强制性规则，以引导社会福利体系向良性方向发展，并通过在各种社会服务方面投入必要的公共资源，以满足民众的需要。

二、社会政策的类型[①]

1. 按照实施领域来分，社会政策可以大致分为社会保障政策、公共医疗卫生政策、公共住房政策、公共教育政策、劳动就业政策、社会福利服务政策、针对特殊人群的社会政策和其他领域的社会政策体系等。

2. 依据制定和实施的目标来分，社会政策可以分为剩余型社会政策、制度型社会政策和发展型社会政策。

3. 根据主体的不同来分，社会政策可以分为单一型社会政策和多元型社会政策。

4. 按照实施的目标群体来分，社会政策可以分为普遍型社会政策和选择型社会政策。

5. 从资金来源和运行过程来分，社会政策可以分为纯福利型社会政策和准市场型社会政策。

---

① 李迎生. 社会工作概论[M]. 3版. 北京：中国人民大学出版社，2018：297.

6. 从内容之间的包含与被包含的关系来分，社会政策可以分为总社会政策、基本社会政策和具体社会政策。

三、社会政策的基本要素[①]

1. 社会政策主体

社会政策主体是指发起社会政策行动或提供相关服务的行动者。在当代社会中，政府是社会政策主体中最主要的部分。社会政策主体还包括生活中各种各样的组织、群体和个人，具体包括：（1）商业性服务机构；（2）初级群体；（3）互助组织；（4）就业组织；（5）志愿者组织；（6）民间非营利组织；（7）政府组织。

2. 社会政策对象

社会政策对象是指社会政策行动的接受者，是接受社会政策帮助的个人或家庭，或者说是受社会政策行动影响的人。社会政策对象可以分为：（1）一般性对象，是指社会政策指向广泛的普通民众。（2）专门对象，是指社会政策指向社会中需要某些专门化社会服务的群体。（3）普遍性对象，是指在社会政策行动中不考虑个人需要的差异，面向全社会或某些群体中的所有成员都提供无差异的福利服务。（4）选择性对象，是指社会政策行动有针对性地帮助社会中某些特殊困难的个体成员。

3. 社会政策资源

社会政策资源是指维持社会政策行动所需要的各种物质和社会条件。在当代社会政策体系中，政府和其他各类组织在社会政策行动中需要调动大量的人力、物力和财力来完成社会福利计划，这些都属于社会政策资源的范畴。

社会政策行动中需要各种各样的资源。从政府或其他组织资源投入的方式来看，社会政策资源大致可以分为资金性资源和非资金性资源。所谓资金性资源是指直接投入资金，或者投入可以换算成资金的物资；所谓非资金性资源，即按市值不能换算成资金的投入项目，例如志愿者服务等。

在市场经济体制下，一个国家或地区在社会政策方面的投入绝大部分是资金性投入。因此，政府为推动社会政策行动必须筹集大量的财政资源。

[①] 关信平. 社会政策概论［M］. 3版. 北京：高等教育出版社，2014：94-95.

4. 社会政策运行机制

社会政策运行机制，是指社会政策行动各个环节运行的基本方式。从广义上看，社会政策运行机制涵盖了社会政策行动所有阶段和环节的运行机制，包括社会政策主体的组织方式、资源调动机制、受益者选择机制以及社会服务传递机制等各个方面。从狭义上看，社会政策运行机制一般是指社会服务的传递机制。

政府确定了福利预算以后，还需要通过一定的方式将社会福利资金转化为一定的服务，然后传递给服务的受益者。而"服务传递机制"就是指政府的社会政策资金如何以一定的方式转化为相应的服务而传递到受益者。从内容上看，社会政策行动中的服务传递机制包括在服务传递过程中的组织安排、资金运行方式、资金使用和服务活动中的各种规范等方面。

第二节 社会政策的过程与内容

一、社会政策的制定[①]

（一）确定政策问题

确认政策问题的必要条件有：（1）存在一种可以确认的客观情势，即某一问题不但已客观存在，且公众与政府对该问题的存在及其严重程度达成了某种共识；（2）出现了强烈的公众诉求，即当某一问题日趋严重，导致部分乃至全体社会成员的正常生活发生障碍，社会公众的政策诉求便会出现并日趋强烈；（3）形成了明显的政策需要。

（二）建立政策议程

政策议程是将政策问题纳入政治机构的行动计划的过程，一般包括：（1）公共议程（或公众议程），是指社会大众共同议论某一问题，并认为有必要提交政府采取措施加以解决的活动；（2）政府议程（或正式议程），是指政府觉察到某一问题引起了社会的广泛注意和讨论，该问题也确有解决的必要与可能，从而将其纳入政府议事日程加以研究和处理的过程。

---

① 李迎生. 社会工作概论［M］. 3版. 北京：中国人民大学出版社，2018：306-308.

(三) 制定政策方案

1. 制定政策方案的基本原则

包括：(1) 目标必须具体、明确，应尽可能量化并有特定时限；(2) 目标必须切实可行，目标应建立在现实条件之上，通过努力可以实现；(3) 不同层次的目标应当协调一致，具体目标不能和总目标相冲突；(4) 目标必须体现国家和社会利益，符合国家法律和社会公德。

2. 制定政策方案的步骤

包括：(1) 轮廓勾画。一是为实现特定目标，尽可能多地提出相应方案；二是将各种方案的轮廓勾画出来。但要特别注意：①要保证方案的多样性，以备选优；②要保证方案整体轮廓上的完备性，每一方案都应包含行动原则、指导方针、基本措施、发展阶段等内容；③各方案之间应具有互斥性，不能相互重复、包含。(2) 细节设计，即按照所勾画的各种政策方案轮廓，确定实现政策目标的具体途径、措施和手段，包括政策界限的规定和相关的机构设置、人员配备、资金预算、物质保障等。

(四) 政策方案优选标准

包括：(1) 应能最大限度地实现政策目标；(2) 消耗的资源应尽可能地少；(3) 实现政策目标的风险应尽可能地小；(4) 实施中产生的副作用应尽可能地小。

(五) 社会政策的可行性研究

可行性研究，又称可行性分析，是指运用各种社会调查及其他的技术和方法，分析社会政策方案是否可以实施，确定社会政策方案在事件中获得成功的可能性。从内容上看，社会政策的可行性分析一般从政治、经济和技术等方面进行深入的调查和分析。

(六) 社会政策的试点

社会政策的试点，是指决策者为了验证社会政策方案的可行性，发现其存在的缺陷，而在正式实施该方案之前，先在局部区域或组织内将社会政策的方案做实验性的实施，并在此过程中掌握有关社会政策实施过程及其效果的实际情况，以便为进一步的修改完善与正式实施做好准备。

从程序上看，试点工作一般包括选点、展开试点工作、试点工作的总结以及效果评估等环节。试点后的结果有以下几种可能：（1）无条件通过；（2）有条件通过，即总体方案可信，但细节需要修改；（3）经过修改后重新试点；（4）被否定。

（七）社会政策方案的征求意见和修改

1. 征求意见的主要对象

一是向社会政策的对象征求意见；二是向社会政策的专业人员征求意见；三是向有关的政府部门征求意见；四是向社区及社会组织征求意见；五是向一般公众征求意见。

2. 征求意见的主要方式

一是采用传统发布文件的方式征求意见，这主要用于政府部门之间的征求意见；二是采用听证会的方式征求意见，邀请有关方面代表参加讨论；三是采用座谈会的方式，定向地邀请一些方面的人士进行讨论；四是采用向社会公开征求意见的方式。

（八）社会政策审批与文本发布

1. 审批者，即负责审查和批准一项社会政策的机构和个人。

2. 审批模式，是指在社会政策审批过程中集中各种意见的基本方式。一般包括领导个人审批模式、领导集体审批模式、民主审批模式等。

3. 审批程序。我国国务院的行政法规审批的大致程序包括：（1）由某项社会政策的主管部门会同国务院法制机构起草政策法规草案。（2）国务院常务会议审议行政法规草案，并且由国务院法制机构或者起草部门做说明。（3）国务院法制机构根据国务院的审议意见，对行政法规草案进行修改，形成草案修改稿，报请总理签署国务院令并公布实施。（4）行政法规在公布后的一定时间内将报送全国人民代表大会常务委员会备案。（5）需要通过全国人民代表大会立法的社会政策法案按照相应的立法审批程序办理。

二、社会政策的执行[①]

（一）社会政策执行的意义及其特点

社会政策执行的意义包括：（1）社会政策执行是解决社会问题的根本性

---

① 李迎生. 社会工作概论［M］. 3版. 北京：中国人民大学出版社，2018：309-310.

环节；（2）社会政策执行将决定政策方案能否实现及实现的程度与范围；（3）社会政策执行活动及其所产生的结果是制定后续政策的重要依据。

社会政策执行的特点包括：（1）连续性，即政策执行要保持依据、标准以及内容的连续性，避免前后不一导致的社会问题；（2）整合性，即政策执行要整合相关部门联合发力，且要积极引导政策对象的参与，实现政策价值的最大程度发挥；（3）灵活性，即社会政策在具体实施过程中，在维持基本原则和政策完整的情况下，需要在执行的细节方面增加弹性和空间，以响应政策对象需求的多元化。

（二）有关社会政策执行过程的理论模型

1. 四因素论

四因素论是美国学者史密斯于1973年提出的一种有关政策执行过程的理论。史密斯认为，在政策执行过程中，影响重大的因素有四点：（1）理想化政策；（2）目标群体；（3）执行机构；（4）环境因素，包括影响政策执行与受政策执行影响的各种政治、经济、社会及文化因素。

2. 六因素论

米特与霍恩用六个变项研究政策与执行之间的关系，分别是：（1）政策的标准与目标；（2）政策的资源；（3）组织间的沟通与有效执行；（4）执行机构的特质；（5）经济、社会与政治条件；（6）执行者的意向。

（三）社会政策实施的过程

1. 制定社会政策方案的实施细则

包括：（1）对社会政策条文的解释，包括条文的语义解释和操作化解释；（2）社会政策规划，是指为一项社会政策的实施设立具体的行动计划；（3）政策行动的程序化，是指在实施社会政策的过程中，政策执行者根据一项社会政策行动的特点及相关的社会条件而编制社会政策行动的具体程序；（4）附件规定，即增加一些特殊的说明和解释。

2. 社会政策实施细则的一般内容

包括：（1）受益者资格及其认定方式；（2）对受益标准的具体规定；（3）对受益者及相关机构权利义务的具体规定；（4）其他配套政策及措施的设计和运行。

3. 社会政策项目的资金分配与服务传递

包括资金使用方案及分配比例与服务传递方式。

4. 社会政策实施过程中的宣传

包括：(1) 以政策和机构为中心的宣传；(2) 从服务对象的角度去进行宣传。

(四) 社会政策行动的管理

1. 社会政策行动管理的层次

包括：(1) 行政管理层次；(2) 行业管理层次；(3) 社会服务机构管理层次。

2. 社会政策管理的组织模式

包括：(1) 社会政策的主管部门；(2) 跨部门的管理机构；(3) 社会政策项目的执行机构；(4) 社会政策管理机构设置和人员编制。

3. 社会福利管理中的漏洞问题

"福利漏洞"，是指社会政策实践中因管理不善而造成的社会福利资金流失和浪费。机构方面的漏洞包括：(1) 公共资金分配与使用不合理；(2) 社会福利机构的管理不善而导致机构膨胀、人浮于事造成消耗；(3) 管理不善导致机构人员非正常地消耗公共资源。服务对象方面的漏洞包括：(1) 不当受益；(2) 超标受益；(3) 重复受益；(4) 受益转移。

三、社会政策的评估[①]

(一) 社会政策的评估标准

包括：(1) 传统的理性标准，包括政策实施的效能、成本收益分析等，重点在于理性计算某一社会政策取得的实际效果；(2) 公众的评估标准，包括政策实施对象的满意度、政策绩效等；(3) 政治角度的评估标准，如政策实施的代表性、回应性和政策的责任范围等；(4) 法律角度的评估标准，包括某一社会政策实施和执行方式的合法性、政策的法律层次性和政策制定程序中的代表性等。

(二) 社会政策的评估程序

(1) 准备阶段。其主要工作是：确定评估的对象；制定评估方案，包括阐

---

① 关信平. 社会政策概论 [M]. 3版. 北京：高等教育出版社，2014：174-181.

明评估的对象和范围，明确评估的目的和要求，确定对政策事实和政策价值进行评估的方法、标准和指标，规定评估的场所、时间、程序和评估主体等。

（2）实施阶段。其主要工作是：全面收集政策制定、实施、产出、影响等方面的各种信息，整理、归类、统计和分析这些信息，运用适当的评估方法和技术，测算和分析社会政策实施的效果，得出社会政策评估的价值判断和技术分析结论，提出相关的社会政策建议，写出评估报告。评估报告的内容应该包括对社会政策影响和绩效进行陈述并提出社会政策建议，对评估过程、评估程序和方法、评估标准、评估结论等重要问题进行必要的说明。

（3）总结和反馈阶段。在提交评估报告、结束评估工作之前，要对评估过程进行再检查，对评估结果的可信性和有效性进行分析；要与社会政策设计、制定、执行、监督机构和人员及社会政策的目标群体进行必要的沟通和讨论，以便提高社会政策评估的效果。

（三）社会政策的评估方法

包括：（1）社会政策目标达成评估，一是看社会政策目标是否顺利实现，实现程度如何，社会政策结果与目标是否一致；二是看社会政策结果是否由社会政策目标造成。（2）公众导向评估，是指将社会政策所作用的目标群体，即公众的目标、需要、价值等作为评估的组织原则和价值标准，评估社会政策对公众的需要、价值、机会的满足程度。（3）社会实验评估，是指运用类似自然科学中的实验室分析方法，对社会政策实施效果进行监测评估。

四、社会政策的调整

（一）实施社会政策对社会问题的影响

包括：（1）社会政策完全（基本）可以解决社会问题；（2）社会政策可以减轻社会问题的严重性；（3）社会政策对社会问题并未产生实际效果，或只不过使问题改变了存在的方式；（4）社会政策实施后，反而使社会问题的严重性加剧，或引起了新的社会问题；（5）社会政策预防了社会问题的发生，如近代德国由于实施社会保险政策，对劳工问题的产生就起到了预防的作用。

（二）社会政策的调整

1. 政策调整的内容

包括：（1）功能的调整，意味着某种服务的改变或终止，会给政策对象的利益带来影响,因而往往会受到抵制。(2)机构的调整,一是有的机构为实施某一政策而设,政策一旦终结,机构随之撤销;二是有的机构同时承担集中政策的推行工作,某项政策的终止会导致该机构规模、经费等的缩减。(3)政策的调整,即改变或停止实施某一政策。

2. 政策调整的方式

包括:(1)政策替代,即用新政策取代旧政策,但政策所针对的问题不变;(2)政策合并,是指旧的政策虽然被终止,但其部分内容仍然适用,因而被合并到其他政策中;(3)政策分解,是指将原政策的内容按一定的标准分解成为几部分,每一部分各自成为一项新的政策;(4)政策缩减,是指采用渐进方式对某一政策加以终结,这样可以避免仓促终结可能产生的剧烈反应。

第三节 社会政策分析的道与术

正如前面所述,社会政策的制定、实施、评估和调整是一个科学而规范的过程,而保证社会政策的理念、过程及其实施的规范性与科学性,有赖于对社会政策的持续性分析,以确定社会政策是否与社会福利思想、民众需求以及实际国情相符合。因此,社会政策分析是指政府官员和专家学者对于社会政策的目标、内容及其具体实施过程的分析与评估,以确定社会政策的主要设计是否符合社会福利制度所设计的价值和目标、是否符合民众现实需求,以及是否符合不断变迁的社会现实生活。

从以上定义可以看出,社会政策分析既有对社会政策影响的特定目标或价值的影响分析,也有对社会政策主体、客体、资源、机制以及行动路线的内容分析,还有对政策表达、政策决策、政策实施、政策效果评价以及政策反馈等环节和过程的分析。因此,社会政策分析是一个综合性、持续性以及多元化的过程和体系。

一、社会政策分析的内容与步骤

(一)社会政策分析的内容

作为国家和政府保障民生和社会福利的一个重要制度安排,社会政策是一个涉及问题、目标、方案、资源、标准、模式、效果、主体、客体、环境以及信息等诸多要素的体系，并处于持续的社会变迁中。因此，社会政策分析的内容也是十分丰富而多元的，具体包括：

1. 社会政策问题

社会问题是社会政策所要分析、研究与处理的对象。社会问题是否得到关注、聚焦和响应，就成为社会政策分析的焦点。一方面，要分析社会政策对社会问题界定的理论视角与假设，即社会政策是从社会病态论、生物社会论、社会解组论、文化失调论、人格和心理失调等功能主义取向，或是从价值冲突、群体冲突、文化冲突、利益冲突、阶级冲突等冲突取向，还是从标签理论、符号互动论、越轨论等互动论取向去分析和看待社会问题。另一方面，要分析社会政策从生活问题中抽取社会问题，进而上升为政策议题的逻辑性和规范性，以及社会政策在解决社会问题中的主动性、权威性、科学性、社会参与性以及局限性。

2. 社会政策目标

目的或目标是社会政策希望取得的成果或完成的任务，也是社会政策价值的具体体现。目标设定是否合理及其实现程度是社会政策分析的重点。一方面，要分析政策目标与政治目标、社会目标以及民众诉求的一致性，考察政策目标是否瞄准了社会问题的解决；另一方面，要分析政策目标的具体性、可行性以及成效性，即目标是否具有可操作性和可测量性以及目标达成程度和水平。

3. 社会政策方案

方案是社会政策为解决政策问题而设计的具体目标、内容、途径、方法和措施的综合体系，也是社会政策分析的重要内容。基于方案的具体内容，社会政策分析主要考察社会政策方案的完整性、系统性、创新性、多元化以及最优化。一方面，要分析为解决政策问题设计了哪些备选方案，每个备选方案是否科学规范和实际可行；另一方面，要分析备选方案设计、筛选、检验和确立的过程是否程序规范、规则清晰和标准统一，最终考察所确立政策方案的最优性如何。

4. 社会政策资源

资源是维持社会政策行动所需要的各种物质、精神和生活条件的总和。在社会政策资源分析过程中，一是要分析政策对资源的需求量和消耗度情况；

二是要了解资源挖掘的情况，包括资源的种类、形态、水平和程度；三是要了解资源调动方式的可行性与适切性，包括采取税收、专项收费、社会集资、社会捐赠、国际援助、志愿服务以及社会资本等方式的采用情况；四是评估资源的利用情况，主要是资源利用的方向与效率等。

5. 社会政策标准

标准即政策决策所依据的规则及其指标。在社会政策标准分析过程中，一是要厘清社会政策决策所采取的政策标准与价值取向；二是要分析社会政策执行和实施细则过程中的具体标准；三是要分析社会政策标准运用的效率、效果、可行性、公平性、回应性和适切性。

6. 社会政策模式

社会政策一方面是为了解决社会问题，另一方面也是为了构建解决该类问题的模式，包括相应的议题选定、实施策略、行动部门、实施程序及其相互逻辑关系的模型。社会政策模式分析的任务就是评价这一模型的成型度、规范性、可行性及其成效性，并就如何完善这一模型提供相应的对策建议。

7. 社会政策效果

效果是社会政策对客体及其环境所产生的影响或结果，主要体现为社会效益的实现，但也会考虑到成本—收益的效率目标。社会政策效果评估过程中，一是要描述社会政策达成了哪些效果，实现了哪些目标；二是聚焦社会效益的实现程度，并以具体的指标和数据加以衡量；三是考察政策效果得以实现的成本—收益之比，考察社会政策的效率。

8. 社会政策主体

社会政策行动必须要有明确具体的行动主体，即社会中哪些组织或群体应该为社会政策的决策、制定、实施、调整等负责。在社会政策主体评估过程中，一是要确定社会政策涉及的主体类型及其适当性；二是要分析社会政策不同主体承担的责任、角色及其实现程度；三是要分析不同政策主体之间的关系及其协调度。

9. 社会政策客体

客体即社会政策所服务或者影响的对象，既包括个体、家庭以及群体，也包括个体所在的社区、单位、其他社会组织以及全体社会成员。在社会政策客体分析过程中，一是要明确政策对象的类型、层次及其主次关系是否恰当，尤其要分析不同福利模式下的服务对象的特殊性和一般性关系；二是要分析政策对象在政策行动中受到的影响及其后果，明确政策的受益者及其受益的事实和价值特征；三是要分析政策行动中的受损群体、受损事实以及受损反应，并进行相应的价值分析和道德分析。

10. 社会政策环境

作为一项复杂的系统性工程，社会政策是在相应的政治文化、社会制度和国际环境中实施和运作的。在社会政策环境分析过程中，一是要分析政策目标和行动是否符合相应的政治经济以及文化脉络，即政策目标与现实国情、文化传统以及民众行动逻辑的吻合度，考察政策在落实过程中是否存在"上有政策、下有对策"的情况发生；二是要分析政策与政治经济和文化制度的吻合度，即社会政策与国家战略、国家法律体系、规章制度的配合程度；三是要分析社会政策与相关国际形势、国际标准以及国际惯例的区别度和衔接度，考察社会政策是否具备中国特色。

（二）社会政策分析的步骤

帕顿和沙维奇在《政策分析和规划的初步方法》一书中，从政策过程的角度提出政策分析的六个步骤，具体包括[①]：

1. 确定分析问题并进行操作化

该阶段的主要任务是陈述问题和界定问题。政策分析人员一方面要理解不同个人和团体的立场和影响，清楚谁关心这个问题，为什么关心，这一问题的广度和深度如何，关心者的利害关系是什么，他们影响决策的权力有多大；另一方面要知道是否存在可能被公众解决的问题，应该能够提供对问题最初的详细陈述，应该能估计出分析所需要的事件和资源，以确定落实的最终界定。

2. 建立分析的标准及指标体系

这一阶段的主要任务一方面是确认社会政策决策以及方案最优化选择的标准及其指标体系；另一方面则是要明确对社会政策的问题、目标、方案、资源、标准、模式、效果、主体、客体以及环境等进行分析和评价的标准，并建立相应的评价指标体系。

3. 确认需要分析的备选政策

在前期分析标准及指标确定的基础上，需要确定分析的具体政策，这既

---

① 帕顿，沙维奇. 公共政策分析和规划的初步方法 [M]. 孙兰芝，胡启生，顾平安，等译. 2版. 北京：华夏出版社，2002：43-53.

需要考察政策制定过程中的备选政策的优势，以及政策决策的合规性和科学性，也要考察最优化决策后最终政策的各项要素的规范性和科学性。要特别注意，虽然要对备选方案进行分析，但重心和焦点依然是最优化决策后的确定方案。

4. 深入分析和评估备选政策

充分利用定量、定性以及混合研究方法，一方面要对该政策与其他区域或组织开展的政策进行政策主体、服务对象、政策环境以及相关信息的横向考察；另一方面也要对政策的问题瞄准、目标确立、方案设计、资源链接、运行模式、实施效果等进行纵向考察，多层面、多角度对备选政策进行分析。

5. 比较和报告所选择的政策

政策分析提供的评估也许表现为一系列的备选方案、具体标准和每种备选方案符合标准的程度的报告，也可能是以概述实施的方式来表达，即存在定量和定性两种信息的报告。在评估结论的基础上，分析者要对各个备选方案依据一定的标准进行明确的优劣排序，然后结合政策目标和价值取向，确定一个能够高效并有效解决问题的政策。

6. 反馈跟进和监督政策实施

政策分析不仅包括政策方案的形成，还应该参与、监督和评估所实施的政策，包括政策问题解决的程度，政策方案实施的规范性、政策效果以及政策调整的情况等。

二、社会政策分析的特征和角色

（一）社会政策分析的特征

虽然社会政策分析目前很大程度依赖社会科学、行为科学以及管理科学的知识和方法，但社会政策及社会政策分析仍然有其自身的诸多特质，具体包括：

1. 多专业、多学科整合取向

由于分析内容和方法的多元性，社会政策分析博采众长，具有明显的跨专业、多学科整合特征，分别从政治学、管理学、经济学、伦理学、社会学、组织行为学、公共政策学以及运筹学等不同学科吸取理论与技术优势，从多层面、多角度对政策进行深入分析与评估。

2. 具有严格的伦理要求

政策分析基本上是探讨具有价值取向的政策活动或社会行动，因此必须充分考虑政策背后的福利思想、社会价值、理论假设以及政策导向。换言之，作为政策分析的专业人士，必须站在人民立场和社会公正立场，信守专业价值，遵守专业伦理守则，接受专业规范与制度的约束与监督。

3. 问题意识和实践导向

社会政策分析的目的是更好地推进社会政策对社会问题的响应度与应对力，因此必须围绕社会发展中和人民生活中急迫的社会问题而开展，并重在问题的解决。因此，社会政策分析必须从辨认与政策性有关的社会问题开始着手，不仅要寻找问题的成因，更要描述问题影响的范围，还要剖析社会问题涉及的部门及其与相关部门的关系。总之，社会政策分析必须围绕有利于社会问题的探索、解释与解决而开展。

4. 服务社会政策的决策

社会政策分析虽然内容繁多，但中心依然是服务于社会政策的决策。换而言之，社会政策分析的目的乃是协助政府相关部门为解决社会问题而选择出更为科学和可行的应对方案和策略。因此，社会政策分析必须考虑决策者的需要、所处的位置及其政治背景，以增强社会政策分析的科学性与效用性。

5. 充分考虑多变性因素

由于社会的快速变迁，尤其是数字社会的到来，社会政策分析的过程必然受到更多因素的影响。因此，社会政策分析不能仅仅关注分析过程中的因果关系，还必须就政策的综合层面进行考察，包括社会政策中的自变量和因变量。

6. 强调政策的与时俱进

社会政策分析的主要功能不只是为决策者或社会公众提供问题的描述或预测的信息，更重要的是提供有效性的行动策略作为最优化决策的建议和参考。因此，与时俱进的动态性，就要求社会政策分析必须及时响应不断变化和发展的政府和公众对问题解决与最优决策的当下期望和新的需求。

7. 兼顾公平和效率平衡

社会政策具有强烈的价值导向，社会政策分析也必须充分考虑这种导向性，尤其是在分析过程中要将政策的社会效应摆在最重要的位置，维护社会政策的公益性与均等化。但在管理主义盛行的时代背景下，社会政策分析也要对社会政策制定到实施过程中的成本—收益问题进行考量，将服务效率和效能纳入分析的范畴。

8. 政策分析的不确定性

正如社会政策受到意识形态和价值取向的重要影响一样，社会政策分析本身也常常受制于社会价值系统、组织或科层制度的价值观、专业的伦理守则以及分析者本身的价值观。虽然社会政策分析是一个专业的过程，应力求中立、客观和科学，但许多价值观却不能够透过分析的过程来加以阐释。尤其是在快速变化的现时代，政策往往受制于时限与偶发的事件，而不可能等到信息完全充分的时候。因此，即使决策过程及分析方法的理想状况能够维持，我们也无法百分之百科学地、力行地预测未来事件产生的方向与内涵。因此，社会政策分析的结果存在较大的不确定性。

（二）社会政策分析者的角色

社会政策的主体是决策者，关注的是如何将福利理念转化为政策实践；而社会政策分析的主体是分析者，关注的是社会政策的过程和内容的科学性与可行性，通过给决策者提供信息以促进更为规范的政策实践。在这一过程中，社会政策分析者的扮演了以下角色：

1. 问题研究者

社会政策分析者不仅仅是一个技术专家，更具有较强的行动主义者特质，其技术、观点、专业素养乃至于价值取向，都可以被运用于促进政策决策的各个阶段，比如协助决定政策的目的和目标，设计不同的决策行动方案，以及评估政策执行的效果等。

2. 理论验证者

社会政策分析者往往会选择一定的分析理论作为指导框架，以此来审视社会政策体系与逻辑，并从中发现解决问题之道。反过来，分析者也可能会从分析实践中总结和提炼一些可行的分析理论、模式与技术。

3. 价值充满者

社会政策分析者往往受到其自身专业、学科以及实践的影响，并由此秉持不同的分析理念与原则。具有社会工作专业学位或受过专门训练的政策分析家，往往更偏重于从社会正义和照顾弱势群体的取向来进行分析和评估，并在评估过程中更倾向于将心比心和以人为本。

4. 专业评估者

社会政策分析者强调用客观的分析标准、理性的分析原则、系统化的视野以及专业性的技术，实现对社会政策过程与内容的分析、评估与审视。

5. 团队合作者

随着社会政策范围越来越大、内容越来越深，社会政策的分析更需要具备"专、精、深、广"的特征，这就要协调不同机构、不同地域、不同学科、不同专业在不同时间内通力合作，顺利完成服务的任务。因此，社会政策分析者更重要的是带领团队、激励团队以及配合团队进行相关的专业活动。

6. 关系协调者

社会政策分析者不能也不应该在分析过程中完全依赖社会服务福利的价值系统来行事，而必须同时运用政治的、人际关系的以及专业之间的合作。因此，分析者必须具备谈判、协调、沟通以及激励等能力。

7. 实践运用者

社会政策分析者都希望将分析的结果转换为对策，期望社会政策的理论、模式、方法、技术以及分析流程都有改进与创新。

三、社会政策分析的主要方法

根据不同的角度，社会政策分析有不同的方法分类。按照政策的过程分类，社会政策分析的方法包括社会政策问题的认定方法、目标的确定方法、方案的设计方法、结果的预测方法、方案的选择方法、决策的优化方法、模式的执行方法、成效的评估方法以及政策试验方法等。而从政策的核心要素分，社会政策分析的方法可以包括以下分类[①]。

1. 社会政策的系统分析

该分析方法主要是从系统的观点出发，对社会政策所涉及的整体与部分、整体与外部环境的相互关系进行考察。一般需要构建一个定性或定量的研究模型，对社会政策所涉及的各个系统的目标、功能、费用、效益等进行分析，以此制定政策方案或对已有政策方案进行优化。具体来说，该分析方法包括

---

① 庄华峰，杨钰侠，王先进. 社会政策导论［M］. 合肥：合肥工业大学出版社，2005：258－269.

整体分析、结构分析、层次分析、相关分析和环境分析等。

2. 社会政策的意识形态分析

该分析方法是从意识形态和政治制度等宏观层面入手，分析不同国家、区域、制度背景下社会政策在价值、态度、理论以及运行方面的异同和优劣，从而明确社会政策的意识形态和政治制度的诸多要素和特征。该分析方法一般包括对自由主义、保守主义与新右派的社会政策理论，社会主义、社会民主主义以及新左派的社会政策理论，以及第三条道路的社会政策理论进行分析比较。

3. 社会政策的价值分析

该分析方法主要是基于社会政策的强价值介入的假设，对社会政策所涉及的对象、主体、运行、资源以及成效的偏好进行的分析评估。该分析方法主要探讨的是政策行动过程中对公平与效率、自由与控制、个体与集体、人道主义以及人权等问题的关注与分析，以此界定社会政策的本质与特征。

4. 社会政策的经济分析

该分析方法主要考察社会政策与经济发展水平的互动关系及其效率状况，具体来说，是在一定的社会经济发展水平基础上，考察微观经济活动、宏观经济活动与社会政策行动是如何相互影响与相互作用的，以及在这种相互作用下社会政策的效率如何得以保障。一般来讲，该分析方法包括社会政策的微观经济分析、宏观经济分析以及政策效率分析。

5. 社会政策的政治分析

该分析方法关注社会政治制度与社会政策行动的相互关系及其对社会政策功能与效果的影响，具体内容包括对社会政策政治功能、社会政策与政治体制关系、社会政策与公民权利关系、社会政策与国家和社会关系、社会政策与利益集团关系以及社会政策过程中公民参与等议题的讨论与分析。

6. 社会政策的社会分析

该分析方法主要考察社会政策如何受到社会理论、社会分层结构、社会流动、社会组织、社会问题、社会发展的影响，以及社会政策如何影响社会的结构与运行的过程与机制，最终探讨在现行社会体制下符合中国具体国情的社会政策理念、目标和模式。

7. 社会政策的国际分析

随着经济全球化的推进，经济竞争力的增强对各国社会政策的影响日渐明显，而国际移民的增多迫切要求有相关的制度安排用于保护移民的社会福利权益。各国资本市场、劳动力市场的趋同又为世界银行之类的超国家机构介入社会政策提供了可能。在经济全球化背景中，社会政策越来越具有了国际性和超国家的性质①。该分析方法主要考察全球化、全球规则、国际贸易以及国际组织活动对一国社会政策的影响程度、过程与机制。具体来说，该分析方法主要考察全球化与社会政策的关系、国际组织的社会政策行动、经济全球化背景下的社会政策议题等内容。

【考研真题】

一、名词解释题

1. 消极的社会福利（中国社会科学院大学，2024）
2. 福利国家（中央民族大学，2024）
3. 社会福利模式（中国农业大学，2024）
4. 福利的准市场机制（复旦大学，2024）
5. 惠普性社会福利模式（浙江大学，2024）
6. 资产建设（西安交通大学，2024；河海大学，2024）
7. 剩余型社会政策（河海大学，2024）
8. 儿童福利政策（东南大学，2024）
9. 弱势群体（湘潭大学，2024）
10. 制度型福利（云南大学，2024）
11. 混合型福利模式（西北大学，2024）
12. 救助性福利服务（西安交通大学，2024）
13. 青少年福利（西北农林科技大学，2024）
14. 社会投资理论（广东外语外贸大学，2024）
15. 普惠性社会福利（华中农业大学，2024）
16. 公共福利（中南民族大学，2024）

二、简答题

1. 简述社会政策平等的价值基础。（中央民族大学，2024）
2. 简述社会工作者在社会政策的不同层次和阶段中的角色。（北京师范

---

① 关信平. 社会政策概论［M］. 3版. 北京：高等教育出版社，2014：256.

大学，2024）

3. 简述社会福利的功能。（东南大学，2024）

4. 简述青少年福利需要。（东南大学，2024）

5. 简述福利史研究的三个主题。（南京大学，2024）

6. 简述宏观社会行政与微观社会行政的关系。（安徽大学，2024）

7. 简述社会福利的功能。（西安交通大学，2024）

8. 简述剩余型社会福利模式的基本特征。（大连海事大学，2024）

9. 简述社会福利的功能。（东北师范大学，2024）

10. 简述社会政策在帮助弱势群体上的作用机制。（华中科技大学，2024）

11. 简述影响社会政策决策的因素。（华中师范大学，2024）

三、论述题

1. 论述哪些理论有利于社会政策进行设计。（华东师范大学，2024）

2. 结合中国的现实情况，论述社会福利政策应对人口老龄化的作用与挑战。（浙江大学，2024）

3. 论述经济政策与社会政策全球化视角趋于一致的情况。（南京大学，2024）

4. 论述社会福利模式的类型，并评价我国社会福利制度与社会工作的关系。（郑州大学，2024）

5. 论述社会政策制定的一般程序。（广东工业大学，2024）

6. 论述国家、社会、个人责任共担的福利模式。（武汉大学，2024）

【职考真题】

1. 关于社会政策的说法，正确的是（　　）。

A. 社会政策对象是指具体实施社会政策的组织

B. 特惠型社会政策无需复杂的对象甄别程序

C. 普惠型社会政策易于避免"贫困烙印"问题

D. 改革开放以来我国社会政策的普遍型特点呈加强趋势

2. 根据《关于加强社会工作专业人才队伍建设的意见》对老年人福利机构、儿童福利机构、婚姻家庭服务机构、青少年服务机构等以社会工作服务为主的事业单位，可将社会工作专业岗位明确为主体（　　）岗位。（2023-2）

A. 管理　　　B. 工勤　　　C. 专业技术　　　D. 专业技能

3. 根据《关于加强和改进城市基层党的建设工作的意见》，关于提升党组织领导基层治理工作水平的说法，正确的是（　　）。（2023-33）

　　A. 社会组织负责人由"两委"决定

　　B. 整合党建、综治、城管等各类网格

　　C. 业主委员会成员由"两委"成员担任

　　D. 重点依托大型商超建好党群服务中心

4. 根据《中华人民共和国乡村振兴促进法》，建立健全党委领导、政府负责、民主协商、社会协同、公众参与、法治保障、科技支撑的现代乡村社会治理体制和（　　）相结合的乡村社会治理体系。（2023-34）

　　A. 自治、法治、德治　　　　　　B. 自治、法治、共治

　　C. 自治、善治、德治　　　　　　D. 法治、德治、善治

5. 高某、张某和舒某取得社会工作者职业资格证书后，拟共同出资10万元，创办社会工作服务机构，提供青少年社会工作服务。根据社会组织登记管理相关规定，创办该机构应当申请（　　）登记。（2023-40）

　　A. 社会团体　　　　　　　　　　B. 民办非企业单位

　　C. 基金会　　　　　　　　　　　D. 特别法人

6. 根据《中华人民共和国禁毒法》，下列吸毒成瘾人员，应当对其作出强制隔离戒毒决定的有（　　）。（2022-68）

　　A. 秦某，15周岁，某中学在读学生，拒绝接受社区戒毒

　　B. 魏某，21周岁，在社区戒毒期间吸食毒品

　　C. 赵某，25周岁，社区康复期间再次注射毒品

　　D. 韩某，30周岁，严重违反社区戒毒协议，4次拒绝接受检测

　　E. 乔某，35周岁，正在哺乳自己8个月的儿子，社区康复后再次吸食毒品

7. 根据《城市生活无着的流浪乞讨人员救助管理办法实施细则》，受助人员出现下列情形，救助站应当终止对其救助的有（　　）。（2023-63）

　　A. 被发现故意提供虚假信息、误导救助站工作人员

　　B. 以不适宜居住为由，自行离开救助站的

　　C. 患急病送医救助，已度过危险期

　　D. 与其他受助人员发生口角，扰乱救助站秩序

　　E. 救助期已满，无正当理由不愿离站

8. 根据《中华人民共和国未成年人保护法》对临时监护的未成年人，民政部门可以采取的安置方式包括（　　）。(2023-65)

    A. 委托亲属抚养

    B. 委托家庭寄养

    C. 交由符合条件的申请人收养

    D. 交由儿童福利机构进行抚养

    E. 交由未成年人救助保护机构进行收留

9. 根据《信访工作条例》，关于信访工作的说法，正确的有（　　）。(2023-67)

    A. 信访工作是党的群众工作的重要组成部分

    B. 信访工作是党和政府了解民情、集中民智、维护民利、凝聚民心的一项重要工作

    C. 信访工作是各级机关、单位及其领导干部、工作人员接受群众监督、改进工作作风的重要途径

    D. 信访工作是各级机关、单位及其工作人员处理诉讼请求的一种重要方式

    E. 信访工作坚持源头治理化解矛盾，着力点放在源头预防和前端化解

10. 根据《中共中央 国务院关于加强基层治理体系和治理能力现代化建设的意见》，关于加强村（居）民委员会规范化建设的说法，正确的有（　　）。(2023-71)

    A. 坚持党组织领导基层群众自治组织制度

    B. 建立基层群众自治组织法人备案制度

    C. 增强村居委会行政执行能力

    D. 增强村居委会仲裁调解能力

    E. 加强集体资产管理

【参考答案】1. C　2. C　3. B　4. A　5. B　6. ABCD　7. ADE　8. ABCD　9. ABCE　10. AB

【传统文化】

1. 大道之行也，天下为公，选贤与能，讲信修睦。故人不独亲其亲，不独子其子，使老有所终，壮有所用，幼有所长，鳏寡孤独废疾者皆有所养，

男有分，女有归。货恶其弃于地也，不必藏于己；力恶其不出于身也，不必为己。是故谋闭而不兴，盗窃乱贼而不作，故外户而不闭，是谓大同。

——《礼记·礼运》

2. 不以仁政，不能平治天下。　　　　　　　——《孟子·离娄上》

3. 德惟善政，政在养民。　　　　　　　　　——《尚书·大禹谟》

4. 所谓平天下在治其国者，上老老而民兴孝，上长长而民兴悌，上恤孤而民不倍。是以君子有絜矩之道也。　　　　——《礼记·大学》

5. 民之为道也，有恒产者有恒心，无恒产者无恒心。

——《孟子·滕文公上》

6. 政之所兴，在顺民心；政之所废，在逆民心。　——《管子·牧民》

7. 老吾老，以及人之老；幼吾幼，以及人之幼。

——《孟子·梁惠王上》

8. 救人须救急，施人须当厄。　　　　——冯梦龙：《醒世恒言》

9. 为政之道，以顺民心为本，以厚民生为本，以安而不扰民为本。

——《二程集·河南程氏文集》卷五

10. 凡是人，皆须爱。天同覆，地同载。　　——李毓秀：《弟子规》

【原声再现】

1. 丧失工作能力对于任何一个不愿意当畜生的人来说，事实上等于宣判死刑。　　　　　　　　　　　　　　　　　　　　——马克思

2. 一切空话都是无用的，必须给人民以看得见的物质福利。

——毛泽东：《经济问题与财政问题》

3. 一定要努力帮助群众解决一切能够解决的困难。暂时无法解决的困难，要耐心恳切地向群众解释清楚。

——邓小平：《贯彻调整方针，保证安定团结》

4. 社会政策要托底，就是要守住民生底线，做好就业和社会保障工作，切实保障群众基本生活。

——2015年11月10日，习近平在中央财经领导小组第十一次会议上的讲话

5. 面对复杂的国内外经济形势，要把保障和改善民生紧紧抓在手上，切实托住这个底。财政等公共资金配置使用要向民生领域倾斜，民生支出要保

住、切不可随意挤压。要突出重点，针对群众最关切的就业、教育、医疗、住房、养老、脱贫等问题发力。出台政策措施要深入调查研究，摸清底数，广泛听取意见，兼顾各方利益。政策实施后要跟踪反馈，发现问题及时调整完善。要加大政策公开力度，让群众知晓政策、理解政策、配合执行好政策。

——2016年5月23—25日，习近平在黑龙江考察调研时的讲话

【时代之声】

1. 2023年2月13日，中共中央、国务院发布《关于做好2023年全面推进乡村振兴重点工作的意见》，提出"深化农村社会工作服务。加快乡镇区域养老服务中心建设，推广日间照料、互助养老、探访关爱、老年食堂等养老服务。实施农村妇女素质提升计划，加强农村未成年人保护工作，健全农村残疾人社会保障制度和关爱服务体系，关心关爱精神障碍人员""实施乡村振兴人才支持计划，组织引导教育、卫生、科技、文化、社会工作、精神文明建设等领域人才到基层一线服务，支持培养本土急需紧缺人才"。

2. 2023年3月，中国共产党二十届二中全会审议通过《党和国家机构改革方案》，明确提出组建中央社会工作部，划入民政部的指导城乡社区治理体系和治理能力建设、拟订社会工作政策等职责，统筹推进党建引领基层治理和基层政权建设。中央社会工作部的组建，加强了党中央对社会工作的集中统一领导，将促进社会工作在推进国家治理体系和治理能力现代化上发挥更加重要的作用。

3. 2023年3月，中共中央办公厅、国务院办公厅印发《关于进一步完善医疗卫生服务体系的意见》，要求健全医务社工和志愿者服务制度。

【榜样力量】

阮曾媛琪，原任香港理工大学校长高级顾问及应用社会科学系名誉教授，曾任香港理工大学副校长、香港高等教育资助委员会委员、凯瑟克基金会理事、百贤亚洲研究院执委、香港公共行政学院理事、香港社会工作人员协会名誉会长、全国妇联执委、中国社会工作人员协会荣誉顾问、中国社会工作教育协会顾问、中国宋庆龄基金会第六届理事会理事、北京大学－香港理工大学中国社会工作研究中心联席主任、国际社会工作教育联盟前主席。阮曾媛琪教授曾获香港特别行政区政府委任太平绅士及铜紫荆星章、2017年度中

国十大社工人物、2018年陕西省"一带一路"教育合作贡献奖。

说起阮曾媛琪和中国社会工作的缘分要追溯到1986年。当时阮曾媛琪为亚太区社会工作教育协会义务秘书,她在协会发起成立"中国联络小组",希望能参与在中国内地推动社会工作,周永新教授为那时的小组主席。阮教授回想当时热心推动这工作的原因,说:"社会工作是一个助人自助的专业,以专业方法去解决社会问题、提升人民生活素质、促进社会进步。我一直对祖国很有情怀,希望有机会能以自己的专业去服务祖国。"

那时,北京大学在中国民政部、教育部的支持下,正在筹备建立社会工作专业。时任系主任的潘乃谷教授、副系主任王思斌教授、学术委员会主席袁方教授与阮曾媛琪及中国联络小组成员一拍即合,开始筹备研讨会及日后一系列的师资培训班,跟进各项工作。这亦令阮曾媛琪踏上了她与中国内地社工教育30年不离不弃的合作道路。

"社会工作到底是什么?为什么中国需要社会工作?"1990年,阮曾媛琪及香港理工大学老师到北京大学社会学系,给社会工作专业学生上课时,常常被来听课的老师和学生们追问。"我们在香港从事社会工作从来没有考虑过这个问题,认为是理所当然的,因为社工在国际上是被认可的专业,没有想过是否需要有这行业这个问题。"正是这些问题,激发了两校日后对中国社会工作本土化的研究及探索,令两校在之后的二十多年里,着力建立适合中国国情的社会工作专业。

阮曾媛琪将她推崇的"能力建设"社会工作模式,应用到在中国社会工作学科建设的进程中。在她看来,她当年与北京大学老师共同发展社会工作的过程便是一个三方能力建设的过程,不单单建设学生的能力,亦是建设服务对象的能力及社工老师自身的能力。"我们是合作伙伴,共同摸索适合中国的社会工作方法,是一个充满挑战但亦极为有满足感的学习及建构过程!"

阮曾媛琪一方面寻求香港及华人社会的社工教育界在师资培训方面的支持,同时与国外的大学进行联络,建立交流合作关系,使内地社工学者可以到海外考察,开阔视野。她说,要感谢英国诺丁汉大学协助安排了连续五年的专题考察交流。"我们差不多每年都有一次这样的活动,到英国去学习他们的社会工作。白天学习考察,晚上就聚在一起秉烛夜谈,开研讨会,把所见所闻一同讨论及分析。"一起奋斗的伙伴形成了一个紧密的团队,"这对之后社会工作的发展非常有帮助"。

2000年,香港理工大学与北京大学决定开办一个社会工作硕士课程,培养一批有专业能力、对发展中国社会工作有承担的社会工作老师及未来领军人。该课程的学生后来纷纷成了农村社会工作、青少年矫正工作、企业社会工作、社区精神健康、困境儿童及灾后重建社会工作等服务模式的领军人物,在中国内地推动相关服务的发展及研究,并参与政府服务政策的推展。无论在云南的贫困山区里、在北京的老城区,还是在湖北农村、在上海街道、在精神医院、在企业……这种多方合作的模式都得到了实践,也带来了积极的改变。阮曾媛琪说:"现在这门课程的学生们仍然努力不懈地在跟进这些项目,不断以多方伙伴合作的方法去完善实践模型,并把它们应用到全国有需要的地方及角落,为百姓谋福祉。"

阮曾媛琪教授认为社会工作的未来是光明的,并希望在下一个十年可以积极建构未来的社会工作理论及实践模式,并在国际社会工作群体中发声,把中国的经验与国际社会分享;更希望在不久的将来,中国社会工作群体所建构的社会工作学派能够与欧美各国的社会工作学派分庭抗礼,并成为社会工作的主流部分,影响国际社会工作的发展,贡献人类福祉。

阮曾媛琪教授寄语:"未来在你们手中,现在你们要接过接力棒,坚持自己的理想,为社会工作专业去为国家及人民贡献自己的一份力量!"

【延伸阅读】

1. 关信平. 社会政策概论[M]. 3版. 北京:高等教育出版社,2014.

2. 杨伟民. 社会政策导论[M]. 3版. 北京:中国人民大学出版社,2019.

3. 布莱克默. 社会政策导论[M]. 2版. 王宏亮,朱红梅,张敏,等译. 北京:中国人民大学出版社,2009.

4. 熊跃根. 社会政策:理论与分析方法[M]. 北京:中国人民大学出版社,2009.

5. 李迎生. 社会政策、三次分配与全体人民共同富裕[J]. 江苏行政学院学报,2022(4):58-65.

6. 关信平. 中国共产党百年社会政策的实践与经验[J]. 中国社会科学,2022(2):103-122,206.

7. 熊跃根. 大变革时代的社会政策范式与实践:共同富裕的中国道路

[J]. 江海学刊, 2022 (1): 134-143.

8. 林闽钢. 中国社会政策体系的结构转型与实现路径 [J]. 南京大学学报（哲学·人文科学·社会科学）, 2021, 58 (5): 27-34, 157-158.

9. 郭伟和. 从链式学科关系到职业能力为本的知识整合模式: 再论社会学与社会政策和社会工作学科的关系 [J]. 社会政策研究, 2021 (3): 77-88.

10. 马凤芝. 从社会工作与社会政策关系看社会工作的政策品性: 兼论社会政策在社会工作中的走向 [J]. 河北学刊, 2022, 42 (1): 180-190.

【影音赏析】

1. 电影《遥望南方的童年》

导演: 易寒

主演: 易志兵、何伟欣、谢嫒

剧情简介: 由于父母大都去南方城市打工, 村中剩下的基本都是老人和儿童。小学教师易明堂不忍这些孩子重蹈父辈的路, 决定开办一所家庭幼儿园, 教孩子们学文化, 下岗的妻子当园长, 初中生李响当了老师。由于条件简陋, 易明堂腾出家中祖宅做孩子们的活动场所。幼儿园开班后, 各种意想不到的困难接踵而至, 有的家庭连低廉的学费都交不起。陀陀因李响教育失当离园出走, 李响很是内疚, 她想报考师范学校系统地学习; 秀秀的妈妈打工回来, 女儿竟不认她, 加之丈夫有了外遇, 她伤心地离开了家乡; 由于易明堂没有办学资质, 乡里勒令他关闭幼儿园。令易明堂心酸的是, 这些留守儿童将来怎么办……

2. 电影《地久天长》

导演: 王小帅

主演: 王景春、咏梅、齐溪等

剧情简介: 影片讲述患难与共的两个家庭因为一场有隐情的意外被迫疏远, 他们在时代洪流下历尽伤痛与不安, 人生起伏跌宕, 最终选择面对真相, 坦荡向前的故事。年轻的刘耀军和沈英明两家人本是挚友, 两家儿子沈浩和刘星在郊外嬉戏中, 耀军的儿子刘星意外身亡, 此事彻底改变了两家人的命运。刘家夫妇远赴南方。多年后, 容颜已老的他们再次相聚, 隐藏的真相终将因为年轻一代人的坦荡而揭开。岁月流逝, 生命滚滚向前……

第十一章 社会政策分析

【复习思考】

1. 社会政策主要领域有哪些?
2. 东西方社会政策发展的历史演变有何异同之处?
3. 社会政策与人的需要的关系?
4. 当前我国社会政策的主体有哪些?
5. 社会政策的资源有哪些来源?
6. 东西方社会政策运行机制有何不同之处?
7. 影响社会政策决策的主要因素有哪些?
8. 当前我国社会福利政策领域有哪些漏洞或局限?
9. 全球化对当前我国社会政策发展有何影响?
10. 发展性社会政策模式有何特征?
11. 21 世纪以来我国社会政策的最新发展趋势?

【个人成长】

1. 作为一名大学生,在你的生命历程中享受过什么社会福利政策?
2. 作为一名大学生,当前我们可以享受的社会福利政策有哪些?
3. 你认为学好社会政策对我们个人发展有何益处?
4. 你对当前我国哪项社会福利政策比较熟悉,为什么?
5. 社会福利政策与我们每一个人有何关系?

| PPT 课件 | 考研真题 | 职考真题 | 法律法规 |

第十二章 社会工作研究

【课前导读】

科学，不仅要知其然，更要知其所以然。作为一门实践性人文社会科学，社会工作不仅要知道服务对象处于困境而急需帮助，更要明白服务对象处于何种困境、为什么会处于困境、通过什么因素的改变可以解困救难，并帮助服务对象得以可持续发展。对这些问题的持续追问与探索，就是社会工作研究的主要责任。正如医学研究在于揭示疾病发生发展的症状、机制及其治疗之策一样，社会工作研究的目的也在于揭示人与环境互动问题的症状、机制及其应对之策。本章主要分享的内容包括社会工作研究的基本含义、主要类型、一般程序、方法技术以及评估研究法等。通过以上内容的学习，同学们可以掌握社会工作研究的理论知识与方法技术。

【核心概念】

社会研究、社会工作研究、社会工作研究伦理、定量研究、质性研究、归纳推理、演绎推理、假设演绎法、研究报告、社会调查法、个案研究法、实验研究法、行动研究法、循证研究法、评估研究法、需求评估、理论评估、过程评估、影响评估、方案开发

【重点难点】

重点一：社会工作研究的基本程序。

重点二：社会工作研究的主要方法。

难点一：社会工作研究的方法论。

难点二：社会工作的评估研究法。

第十二章 社会工作研究

> 【内容精要】

第一节 社会工作研究基本概念

一、社会工作研究的定义

1. 社会工作研究的定义

科学的研究是社会工作发展的前提和基础,更是社会工作服务成效的保障。因此,作为社会工作方法的一个重要组成部分,社会工作研究不仅要对服务对象、社会问题以及社会环境等的状况、成因及其发生发展规律进行探讨,更要对社会工作自身专业发展、职业发展、服务过程以及价值伦理等进行探讨。可见,社会工作研究不仅是社会研究的具体体现,更是社会工作服务和发展的重要内容。

因此,社会工作研究是运用社会研究的一般方法和技术,一方面对社会工作服务过程中人、环境以及人与环境互动的结构、过程、机制及其对策进行探讨;另一方面对社会工作专业、学科、职业以及社会认可等方面进行分析探讨,并最终促进社会工作服务成效和专业发展的过程。

2. 社会工作研究的类型[1]

(1) 从内容而言,社会工作研究可以分为基础知识研究和本体知识研究。前者回答为什么,主要探讨社会工作理论的可能性与可行性;而后者回答是什么和怎么做,主要与社会工作过程有关,探讨社会工作理论的可为性与运用性,具体又包括理论知识和实务知识研究。比如,探讨社会工作的需求哲学,就属于基础知识研究;而社会工作服务中的需求理论则属于本体知识研究中的理论知识研究;具体到如何开展需求评估以及需求是什么的研究,则属于本体知识研究中的实务知识研究。

(2) 从结构而言,社会工作研究可以分为整体研究和部分研究。前者是

---

[1] 全国社会工作者职业水平考试教材编写组. 社会工作综合能力:中级 [M]. 北京:中国社会出版社,2009:301-302.

对某个完整理论或模式进行探讨，比如基于中国文化特质对 ABCDE 模式的结构、理论进行修订；后者是探讨某个理论或模式的局部内容。

（3）从类型来看，社会工作研究可以分为理论性研究和运用性研究。前者是对社会工作思想哲学、社会政策、制度文化、机构功能、国际规则、本土智慧等方面的研究，包括社会工作的理论基础、介入模式、工作过程与方法以及各类实务理论等，比如关于社会问题发生发展机制、社会工作疗法创新以及模式创新的研究；后者则是对服务对象问题、社会工作服务中的问题进行的需求分析、介入干预以及对策建议等方面的研究，比如社会工作的介入研究、干预研究、实践研究以及行动研究等。

二、社会工作研究的特征

作为社会工作方法的一种具体形态，社会工作研究既有社会研究的描述性、解释性以及对策性特征，也有社会工作的实践性、运用性以及干预性特征。但社会工作研究最核心的特征还是其实践性，即不仅在于认识人及其环境，更重要的是改造人及其社会环境。具体来说，社会工作研究的这种实践性或者说改造性，体现为以下几个方面：

1. 研究对象主要是困难群体及其相关议题

社会工作研究的对象是社会工作服务对象的问题、需求以及相应的服务，涉及不同场域中的不同群体，但主要围绕弱势群体的问题、需要及其服务而开展，具体包括老、弱、病、残、穷以及有特殊需要的群体及其服务。

2. 研究视角具有结构性和整合性

社会工作要将服务对象放在其社会历史文化脉络中进行分析和探讨，不仅探讨不同生命周期中服务对象的生理、心理、社会以及灵性特征与需求，更要探讨服务对象所处的时间、空间以及关系维度，并从中分析问题发生发展的机制、应对的视角与模式、服务的方法与技术等。尤其要指出的是，社会工作研究往往将个人问题与社会结构、文化变迁以及阶层流动等联系起来，从社会层面来分析和研究个人问题。

3. 始终坚持尊重接纳和社会公正等社会工作价值伦理

社会工作研究不仅仅是为了描述和解释问题，而且要注重问题的解决之道，最重要的是通过研究来促进人与环境的良性互动，最终实现人的解放与发展。在此过程中，社会工作者特别强调对人的尊严和价值的强调，维护研究对象的自我决定以及最大利益，维护社会公平正义等。

4. 坚持维护人的价值尊严、促进专业发展以及完善社会福利制度的整合性目标

社会工作研究的目标不仅包括微观层面对个人问题和需求的分析以及服务改善，也包括中观层面促进社会工作专业理论与实务的创新发展，更希望在宏观层面推动政策完善、制度健全以及文化变迁。

5. 研究主体具有包容性，角色具有多元性

一方面，社会工作研究具有强烈的包容性，强调研究者的主动性和探索性，更强调被研究者成为自己的问题和需求的主体，从而实现研究者与被研究者共同行动以揭示问题、需求和服务的真实过程和机制。另一方面，社会工作研究具有角色多元性，研究者成为研究设计者、资料收集者、问题分析者、需求发现者、服务改善者、资源提供者以及政策倡导者等，被研究者也可以发挥其主动性，成为需求表达者、问题呈现者、方案改进者、服务推动者、创新参与者等。

三、社会工作研究的目的

根据前述社会工作的本质和特征，社会工作研究的目的具有多维整合性，具体包括：

1. 研究对象层面，主要是分析和探讨服务对象问题、行为及其需求特征，揭示其心理及社会功能发展的规律和机制，并探索对应之策。

2. 社会工作实践层面，主要是开展深入的需求调查与评估，策划社会工作服务模式、工作方案、干预技术以及成效评估。

3. 社会工作专业层面，主要是探讨社会工作理论框架、服务模式、专业关系、干预过程、方法技术以及创新理论的可能性与可行性。

4. 社会福利制度层面，主要是分析社会福利制度的实施状况、存在问题及其改善空间，提升社会福利整体水平，促进社会公平正义。

四、社会工作研究的伦理

1. 自愿参与和知情同意

该伦理要求研究者在开展研究过程中，不能用任何强迫、威胁或利诱影

响参与者的行为，并在研究全过程告知所有与参与者利益相关的信息，尊重参与者的自行和自由决定。

2. 参与者无伤害和利益最大化

为了避免二次伤害，社会工作研究在选题和设计的开始就要注意到可能给参与者带来伤害的风险并做好预案，可以采取更为间接的方式来获取信息，也可以在研究过程中同时开展相应的辅导服务。

3. 匿名和保密

一方面，研究者要通过匿名化措施来保证研究参与者的个人信息和隐私无法被识别；另一方面，研究者不仅要营造相对隐私的研究环境，而且要对所收集的资料进行匿名化处理和保密存档，避免信息泄露，成果发表也需要征得被研究者认可等。

4. 真诚信任与价值中立

一方面，研究者不可为了研究便利性故意隐瞒身份或采用欺骗手段。在相关法律和伦理委员会等部门认可的情况下，可以对部分特殊群体开展研究，但也需要在不伤害原则下进行。另一方面，研究者对于参与者生理、心理、社会以及灵性等方面的特征要始终坚持尊重接纳的态度，采取科学理性、客观中立的态度，避免价值判断和社会歧视等。

5. 研究结果的公开、分享和接受检验

研究成果必须清楚介绍研究背景，不可有任何欺骗，应客观报告和分享研究结果和研究不足，并通过公开方式接受其他专业人士的检验与批评。

第二节 社会工作研究一般过程

一、社会工作研究的一般逻辑

1. 科学环的逻辑架构[1]

社会工作研究有其逻辑过程，理论和研究在其中不断互动。美国社会学

---

[1] 顾东辉. 社会工作概论 [M]. 2版. 上海：复旦大学出版社，2020：244-245.

家华莱士认为研究有两个途径：其一，研究者观察和记录事实，并进行描述和解释，再将其上升到理论，然后，基于该理论对未知事物进行假设，通过新的事实进行检验。其二，研究者从理论出发，产生假设，再去观察，并用基于观察的经验概括去支持、反对或修改该理论，或提出新理论。

2. 归纳推理、演绎推理和假设演绎法

（1）归纳推理是从观察到的资料出发，加以概括，从而解释事物之间的联系，是由经验上升为理论的过程。

（2）演绎推理是从某个普遍法则出发，将其运用到具体事例，是在应用中检验理论的过程。

（3）假设演绎法（又称试错法）由归纳和演绎构成，与科学环的逻辑一致。基本思路是：根据某个具体问题，寻找某个或某些解释理论，根据上述理论提出尝试性假设并将其具体化，然后进行观察以检验假设，如果检验结果与前述理论不一致，说明所引理论在说明该问题时存在不足，需要补充或修订，或者提出新的理论，然后根据新理论提出新假设，再次进行观察、检验和修改。如此演进，直至理论完全解释研究问题。

3. 社会研究的一般过程[①]

社会研究一般由几个相互联系、循环互动的步骤组成，具体包括：

（1）选题，即在个人经历、社会观察或者文献阅读的过程中，发现自己感兴趣并有意义的社会现象，并将之归纳为研究题目。比如不婚不育、网络诈骗、青少年犯罪、双重关系、职业倦怠、自我概念、社会歧视等。

（2）聚焦研究问题，即将某个研究题目具体化为可以描述或者解释的具体研究问题。这往往需要经过深入系统的文献回顾和评述之后才可以得出，并能根据相应的理论框架做出一个可能的回答，即研究假设。在质性研究过程中，这种研究假设往往会被省略掉。

（3）研究设计，即在明确研究问题之后，详细设计研究的方案，包括研究对象的选取、资料收集方法、资料分析方法以及可能的伦理限制等。

（4）资料收集，即按照研究设计的方案，开展具体的问卷调查、实地访谈、文本收集、案例分析、服务实践以及实验控制等。

（5）资料分析，即对所收集的资料进行整理、汇总、编码以及核验，并

---

① 王思斌. 社会工作概论 [M]. 3版. 北京：高等教育出版社，2014：425-429.

通过定量和定性资料分析方法去描述、解释或者赋予资料相应的关系或意义。

(6) 解释资料，即对所整理好的资料进行分析或者解释，从中发现一些关系、模式以及机制等。

(7) 结果报告，即研究者将研究发现进行总结，并写作成文，向社会汇报自己的研究背景、研究方法、主要发现以及可能的运用空间。

二、定量研究的一般过程[①]

(一) 研究准备

1. 确定研究议题

研究问题可以是由下而上的居民需要，可以是由上而下的政府福利推进需要，也可以是社会工作实务拓展需要。查阅文献和初步探索是确定研究问题的前期工作。

2. 建立研究假设

建立研究假设就是尝试提出两个变量之间的关系，是指导研究、联系概念和事实、探求新知识的基础。

3. 进行研究设计

进行研究设计包含确定研究类型、进行研究操作化、制定研究方案等工作。确定研究类型就是明确进行研究采用的研究方法。具体内容包括：（1）选取调查对象；（2）确定分析单位，即确定资料的最终载体；（3）细化研究内容；（4）将理论概念转化为可测量指标；（5）假设的操作化。

(二) 资料收集

调查员要根据督导员的指导执行随后工作。与此同时，研究者或督导员要抽查所回收的资料，发现可疑信息时要进行重访或剔除该资料。

(三) 资料研究

1. 资料整理

资料整理包括如下工作：一是进行资料编码；二是将完成编码的资料输入电脑，并进行逻辑检查和幅度检查。

---

① 全国社会工作者职业水平考试教材编写组. 社会工作综合能力：中级 [M]. 北京：中国社会出版社，2009：314-316.

2. 统计分析

统计分析是分析变量状况及其变量关系的主要手段,可以分为以下 4 个层面:(1) 描述单变量的集中趋势和离中趋势。(2) 发现双变量间的关联状况。(3) 探索多变量间的关系。(4) 如果研究采用随机抽样选择被研究对象,就可以根据样本的指标值推论总体的相应指标值(参数值)。

(四)研究总结

一是说明本研究有何发现,在各个指标状况描述、指标之间关系检验、多个指标关系分析的基础上,说明研究问题的回答情况和研究目标的达成状况。

二是针对研究发现的特殊现象和没有验证的假设,提出尝试性解释。

三是针对有关概念和理论、研究本身或研究问题,提出对策和建议。

三、定性研究的一般过程[①]

(一)研究准备

定性研究的准备阶段需要选择调查对象和确定研究方法。研究者还要做好联络被研究对象、收集相关资料、形成初步的资料收集思路等其他准备。

(二)资料收集、整理和分析

1. 研究者要通过正式或非正式联络方式进入现场。

2. 收集和记录资料。研究者通过语言、行动参与等方式,与被研究对象进行互动,观察情境、活动、人际关系等场景细节,发现研究对象、所处场景及其两者互动的显性信息和隐性信息。

3. 整理资料和建立档案。在资料收集过程中,研究者要及时对原始资料进行整理。

4. 分析与收集的互动。针对初次所获资料的不足,研究者要不断累积、丰富资料。

(三)研究总结

定性研究的总结旨在从丰富繁杂的资料中,由表及里,去伪存真,由浅

---

① 全国社会工作者职业水平考试教材编写组. 社会工作综合能力:中级 [M]. 北京:中国社会出版社,2009:316-317.

入深，提炼某个概念、变量关系乃至理论。针对有关概念和理论、研究本身或研究问题提出对策和建议也是其重要任务。定性研究也应形成研究报告，并将研究结果与社会分享。

定性研究以当事者视角看待事、物、人、环境，细致探讨人与人、人与事的互动。从大量资料中寻找意义、模型或架构，以获取真实、丰富、有意义的信息，进而把握事实的本质和整体。但是，这些目标很少有被一致接受的标准。定性研究的品质取决于研究者的综合实力，研究者需要不断提升综合分析力、判断力、创造力、洞察力和抽样思维能力，采用旋进思维。

四、研究报告的撰写[①]

1. 社会工作研究报告的一般结构

（1）标题。标题可以采用单标题或双标题形式，用词简单明确。

（2）引论。引论可以开门见山，让读者初步领悟全文结构。让读者了解研究的对象、方法、问题、目标和意义，推知研究报告的基本结构。

（3）研究问题、目标和意义。研究问题必须与题目中关键词相关，研究目标可从回答研究问题和提出对策建议两个视角说明，研究意义主要体现在理论、实践和方法方面。

（4）文献回顾。首先，要说明研究的关键词；其次，梳理与研究相关的成果，文献回顾应有适当的涉及面并有历史视角；最后，可以根据资料提炼，形成研究架构，并对所涉及的概念进行操作化说明。

（5）研究方法。方法就是说明本研究如何收集资料、分析资料。定量研究需要说明研究总体和调查总体、样本选择方法、样本特征、问卷或量表中具体测量指标的来源及其信度系数、资料的审核整理和变量形成及统计分析的主要技术、研究局限等。定性研究需要说明对象来源、选择方法、研究对象特征、粗略的访问或观察指引及其动态修订办法、资料的动态整理和分析、资料的可信度、研究局限等。

（6）研究发现。本部分必须与研究架构、文献回顾的结构呼应，并注意资料的时间和逻辑。一般而言，定量研究要说明各个变量及其关系的统计值

---

① 全国社会工作者职业水平考试教材编写组. 社会工作综合能力：中级[M]. 北京：中国社会出版社，2009：318-320.

及其推论状况，并对统计结果进行说明。定性研究或者采用分类方法，将研究结果按照一定主题归类，然后分门别类地加以说明；或者采用情境型方式，按事件发生的时间序列或事件之间逻辑关系对研究结果进行描述；或者结合前述两种方式展示。

（7）讨论和建议。社会工作研究的本土价值和理论意义可能就在本部分得以充分展现。在此基础上，研究者要基于"正常"发现、"异常"发现及其解释，参照研究架构，针对原因机制中的可变原因和可控原因，对相关主体提出可行建议。

（8）附录。附录包括测量工具（如问卷、大纲）、某些计算结果等，以备读者在阅读正文时查询。

（9）参考文献。一方面反映作者对他人说法或研究成果的尊重，另一方面可以协助读者在希望了解有关内容时有案可查。

2. 社会工作实务研究报告的基本结构

（1）项目方案书的基本结构与需求评估报告有较大区别，包括主题、基本背景、需求评估、项目目标、工作模式、实务内容、经费结构、时间进度、附录、参考文献等部分。

（2）项目总结报告是实务工作的总结，其内容在项目计划书基础上有所扩展和深化。其基本结构包括主题、项目背景、需求评估（问题表现及基于文献或实证研究的原因分析）、项目目标、工作模式、实务内容、服务效果、讨论和建议、附录、参考文献等部分。

第三节 社会工作研究主要方法

一、调查研究法

调查研究法，是指以客观的态度、科学的方法、合作的步骤，在确定的时空范围内，对某种社会情况或问题进行系统的实地考察与资料收集，并做出分析研究，以了解、掌握及改进该情况或问题。调查研究法在实际运用过程中主要采用以下两种方法收集资料：

(一)问卷法

1. 定义:问卷法也称问卷调查,是通过采用一种预先设计好的结构化、标准化的问卷来收集资料。

2. 基本程序:设计问卷、发放问卷、填答问卷(此项由调查对象完成)和回收问卷。

3. 分发方式:(1)为当面分发法,这种方式可现场解答调查对象的问题,减少误差,回收率高,但由于涉及调查员较多,不宜大范围开展。(2)邮寄问卷法,这种方法节约人力、经费、时间,但所涉及问题一般比较简单,资料可靠性受限,问卷回收率不能得到保证。

(二)访问法

1. 定义:访问法也称访谈法或访问调查法,是通过研究者与研究对象之间的有目的的谈话以收集研究所需资料的一种研究方法。

2. 类型包括:(1)结构性访谈,即按事先周密设计的详细的调查提纲或调查表进行访谈。这种访谈所获得的资料便于整理、分析。(2)非结构性访谈,即事先只有一个粗略的提纲或大致的框架,调查中只就与研究问题有关的一些关键性问题询问调查对象。这种方式比较灵活、有弹性,能深入了解有关问题。

二、个案研究法[①]

作为一种个别性、深度化、描述性和全面性的研究方法,个案研究通过个案选取、信息收集、精密诊断、正确记录以及多维观察等方法,对单个对象(个人、家庭、机构、群体、文化乃至社区)的结构、关系及其运行过程进行深入细致的分析与探讨,来了解该个案的独特性和丰富性的研究过程与方法。

个案研究法偏重于探讨当前的事件,强调对事件的真相、原因等方面做深入、周详、历史的考察,了解其详细状况、发展过程及与社会场景的联系,提出处理问题的方法。寻找原因、提出策略、建构理论、协助发展和提升绩

[①] 范明林,吴军,马丹丹. 质性研究方法[M]. 2版. 上海:格致出版社,2018:244-248.

效是其目标。

根据个案研究法的描述,可以发现其有以下特征:一是研究者进入研究对象的生活场域,在自然情境下观察和探讨问题;二是研究者通过多种方式深入探究研究对象的生活复杂性,以进一步了解其内在信念和行为的互动关系;三是研究者坚持从政治、经济以及历史文化的脉络对个案进行持续深入的观察和分析;四是研究者综合运用归纳、比较、对照等方式进行资料分析,以发展出新的理论或逻辑。

个案研究包含确定研究对象、获准进入、取得信任和建立友善关系、收集资料(观察和访谈为主)、整理和分析资料、报告研究结果等。在社会工作领域运用个案研究法时,虽然要收集与服务对象相关的各种资料,但更重视对服务对象本身感受的资料收集;强调研究与实用的结合,研究的主要目的在于提出有效的干预、治疗方案;注重有关改变行为的模式的总结、推广,通过个案研究来探讨行为改变的模式或机制。

随着社会现象的日益复杂和研究的需要,英国社会人类学的曼彻斯特学派提出了拓展个案法。该方法以反思性科学为基础,采用参与观察法,以双方互为主体性为场域假设,从宏观视角和历史情景审视个案,再从个案反思和剖析宏观结构因素,实现了从"特殊"中抽象"一般",以及将"微观"移动到"宏观",并将"现在"和"过去"连接起来以预测"未来",最终实现理论的重构与创新。

三、实验研究法[①]

实验研究法也称实验设计法,它是按照一定的程序,通过人为控制和改变某种(某些)条件,对研究对象的状况进行观察、记录,发现其变化并分析变化发生原因的一种研究方法。其目的包含了两个部分的内容:其一是把客观世界的逻辑复制到特定的实验场景中来;其二是把实验结果推及客观世界。

实验研究基于因果关系,把研究问题置于特定场域中,通过严格的控制和策划,最终体现研究变量及其关系。这一逻辑过程包含了自变量和因变量、

---

① 风笑天. 社会研究方法 [M]. 5版. 北京:中国人民大学出版社,2018:159-165.

实验组和对照组（或控制组）、前测和后测三对要素。常用的实验研究法包括标准实验设计、准实验设计、实地实验等几种类型。

实验研究的具体做法是：（1）根据随机原则，将研究对象分为实验组和控制组（随机原则的运用在于保证两组成员的相似性）；（2）分别测量、记录两组成员在所要研究问题方面（如研究对象的特定行为）的状况；（3）对实验组施加一定的条件，对控制组则不施加任何影响；（4）再次测量、记录两组成员在所要了解问题方面的状况；（5）比较两组在所要研究问题上的差异。

四、行动研究法[①]

行动研究法强调研究者与研究对象共同参与实际的社会行动或实践活动，通过对行动的评价和反省，以发现达成预期的社会变迁或改革的有效手段、方法与途径。行动研究法反对将研究者与研究对象严格区分的传统做法，强调研究者是研究对象的一部分，在与研究对象的共同行动中从事研究。

1. 行动研究的过程

包括：（1）计划，即行动者一起发现共同活动中存在的问题，分析其成因，设计解决的策略或计划；（2）行动，即实施上述策略或计划；（3）观察，即详细观察、评估实施行动的细节和效果；（4）反省，即对评估结果、行动过程进行反思，得出改变策略正确与否的结论。如果还有问题，这一过程将进一步展开，直至取得满意的改变结果为止。

2. 行动研究的特点

包括：（1）以解决问题、改进实践为目的。（2）研究与行动相结合。（3）以"共同合作"的方式进行。行动研究要求研究者运用理论，在实践中发现问题，系统反思自己的实践；同时要求参与者直接进入从计划到评价的过程，与研究者共同研究他们面临的问题。（4）行动研究是一个不断展开的螺旋过程。

五、循证研究法

如何证明以及保障社会工作实践的专业性与有效性？受实证主义研究范

---

① 范明林，吴军，马丹丹. 质性研究方法［M］. 2版. 上海：格致出版社，2018：99-100.

式以及医学领域"循证实践"或"证据为本的实践"概念的影响,从20世纪90年代末起,循证社会工作逐渐成为社会工作的一个重要流派。

循证社会工作的实践流程包括:(1)将与实践决策相关的信息需求,建构成可回答的问题;(2)以高效的方式寻找最佳证据,以回答研究问题;(3)对研究证据的质量、有效性和适用性进行批判性评估,最终形成关于研究问题的系统评价;(4)结合案主价值和偏好,将评估结果应用于实践和方案制定;(5)运用以证据为基础的介入方式,并评估干预的效率和绩效。

六、评估研究法[①]

评估研究法是指通过对某一社会方案或行动计划的实际效果加以分析、比较、反思、评价,以了解其是否达到预期的目标的活动或过程。评估的目的就是使政策决策、资源利用、项目设计、项目实施和延续以及项目对象的维护变得更加有利于人的发展。评估研究的实施形式包括:

(1)需求评估,是指用系统的方法来识别社会问题,确定社会问题的程度,并准确地限定所服务的目标对象及其需求的性质。评估者须对"需求"进行识别,厘定其性质、深度、程度、可及性、显著性、重要性等内容,并在比较和筛选的基础上确定需求的优选。

(2)理论评估,是指用于描述项目产生预期社会收益以及为完成项目目标所采取的策略和行动之间关系的一系列假设。理论评估既可以验证社会项目的契合度与应用性,也可以使理论明晰化,以便修正或改进项目设计。它一般应用于社会项目的试验阶段,以此来总结和发现相关项目的应用性和可行性。

(3)过程评估,是指对实施方法的定义和操作化,以便社会项目按照预期标准来实施的过程。过程评估又可分为:聚焦于服务对象在接受相关项目服务后改变情况的过程评估和关注服务计划执行中各类问题的过程评估。

(4)影响评估,是指在一定的社会环境中,评价项目产生了哪些预先设想的改进影响,项目对社会环境的干预所产生的预期与实际的落差。

(5)方案开发,只是在需求分析和现有方案分析的基础上,开发搜寻可

---

① 罗希,李普希,弗里曼. 评估研究:技术与方法[M]. 7版. 邱泽奇,王旭辉,刘月,等译. 重庆:重庆大学出版社,2007:3-8.

资利用的资源，形成初步的服务备选方案，并给出具体的比较标准和详细的计划和说明的过程。

【考研真题】

一、名词解释题

1. 第三方评估（中国人民大学，2024）
2. 循证研究（中国人民大学，2024）
3. 扎根理论（北京师范大学，2024）
4. 焦点小组（北京师范大学，2024）
5. 科学环（云南大学，2024）
6. 评估研究（云南大学，2024）
7. 假设检验（福州大学，2024）
8. 操作化（西北农林科技大学，2024；中南财经政法大学，2024；华中师范大学，2024）
9. 抽样调查（华南师范大学，2024）
10. 非干扰性研究（深圳大学，2024）
11. 自变量（中南财经政法大学，2024）
12. 李克特量表（华中师范大学，2024）

二、简答题

1. 简述测量的信度与效度的关系。（华中师范大学，2024）
2. 简述社区项目评估的步骤。（中南财经政法大学，2024）
3. 简述调查问卷的一般结构。（中南财经政法大学，2024）
4. 简述参与式评估的主要内容和策略。（中国人民大学，2024）
5. 简述问卷调查的优点和缺点。（北京师范大学，2024）
6. 举例说明操作化的地位和作用。（苏州大学，2024）
7. 简述调查问卷提问和谈话的方式，并说明为什么要这样做。（苏州大学，2024）
8. 简述无结构访谈法的工作要点和理由。（苏州大学，2024）
9. 简述行动研究的观点与程序。（西南大学，2024）
10. 简述定性分析的三重编码。（四川外国语大学，2024）
11. 简述参与观察的四种角色。（西北大学，2024）

12. 简述理论评估。（辽宁大学，2024）

13. 简述本土方法论的内容。（天津理工大学，2024）

三、论述题

1. A城市实行了为期半年的青鸟计划，对该城市中青少年越轨行为进行干预，请你用社会实验的方法对青少年越轨行为干预效果进行评估（中央民族大学，2024）

2. 某省实施了两年正向家庭养育项目，政府想测试其效果，机构委派你去进行项目评估，请你说明评估目标、对象、模型和具体评估方法，并选择一种评估工具。（复旦大学，2024）

3. 论述社会研究方法的流程，并画出简图。（苏州大学，2024）

4. 结合材料内容制定一个社会工作促进乡村振兴发展成效的研究报告书。（中南财经政法大学，2024）

【职考真题】

1. 下列实验形式中，属于准实验设计的是（　　）。（2022-59）

A. 前后测控制组设计　　　　B. 非对等控制组设计

C. 单后测控制组设计　　　　D. 所罗门四组设计

2. 老董是某社会工作服务机构项目部主任，主要负责某街道社区社会工作者专业能力建设项目。下列内容中，应在项目总结报告中详尽说明的是（　　）。（2022-60）

A. 社区社会工作者专业能力的现状特点

B. 社区社会工作者专业能力的影响因素

C. 社区社会工作者专业能力建设项目的成效

D. 社区社会工作者专业能力建设项目的进度

3. 社会工作者小郑计划研究留守女童自我保护能力建设项目的干预效果。下列研究功能中，属于服务对象层面的是（　　）。（2023-56）

A. 促进儿童保护理论的实践运用

B. 丰富留守女童自我保护的知识

C. 倡导社会关注留守女童的权益

D. 总结反思项目实施过程的不足

4. 某城区计划开展一次居民环保观念与行为调查。负责该调查的社会工作者在访问员培训会上讲道:"这次调查问卷主要包括三个部分,共 20 个调查问题。第一个部分是收集居民个人基本信息,第二个部分是了解居民的环保意识,第三个部分是考察居民关于垃圾分类的知识与行为……"上述社会工作者讲解的内容是（   ）。(2023-58)

  A. 介绍研究背景   B. 演练访问技巧

  C. 明确工作态度   D. 说明问卷内容

  5. 社会工作者老姚计划为某乡村小学三年级的 20 名留守儿童开展成长小组服务,旨在提高留守儿童的自信心。为科学评估小组工作的成效,老姚准备运用前后测控制组设计的方法开展研究。为此,老姚在开设小组之前需要做的是（   ）。(2023-59)

  A. 运用自信量表对 20 名留守儿童进行测评,得分较低的作为实验组

  B. 运用自信量表对 20 名留守儿童进行测评,得分较高的作为实验组

  C. 随机将 20 名留守儿童分为实验组和对照组,并用量表测量儿童的自信水平

  D. 将 20 名留守儿童作为实验组,再随机选出自信水平相近的儿童作为对照组

  6. 社会工作者小魏计划运用焦点小组访谈法来了解残联工作人员、残障人士及其家属对现有助残服务的看法与期待。小魏的下列做法中,正确的是（   ）。(2023-60)

  A. 在访谈前应告知访谈对象注意发言的分寸

  B. 在开展访谈时应关注访谈对象之间的互动

  C. 安排残联工作人员、残障人士及其家属一起共同参加访谈

  D. 在引导访谈对象积极地表达意见时,主动分享自己的想法

  7. 小林以 F 机构为样本,开展个案研究,目的是了解项目化运作对社会工作服务机构发展的影响。关于该研究的说法,正确的有（   ）。(2018-77)

  A. 该研究能更多地体现 F 机构发展的个别性特点

  B. 该研究需严格按照预定步骤进行各项研究工作

  C. 该研究可以帮助形成社会工作服务机构发展影响因素的理论

  D. 该研究结果可以反映 F 机构所在地域的所有机构发展情况

  E. 该研究收集的资料包括 F 机构的访谈记录、观察记录和服务档案等

  8. 社会工作者小郑在养老院为失智老人提供服务,他通过 3 年的行动研

究获得了一些减缓老人失智的方法。上述小郑的研究，具有的直接功能有（　　）。(2021-80)

A. 协助养老院反思养老服务
B. 提升养老院在本地的知名度
C. 改善失智老人的照护实践
D. 帮助公众了解失智老人特点
E. 帮助养老院其他老人预防失智

9. 某社区推行垃圾分类工作已满3年，社会工作者通过观察和检查发现，社区居民仍然存在垃圾不分类或分错类的情况。为此，社会工作者尝试通过行动研究方法来解决社区垃圾分类工作中存在的问题。下列社会工作者的做法中，属于行动研究步骤的有（　　）。(2022-80)

A. 通过查阅文献，了解以往相关研究的理论、方法和研究发现，建立研究假设
B. 分析垃圾分类工作存在问题的表现及后果，剖析其影响因素，发现可控原因
C. 组织社区居民、物业公司等相关人员一起拟定针对垃圾分类问题的具体计划
D. 根据垃圾分类存在的问题，加强宣传和示范，对某些过程细节进行适当调整
E. 确认垃圾分类工作已有成果，并以此作为垃圾分类工作方案调整的重要参考

10. 关于社会工作研究报告撰写的说法，正确的有（　　）。(2023-80)

A. 研究报告的结构需要与方法论和研究方法呼应
B. 定量研究报告表明了其使用的就是量化的资料
C. 需求评估报告与研究报告的结构基本是相似的
D. 项目计划书的基本结构与需求评估报告有区别
E. 项目的总结报告是实务工作和研究的最终产品

【参考答案】1. B　2. C　3. B　4. D　5. C　6. D　7. ACE　8. ACE　9. BCDE　10. ACE

【传统文化】

1. 是是、非非谓之知，非是、是非谓之愚。　　——《荀子·修身》
2. 见微以知萌，见端以知末。　　——《韩非子·说林上》

3. 智者至知，至知自知，自知自明，自明真情，真情所至，见祸福远，知利害蚤，物动知化，事兴知归，见始知终，善始善终，慎终如始。

——董仲舒：《春秋繁露·必仁且智》

4. 事莫明于有效，论莫定于有证。　　　——王充：《论衡·薄葬》

5. 博学之，审问之，慎思之，明辨之，笃行之。有弗学，学之弗能，弗措也；有弗问，问之弗知，弗措也；有弗思，思之弗得，弗措也；有弗辨，辨之弗明，弗措也；有弗行，行之弗笃，弗措也。人一能之，己百之；人十能之，己千之。果能此道矣，虽愚必明，虽柔必强。　　——《礼记·中庸》

6. 君子有九思：视思明，听思聪，色思温，貌思恭，言思忠，事思敬，疑思问，忿思难，见得思义。　　　　　　　　　　——《论语·季氏》

7. 博学而笃志，切问而近思，仁在其中矣。　　——《论语·子张》

8. 学而不思则罔，思而不学则殆。　　　　　——《论语·为政》

9. 惟天下至诚，为能尽其性。能尽其性，则能尽人之性。能尽人之性，则能尽物之性。能尽物之性，则可以赞天地之化育。可以赞天地之化育，则可以与天地参矣。　　　　　　　　　　　　　　——《礼记·中庸》

10. 为天地立心，为生民立命，为往圣继绝学，为万世开太平。

——张载：《横渠语录》

【原声再现】

1. 科学绝不是一种自私自利的享乐。有幸能够致力于科学研究的人，首先应该拿自己的学识为人类服务。　　　　　　　　　　　　——马克思

2. 哲学家们只是用不同的方式解释世界，问题在于改造世界。

——马克思

3. 要完全地反映整个的事物，反映事物的本质，反映事物的内部规律性，就必须经过思考作用，将丰富的感觉材料加以去粗取精、去伪存真、由此及彼、由表及里的改造制作功夫，造成概念和理论的系统，就必须从感性认识跃进到理性认识。　　　　　　　　——毛泽东：《实践论》

4. 要开调查会作讨论式的调查。只有这样才能近于正确，才能抽出结论。那种不开调查会，不作讨论式的调查，只凭一个人讲他的经验的方法，是容易犯错误的。那种只随便问一下子，不提出中心问题在会议席上经过辩论的方法，是不能抽出近于正确的结论的。　　——毛泽东：《反对本本主义》

5. 调查研究要经常化。要坚持到群众中去、到实践中去，倾听基层干部群众所想所急所盼，了解和掌握真实情况，不能走马观花、蜻蜓点水，一得自矜、以偏概全。对调研得来的大量材料和情况，要认真研究分析，由此及彼、由表及里。对经过充分研究、比较成熟的调研成果，要及时上升为决策部署，转化为具体措施；对尚未研究透彻的调研成果，要更深入地听取意见，完善后再付诸实施；对已经形成举措、落实落地的，要及时跟踪评估，视情况调整优化。

——2020年10月10日，习近平在2020年秋季学期中央党校（国家行政学院）中青年干部培训班开班式上的讲话

【时代之声】

1. 2023年4月，教育部等十七部门联合印发了《全面加强和改进新时代学生心理健康工作专项行动计划（2023—2025年）》，要求搭建社区心理服务平台，支持专业社工、志愿者等开展服务等。

2. 2023年10月，国务院办公厅转发民政部等单位《关于加强低收入人口动态监测做好分层分类社会救助工作的意见》的通知，提出要积极发展服务类社会救助，其中包括积极开展社会工作服务。

3. 2023年12月，民政部等12部门联合发布《关于加强养老服务人才队伍建设的意见》，强调："支持多渠道引进社会工作、康复服务、老年营养、心理咨询等方面专业技术人才及经营管理人才，提升居家社区机构养老服务综合能力和技术水平。""鼓励养老服务机构通过内设专业社会工作科室、设置专门岗位或与社会工作服务机构、乡镇（街道）社工站合作等方式，支持社会工作专业人才为老年人提供心理疏导、社会融入、资源链接等服务。事业单位性质的养老服务机构原则上设置以专业社会工作岗位为主体的专业技术岗位。到2025年，推动实现每千名老年人、每百张养老机构床位均拥有1名社会工作者。"

【榜样力量】

1. 彭华民，女，南京大学教授。四川大学1977级经济学学士，教育部—南开大学社会学专业班学员，南开大学1981级社会学硕士，香港中文大学2000级社会福利博士。从事社会工作教育二十余年，是中国社会工作学科

重建后最早从事社会工作教育的学者之一。研究领域为宏观社会工作、儿童社会工作实务、社会福利理论与制度。

2. 史柏年，中国青年政治学院教授，中国社会工作学会副会长。曾任中国社会工作教育协会副会长兼秘书长、教育部公共管理学科教学指导委员会委员、民政部社会工作人才队伍建设专家委员会副主任委员等职。主要研究方向为社会工作、社会保障。讲授课程包括：人口学、社会工作概论、社会问题、社区研究、中国社会工作专题、社会工作行政等。史柏年教授积极推动社会工作实务发展，在城市流动儿童及其家庭服务、灾害社会工作、学校社会工作、医务社会工作等领域，发起、组织实施十多项社会工作服务项目，既服务了广大民众，扩大了社会工作的影响力，又为全国几十所高校几千名社会工作学生提供了专业实习和成长的机会，推动社会工作院校实务能力的提升。积极推动和参与全国社会工作者职业水平评价考试制度建设，参与民政部门制定社会工作政策文件的咨询研讨活动。在参与教学和实务的同时，努力参与社会工作专业研究，20多年间，撰写和主编专著教材十余部。2003年获北京市首都劳动奖章，2011年当选全国十大社工人物，2015年获林护社会工作学人奖。

3. 马凤芝，女，北京大学社会学系教授，博士生导师，曾任北京大学社会学系社会工作专业主任、北京大学社会工作专业硕士教育中心主任、北京大学—香港理工大学中国社会工作研究中心主任、北京大学中外妇女问题研究中心研究员。马凤芝教授从事社会工作教育三十余年，是中国社会工作学科重建后最早从事社会工作教育研究的学者之一，研究领域为社会工作理论与实践、临床社会工作、社会福利制度等。

3. 顾东辉，复旦大学经济学学士和硕士、香港大学社会工作硕士、香港中文大学社会福利哲学博士。现为复旦大学社会工作学系教授，博士生导师，文科科研处处长，社会发展与公共政策学院党委书记，复旦大学教学指导委员会社会科学委员会副主任；上海市阳光社区青少年事务中心理事长，上海复惠社会工作事务中心理事长，上海市社会工作者协会会长；中国社会工作教育协会副会长，中国社会工作学会副会长，教育部社会学类专业教指委副主任，民政部国家社会工作专业人才培训（复旦大学）基地主任，国务院学位委员会全国社会工作专业学会（MSW）教指委委员。从事青少年服务、社会组织管理、济贫政策、本土导向等领域的研究；主持过国家级、省部级、国际组织及其他机构的课题50多项，独撰和主编著作6部，在《社会学研究》《中国社会工作研究》《中国社会科学文摘》《人民日报》等刊物和报纸发表学术论文90多篇，在学术会议发表会议报告90多篇，完成纵向和横向研究报告40多篇。

4. 童敏，厦门大学社会与人类学院社会工作系教授，博士生导师。厦门全国社会工作专业实习基地建设项目主要负责人，全国社会工作硕士专业学位教育指导委员会委员、中国社会工作教育协会副秘书长、中国社会工作学会常务理事。长期从事社会工作实务和相关研究，发表社会工作方面的中英文学术论文一百余篇，出版论著多部，主持多项国家社科课题。2019年荣获中国社会工作领域最高奖项"林护杰出社会工作学人奖"，2021年荣获"2020年度厦门大学人文社科科研业绩突出个人"、2021年厦门大学"我最喜爱的十位老师"荣誉称号。

5. 张和清，男，1964年12月生，教育部新世纪优秀人才，中山大学社会学与社会工作系教授、博士生导师、副系主任、社会工作专业负责人，中山大学社会工作教育（MSW）中心主任，民政部"全国城乡社区建设专家委员会"成员，中国社会工作教育协会农村社会工作专业委员会主任委员，中国社会工作教育协会华南片区委员会主任委员。香港理工大学中国社会工作硕士及哲学博士，兼任广东省社工师联合会顾问，中山大学华南农村研究中心副主任。倡导并践行日常生活化的社区社会运动和城乡合作运动及行动研究。具有15年中国农村社会工作经验，7年中国灾害社会工作经验。教学及科研方向涉及社区社会工作、农村社会工作理论与实践、社会工作理论与方法、灾害社会工作、边缘群体社会工作。著有《农村社会工作》《灾害社会工作：中国的实践与反思》《国家、民族与中国农村基层政治：蚌岚河槽六十年》等十余部著作及教材，在《社会学研究》等国内外核心刊物发表学术论文五十余篇。2010年荣获"林护中国社会工作培训及发展基金"第二届"林护杰出社会工作学人奖"。

【延伸阅读】

1. 简春安，邹平仪. 社会工作研究方法（上、下）[M]. 上海：华东理工大学出版社，2018.

2. 纽曼，克罗伊格. 社会工作研究方法质性和定量方法的应用[M]. 刘梦,译. 北京:中国人民大学出版社,2008.

3. 范明林,吴军,马丹丹. 质性研究方法[M]. 2版. 上海:格致出版社,2018.

4. 陈向明. 质的研究方法与社会科学研究[M]. 北京:教育科学出版社,2000.

5. 潘绥铭,黄盈盈,王东. 论方法:社会学调查的本土实践与升华[M]. 北京:中国人民大学出版社,2011.

6. 风笑天. 社会研究方法:数字教材版[M]. 6版. 北京:中国人民大学出版社,2022.

7. 范斌,朱媛媛. 从碎片化到无缝隙:基于一个社会工作项目的研究[J]. 湖南社会科学,2017(4):67-73.

8. 高万红,陆丽娜. 精神科社会工作实践研究:以昆明Y医院为例[J]. 浙江工商大学学报,2017(4):109-117.

9. 古学斌. 为何做社会工作实践研究?[J]. 浙江工商大学学报,2015(4):92-97.

10. 张和清. 知行合一:社会工作行动研究的历程[J]. 浙江工商大学学报,2015(4):98-103.

【影音赏析】

1. 电影《出发》

导演:刘智海

主演:罗泽楷、谷智鑫、陈韦欣、齐纪深

剧情介绍:电影讲述了毛主席在湖南省立第一师范学校学习期间游学、调研的历程。1917年暑假,毛主席与萧子升行程千里、游学五县,在田间作坊开展调研,见世间万象民生百态,立下了"向大本大源处探讨""改变中国和世界"的宏伟志向。

2. 电影《毛泽东在才溪》

导演:韦廉

主演:王晖、董永等

剧情介绍:第二次国内革命战争时期,毛泽东到才溪乡(今福建省龙岩市上杭县才溪镇)人民群众中间进行深入调查,并撰写出对中国革命具有重要意义和深远影响的伟大著作《才溪乡调查》。片中,毛泽东深入才溪进行调查,住在才溪当地群众家里,和群众一起下地干活,在群众中间进行调研、写作,为革命前途、未来政权建设指出方向。

3. 电影《浪潮》

导演:丹尼斯·甘塞尔

主演:于尔根·福格尔、弗雷德里克·劳、马克思·雷迈特等

剧情简介:赖纳·文格尔是德国某所高中的老师,该学校正在进行"国家体制"的主题活动周。由于他最喜欢的"无政府主义"课被另一位老师捷足先登,因此他只能主讲"独裁统治"课程。对于自由散漫的学生们来说,任何课程都只是为了学分而上。他们在课上大声聊天,无心听讲。文格尔别出心裁提出假想"独裁"的实验。在为期一周的实验中,文格尔被置于至高无上的地位,学生们对他要绝对服从。从最初的玩乐心态,这些青年男女渐渐沉浸在这个名为"浪潮"的组织中,他们体会到集体和纪律的重要性,却在不知不觉中滑向了"独裁"与"纳粹"的深渊……

【复习思考】

1. 相比较社会研究方法,社会工作研究的特色何在?
2. 社会工作理论、社会工作研究与社会工作实践之间的关系为何?
3. 社会工作研究应该遵循的伦理有哪些?
4. 社会工作研究方法论的主要类型与内容有哪些?
5. 定量研究与质性研究的异同何在?
6. 通过一篇研究成果论述个案研究法的主要过程与特色。
7. 通过一篇研究成果分析行动研究法的主要过程与特色。
8. 通过一篇研究成果分析循证研究法的主要过程与特色。
9. 通过一篇研究成果分析评估研究法的主要过程与特色。

【个人成长】

1. 作为一名社会工作专业的大学生,你未来想从事个案社会工作、小组社会工作、社区社会工作、社会工作行政、社会福利政策、社会工作研究,还是整合式的社会工作事业,为什么?
2. 就你个人的兴趣而言,你更喜欢从事定量研究还是定性研究?

3. 你认为如何才能更好地学好社会工作研究课程？

4. 你是否对人的困境、社会问题以及相关的社会工作议题进行过深入的思考，有何收获或体会？

5. 你觉得在社会工作研究中是否有性别不平等现象，为什么？

6. 社会工作专业已经被授予博士学位，你是否会打算继续攻读社会工作硕士和社会工作博士？

参考文献

[1] 范克新，肖萍. 团体社会工作［M］. 北京：社会科学文献出版社，2001.

[2] 范明林，吴军，马丹丹. 质性研究方法［M］. 2版. 上海：格致出版社，2018.

[3] 方青，董根明，汪志国. 社会工作概论［M］. 合肥：合肥工业大学出版社，2006.

[4] 风笑天. 社会研究方法［M］. 5版. 北京：中国人民大学出版社，2018.

[5] 费孝通. 文化的生与死［M］. 上海：上海人民出版社，2009.

[6] 付立华，陈为雷. 社会工作行政［M］. 济南：山东人民出版社，2012.

[7] 高鉴国. 社会工作价值与伦理［M］. 济南：山东人民出版社，2012.

[8] 甘炳光，胡文龙，冯国坚，等. 社区工作技巧［M］. 香港：香港中文大学出版社，1997.

[9] 甘炳光，梁祖彬，陈丽云. 社区工作：理论与实践［M］. 3版. 香港：香港中文大学出版社，1998.

[10] 顾东辉. 社会工作概论［M］. 2版. 上海：复旦大学出版社，2020.

[11] 关信平. 社会政策概论［M］. 3版. 北京：高等教育出版社，2014.

[12] 李增禄. 社会工作概论［M］. 台北：巨流图书公司，1986.

[13] 李勇，李卫华，张金俊. 个案工作［M］. 合肥：合肥工业大学出版社，2005.

[14] 李迎生. 社会工作概论［M］. 3版. 北京：中国人民大学出版社，2018.

[15] 刘梦. 小组工作［M］. 2版. 北京：高等教育出版社，2013.

[16] 林万亿. 团体工作［M］. 台北：三民书局，1997.

[17] 林孟平. 小组辅导与心理治疗［M］. 香港：商务印书馆（香港）有限公司，1993.

[18] 罗希，李普希，弗里曼. 评估研究：技术与方法［M］. 7版. 邱泽奇，王旭辉，刘月，等译. 重庆：重庆大学出版社，2007.

[19] 全国社会工作者职业水平考试教材编写组. 社会工作实务：初级［M］. 北京：中国社会出版社，2010.

[20] 彭秀良. 中国社会工作名家小传 [M]. 北京：中国社会出版社，2020.

[21] 时立荣. 社会工作行政 [M]. 2 版. 北京：中国人民大学出版社，2020.

[22] 隋玉杰. 个案工作 [M]. 2 版. 北京：中国人民大学出版社，2019.

[23] 童敏. 社会工作督导基础知识 [M]. 北京：中国社会出版社，2019.

[24] 王思斌. 社会工作概论 [M]. 3 版. 北京：高等教育出版社，2014.

[25] 全国社会工作者职业水平考试教材编写组. 社会工作综合能力：初级 [M]. 北京：中国社会出版社，2010.

[26] 全国社会工作者职业水平考试教材编写组. 社会工作综合能力：中级 [M]. 北京：中国社会出版社，2009.

[27] 王思斌. 社会行政 [M]. 北京：高等教育出版社，2006.

[28] 夏建中. 社区工作 [M]. 3 版. 北京：中国人民大学出版社，2015.

[29] 谢晓霞. 民间非营利组织财务管理理论与实务 [M]. 北京：经济管理出版社，2013.

[30] 徐柳凡，阳光宁，赵怀娟. 社会工作行政 [M]. 合肥：合肥工业大学出版社，2005.

[31] 徐永祥. 社区工作 [M]. 北京：高等教育出版社，2004.

[32] 许莉娅. 个案工作 [M]. 北京：高等教育出版社，2004.

[33] 杨伟民. 社会政策导论 [M]. 3 版. 北京：中国人民大学出版社，2019.

[34] 翟进，张曙. 个案社会工作 [M]. 北京：社会科学文献出版社，2001.

[35] 张洪英. 社会工作督导理论与方法 [M]. 北京：中国社会出版社，2019.

[36] 周永新. 社会工作学新论 [M]. 香港：商务印书馆（香港）有限公司，1994.

[37] 周晓虹. 重建中国社会学：40 位社会学家口述实录 [M]. 北京：商务印书馆，2021.

[38] 庄华峰，杨钰侠，王先进. 社会政策导论 [M]. 合肥：合肥工业大学出版社，2005.

[39] 周沛. 社区社会工作 [M]. 北京：社会科学文献出版社，2002.

[40] 帕顿，沙维奇. 公共政策分析和规划的初步方法 [M]. 孙兰芝，胡启生，顾平安，等译. 2 版. 北京：华夏出版社，2002.

[41] 米纽庆. 家庭与家庭治疗 [M]. 谢晓健，译. 北京：商务印书馆，2009.

[42] 萨提亚，贝曼，伯格，等. 萨提亚家庭治疗模式 [M]. 聂晶，译. 北京：世

界图书出版公司，2007.

[43] 萨提亚. 新家庭如何塑造人 [M]. 易春丽，叶冬梅，译. 北京：世界图书出版公司，2006.

[44] 费孝通同志生平 [N]. 人民日报，2005-05-01 (Z2).

[45] 贾梦瑶. 李安宅边疆社会工作思想研究 [D]. 保定：河北大学，2019.

[46] 雷洁琼同志生平 [N]. 人民日报，2011-01-16 (4).

[47] 李晓慧. 社会工作专业的国际新定义 [J]. 中国社会工作研究，2015 (1)：231-235.

[48] 李迎生，袁小平. 经济新常态时期的社会工作发展：需求、挑战与应对 [J]. 教学与研究，2015 (11)：5-13.

[49] 彭秀良.《社会工作导论》：建立中国社会工作理论体系的首次尝试 [J]. 中国社会工作，2021 (34)：46-47.

[50] 彭秀良，陈熹. 张鸿钧：民国时期的社会行政专家 [J]. 中国社会工作，2017 (34)：57-58.

[51] 华东理工大学社会与公共管理学院. 求索实践取向的社会科学：深切悼念中国社会工作教育协会会长徐永祥教授 [J]. 社会工作与管理，2019，19 (2)：107-108.

[52] 任洁. 论文化自觉及其实现路径 [J]. 思想战线，2009，35 (3)：90-94.

[53] 任思蕴. 言心哲：为社会工作建立科学的基础 [N]. 文汇报，2021-08-17 (10).

[54] 文军，何威. 从"反理论"到理论自觉：重构社会工作理论与实践的关系 [J]. 社会科学，2014 (7)：65-78.

[55] 文军. 当代中国社会工作发展面临的十大挑战 [J]. 社会科学，2009 (7)：66-70, 189.

[56] 巫正洪，吴世友，CHOWA G A. 社会工作实践的新方向：金融社会工作 [J]. 中国劳动关系学院学报，2013，27 (6)：98-100.

[57] GOLDSTEIN H. The knowledge base of social work practice: Theory, wisdom, analogue, or art? [J]. Families in Society, 1990, 71 (1): 32-43.

[58] ANN H. Many ways of knowing [J]. Social Work, 1990, 35 (1): 3-4.

[59] MARSH J C. What knowledge is relevant to social work practice?: The case of TANF reauthorization [J]. Social Work, 2002, 47 (3): 197-200.

[60] REID W J. Knowledge for direct social work practice: An analysis of trends [J]. Social Service Review, 2002, 76 (1): 6-33.

[61] TURNER F J. Social work treatment: Interlocking theoretical approaches [M]. New York: The Free Press, 1996.

[62] SALEEBEY D. Culture, theory, and narrative: The intersection of meanings in practice [J]. Social Work, 1994, 39 (4): 351-359.

后 记

党的二十大报告指出:"我们必须坚定历史自信、文化自信,坚持古为今用、推陈出新,把马克思主义思想精髓同中华优秀传统文化精华贯通起来、同人民群众日用而不觉的共同价值观念融通起来,不断赋予科学理论鲜明的中国特色,不断夯实马克思主义中国化时代化的历史基础和群众基础,让马克思主义在中国牢牢扎根。"在社会工作本土化过程中,也需要将社会工作基本原理同中国具体实际相结合,同中华优秀传统文化相结合,从新的实际出发,创新性发展中国特色社会工作理论与实践。

2015年,教育部、国家发展改革委和财政部联合发文,引导部分地方普通本科高校向应用型转变。2017年,重庆师范大学社会工作专业获批成为重庆市高校应用转型专业,2018年获批成为社会工作专业硕士学位授权点,本科教育改革与学科建设稳步推进。2021年,重庆中国特色社会理论研究中心、重庆师范大学分中心成立,依托重庆师范大学 MSW 教育中心,形成了优秀传统文化与社会工作、党的社会工作、数字社会工作等学术研究方向,致力于探讨中国特色社会工作基础理论、价值体系、方法技术以及实务模式,丰富和发展本土中国社会工作专业的理论与实践知识体系,提高社会工作专业解决社会问题和参与社会发展的能力,培养新时代具备社会工作专业核心能力的社会工作与社会政策人才。

为进一步加快建设以实践为本的教育体系,推进社会工作教育的应用转型,提高社会工作专业解决社会问题和参与社会发展的能力,重庆师范大学 MSW 教育中心以及中国特色社会工作研究中心紧紧围绕核心能力为本的社会工作人才培养模式创新工程,进行人才培养方案的修订、课程体系的完善以及实务教学的拓展,先后出版《社会工作专业核心能力概论》《我国社会工作研究的回顾与展望》《社会工作疗法新论》等书,推进社会工作专业教育向应用型转变,持续推进中国特色社会工作研究的深入。《社会工作概论》是这一工程持续推进的最新成果。

本教材主要以目前出版的社会工作概论类教材为核心蓝本进行编写工作，并吸收了其他研究者的各类研究成果。教材各章中【内容精要】部分的编写主要依据李迎生教授主编的《社会工作概论（第三版）》（中国人民大学出版社）、王思斌教授主编的《社会工作概论（第三版）》（高等教育出版社）和《社会工作综合能力（中级 2020 年）》（中国社会出版社）以及顾东辉教授主编的《社会工作概论（第二版）》（复旦大学出版社）等经典教材。教材各章的职考真题主要来源于全国社会工作者职业水平考试科目——《社会工作综合能力（中级）》近三年的真题，其中第六章和第十一章的职考真题来源于全国社会工作者职业水平考试科目——《社会工作综合能力（初级）》和《社会工作实务（初级）》近三年的真题，特此加以说明并予感谢。

在本教材写作过程中，特别感谢重庆师范大学 2023 年自编教材建设项目的资助，感谢历史与社会学院王丽萍书记和蒋刚院长提供的指导和把关，感谢社会工作应用转型项目负责人常云平教授的大力支持。感谢重庆师范大学社会工作系教学科研团队的精诚合作与互助互爱，他们的努力保证了专业转型和学科建设的持续推进与深化。

教材编写所引用资料已在注释或参考文献的目录中列出。如有遗漏，恳请谅解，并致以诚挚歉意。书中的错误和疏漏之处，期待各位同行专家、读者、同学不吝指正。

刘斌志

2024 年 6 月 1 日于重庆大学城